21世纪经济管理新形态教材·经济学系列

数字媒体经济学
理论与实践

金雪涛　程静薇 ◎ 主　编

清华大学出版社
北京

内 容 简 介

本书系统地介绍了数字媒体经济学的基本理论和方法。全书共分八章,以产业经济学的基本原理贯穿全书,以数字媒体产业为研究对象,探索这一产业领域要素、产品或服务性质、企业间的市场关系,以及企业的竞争与合作策略。首先,介绍了数字媒体的经济特性,以及平台经济下的数字媒体产业的需求和供给;其次,分析了数字媒体产业的市场结构、市场行为和市场绩效;最后,对数字媒体时代的产业规制和版权保护进行了探索性研究。本书提供了大量的数字媒体相关案例和形式多样的习题,以便读者理解和巩固所学知识,全书侧重于实用性和操作性,能够帮助读者学以致用。

本书可作为高等院校新闻与传播学、产业经济学等专业本科生的教材和参考用书,亦可供相关领域的企业和政府决策管理人员参考。

本书封面贴有清华大学出版社防伪标签,无标签者不得销售。
版权所有,侵权必究。举报: 010-62782989, beiqinquan@tup.tsinghua.edu.cn。

图书在版编目(CIP)数据

数字媒体经济学:理论与实践/金雪涛,程静薇主编. —北京:清华大学出版社,2022.7
21世纪经济管理新形态教材. 经济学系列
ISBN 978-7-302-61065-6

Ⅰ. ①数… Ⅱ. ①金… ②程… Ⅲ. ①数字技术—多媒体—产业经济学—教材 Ⅳ. ①G219

中国版本图书馆 CIP 数据核字(2022)第 099721 号

责任编辑: 胡 月
封面设计: 汉风唐韵
责任校对: 王荣静
责任印制: 曹婉颖

出版发行: 清华大学出版社
    网　址: http://www.tup.com.cn, http://www.wqbook.com
    地　址: 北京清华大学学研大厦A座　　邮　编: 100084
    社 总 机: 010-83470000　　邮　购: 010-62786544
    投稿与读者服务: 010-62776969, c-service@tup.tsinghua.edu.cn
    质量反馈: 010-62772015, zhiliang@tup.tsinghua.edu.cn
印 装 者: 三河市东方印刷有限公司
经　　销: 全国新华书店
开　　本: 185mm×260mm　　印　张: 11.5　　字　数: 275千字
版　　次: 2022年7月第1版　　印　次: 2022年7月第1次印刷
定　　价: 49.00元

产品编号: 089439-01

前言
PREFACE

随着互联网、大数据、区块链等信息技术的发展,一方面,媒体的功能和边界不断拓展,已经不能用传统的眼光来看待媒体,传统的新闻传播学理论已经不能解释数字媒体的发展现象;另一方面,以新古典经济学为主流的经济学理论体系无法解释数字经济发展的基本逻辑,需要新的经济学理论框架进行解释。因此,数字媒体经济学的研究方法除了运用传统经济学中广泛使用的研究方法之外,还需要根据数字经济的新发展以及数字媒体的新业态和新组织模式,将理论研究方法的空间扩大,通过理论更新迭代及新概念阐释,对数字媒体领域的经济现象及其本质特征进行深入解读。鉴于此,编写能够反映当前数字媒体新特点、新动态的经济学教材尤显重要性和紧迫性。

总体上,本教材从供给与需求、市场结构、市场行为、市场绩效、产业规制和版权保护等几个维度展开。与已有教材相比,本教材最大的特点是:经济学理论与数字媒体发展实际相结合,基于产业经济学的基本原理,结合数字媒体发展的新业态和新组织模式进行深入浅出的分析。产业经济学是微观经济与宏观经济学的桥梁,从两个层面上研究微观经济和宏观经济未触达的内容。一方面,聚焦产业内部的企业之间的竞争与合作,研究生产和提供具有密切替代关系的产品或服务的企业之间结构关系、竞争策略博弈及产业规制政策;另一方面,聚焦产业之间的要素投入产出关系、产业结构、产业布局等,探讨产业结构、布局演化规律及产业技术进步趋势等。本教材以数字媒体产业为特定研究对象,探索这一产业领域要素、产品或服务性质、企业间的市场关系,以及企业竞争与合作的策略,非常关注技术的迭代给媒体领域带来的创新影响,特别是在这一过程中数字媒体产业新产品或服务、新组织模式、新商业模式和新竞争策略的产生,以及数字媒体产业与其他产业融合所产生的新业态。在汲取已有教材体系、内容、结构基础上,更新了传媒经济学中新的研究成果,尤其数字媒体平台等有关理论与实践;在每一章节前增加了思政案例导入材料,引导读者进行思考。同时,根据传媒经济学等及相关专业的培养方案,本教材更强调运用经济学理论来分析现实问题的能力。此外,为提升教与学的效果,本教材除了提供课后的思考题和阅读材料外,还以扫描二维码的形式增加了课后即时练习题及其分析答案。

本教材由金雪涛教授负责编写框架和拟定提纲,并负责对全书进行统稿和最终定稿。编写工作的具体分工为:金雪涛负责撰写前言和编写第一、二、四、五、八章;程静薇副教授负责编写第三、六、七章。

本教材在编写过程中参阅了大量国内外有关产业经济学、平台经济学、传媒经济学等方面的著作和文献资料,在此谨对这些值得尊敬的专家、学者和老师表示深深的感谢。由于编者水平有限,书中不妥之处在所难免,恳请同行专家、学者及读者批评指正。

编 者

2021 年 6 月 30 日

目录 CONTENTS

第一章　认识数字媒体经济学 …………………………………………………………… 1
　　第一节　数字媒体经济学的界定 ……………………………………………………… 2
　　第二节　中国数字媒体产业发展的背景 ……………………………………………… 5
　　第三节　数字媒体细分产业的发展历史 ……………………………………………… 10
　　【本章小结】…………………………………………………………………………… 21
　　【思考题】……………………………………………………………………………… 21
第二章　数字媒体的经济特性 …………………………………………………………… 22
　　第一节　数字媒体产品或服务的经济特性 …………………………………………… 23
　　第二节　数字媒体产业的经济特性 …………………………………………………… 35
　　【本章小结】…………………………………………………………………………… 45
　　【思考题】……………………………………………………………………………… 46
第三章　数字媒体产业的需求和供给 …………………………………………………… 47
　　第一节　数字媒体产业的需求 ………………………………………………………… 48
　　第二节　数字媒体产业的供给 ………………………………………………………… 55
　　第三节　数字媒体产业需求和供给的匹配 …………………………………………… 66
　　【本章小结】…………………………………………………………………………… 72
　　【思考题】……………………………………………………………………………… 73
第四章　数字媒体产业的市场结构 ……………………………………………………… 74
　　第一节　市场结构的划分及测度 ……………………………………………………… 75
　　第二节　数字媒体产业市场结构分析 ………………………………………………… 82
　　【本章小结】…………………………………………………………………………… 89
　　【思考题】……………………………………………………………………………… 89
第五章　数字媒体产业的市场行为 ……………………………………………………… 90
　　第一节　数字媒体产品或服务定价行为 ……………………………………………… 91
　　第二节　数字媒体产品或服务的内容创新与开发 …………………………………… 102
　　第三节　数字媒体企业组织行为 ……………………………………………………… 106
　　【本章小结】…………………………………………………………………………… 113
　　【思考题】……………………………………………………………………………… 114

第六章　数字媒体产业的市场绩效 ……………………………………………… 115
第一节　市场绩效的定义 …………………………………………………… 116
第二节　市场绩效的衡量方法 ……………………………………………… 119
第三节　数字媒体产业市场绩效评价的实证结论 ………………………… 126
【本章小结】 …………………………………………………………………… 127
【思考题】 ……………………………………………………………………… 128

第七章　数字媒体产业规制 ……………………………………………………… 129
第一节　市场失灵及数字媒体产业政府规制 ……………………………… 130
第二节　政府失灵与数字媒体规制体系完善 ……………………………… 140
【本章小结】 …………………………………………………………………… 147
【思考题】 ……………………………………………………………………… 148

第八章　数字媒体时代的版权保护 ……………………………………………… 149
第一节　版权的概念及其经济学分析 ……………………………………… 151
第二节　版权保护强度及我国版权产业发展现状 ………………………… 155
第三节　新兴技术与数字版权保护 ………………………………………… 160
【本章小结】 …………………………………………………………………… 171
【思考题】 ……………………………………………………………………… 171

参考文献 …………………………………………………………………………… 172

第一章
认识数字媒体经济学

【思政案例】

数字媒体融合发展创新智慧产业中心项目拟落户仓山

2021年5月17日,在福州市仓山区举行的"5·18"投资促进大会上,仓山区政府与中青城投旅游集团有限公司、中产融创有限公司签订项目合作框架协议,就数字媒体融合发展创新智慧产业中心项目未来落地三江口下洋片区达成初步合作意向。这是第四届21世纪海上丝绸之路博览会暨第二十三届海峡两岸经贸交易会上仓山区签订的最大项目,意向签约总投资额达200亿元。

数字媒体融合发展创新智慧产业中心项目以数字媒体平台和媒体融合创新为核心,将建设全媒体传播系统工程及全国领先的数字化智慧产业中心,努力打造新时期党的舆论阵地和弘扬社会主义核心价值观的主平台。同时,引入欧盟创新中心项目,致力于打造中国与欧盟在科技、投资、贸易、教育以及文化等领域全面合作的平台与产业生态圈。

中青城投旅游集团有限公司、中产融创有限公司相关负责人表示,近年来,仓山区发展机遇越来越多,投资环境持续向好,市场前景更加广阔,特别是三江口片区作为国家对外开放新门户、福州东进南下的"主战场",正全力建设成为新兴产业的聚集区。数字媒体融合发展创新智慧产业中心项目与仓山主导的智能产业高度契合,入驻三江口将能有效带动沿江一线产业发展。仓山区相关负责人表示,将竭诚做好项目落地的各项服务保障工作,不断夯实合作基础,提升洽谈效率,早日促成项目落地,努力把仓山区建成繁荣、美丽、开放、文明的南大门。

资料来源:数字媒体融合发展创新智慧产业中心项目拟落户仓山[N].福州日报,2021-05-19.

根据上述思政案例内容,思考以下问题:

什么是数字媒体?为何数字媒体融合发展创新智慧产业中心项目成为第四届21世纪海上丝绸之路博览会暨第二十三届海峡两岸经贸交易会上仓山区签订的最大项目,意向签约总投资额达200亿元?为何数字媒体融合发展创新智慧产业中心能有效带动沿江一线产业发展?这其中蕴含了怎样的经济学原理?

【本章知识结构图】

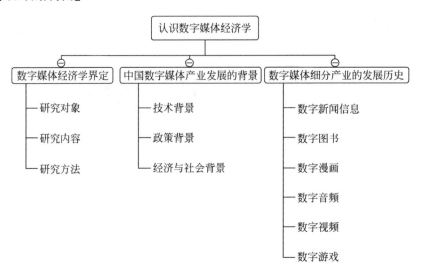

第一节　数字媒体经济学的界定

一、数字媒体经济学的研究对象

（一）数字媒体产业的定义

1. 数字媒体

数字媒体可以从技术和载体两个角度来理解。

从技术的角度看，数字媒体是指与电子计算机相伴相生的科学技术，它能将图、文、声、像等信息转化为电子计算机可识别的二进制数字"0"和"1"后进行运算、加工、存储、传送、传播、还原。

从载体的角度看，数字媒体是指以二进制数字的形式记录、处理、传播、获取的传媒信息、内容的承载样态、渠道、终端或平台。这些载体有直接作用于人们感觉器官，使人产生直接感觉的数字化文字、声音、图形、图像等数字感觉媒体；有为了传输数字感觉媒体而人为研究出来的，能有效存储数字感觉媒体或能将感觉媒体从一个地方传送到另一个地方的数字表示媒体，如语言编码、电报码、条形码等；有键盘、鼠标器、显示器、打印机等用于通信中使电信号和数字感觉媒体之间产生转换用的数字表现媒体；也有用于存放表示媒体的数字存储媒体，如磁盘、光盘等；还有服务于传输某种数字媒体的物理媒体，如光纤等。

2. 数字媒体产业

产业是指生产和提供具有密切替代关系产品或服务的企业的总和。从前文对数字媒体的解读看，数字媒体产业是数字媒体技术和数字媒体载体相关企业的总和，一方面包含了技术提供企业以及存储、传输介质生产与传输网络企业等；另一方面也包含数字化的文字、声音、图形、图像等内容产品与服务，以及这些内容产品与服务依托的数字展示终端与平台。

可见,数字化技术在与各类产业的深入融合中,所形成的数字媒体是跨传统产业存在的,数字媒体的发展通过影响消费者行为深刻地影响传统服务业和制造业中与媒体相关的领域。在本书中,我们主要关注载体角度中数字感觉媒体。

(二)数字媒体产业的范围

数字媒体产业与计算机、互联网的发展相伴相生。在接入互联网之前,数字媒体产业以数字游戏产业为主。在接入互联网后,数字化和网络技术逐渐被引入到各种媒体中,形成了各种新业态。按照媒体内容形态,数字媒体产业可以划分为数字新闻信息、数字文学、数字漫画、数字音频、数字视频和数字游戏,具体细分类别如表1-1所示。

表1-1 数字媒体类别细分

类 别	细 分 类 别
数字新闻信息	网络新闻信息
数字文学(不包含新闻图书、刊物)	网络文学
	数字图书、刊物出版
数字漫画(不包含新闻漫画)	网络漫画
数字音频(不包含新闻音频)	网络音乐
	数字电台(网络电台)
数字视频(不包含新闻视频)	数字视频(网络视频)
	数字电视(网络电视)
数字游戏	单机游戏
	网络游戏

二、数字媒体经济学的主要研究内容

产业经济学是微观经济与宏观经济学的桥梁,它以产业为研究对象,主要从两个层面上研究微观经济和宏观经济未触达的内容。第一个层面是聚焦产业内部的企业之间的竞争与合作,研究生产和提供具有密切替代关系的产品或服务的企业之间结构关系、竞争策略博弈及产业规制政策,我们一般称这一层面的研究为产业组织理论;第二个层面是聚焦产业之间的要素投入产出关系、产业结构、产业布局等,探讨产业结构、布局演化规律及产业技术进步趋势等,我们一般称这一层面的研究为产业结构理论、产业布局理论等。

数字媒体经济学显然是以数字媒体产业为特定研究对象,探索这一产业领域要素、产品或服务性质,企业间的市场关系,以及企业的竞争与合作的策略。其对应的主要理论框架是产业经济学中的产业组织理论。我们也非常关注技术的迭代给媒体领域带来的创新影响,特别是在这一过程中数字媒体产业新产品或服务、新组织模式、新商业模式和新竞争策略的产生,以及数字媒体产业与其他产业融合所产生的新业态。

在本书中,数字媒体经济学的主要研究内容包括:第一章,认识数字媒体经济学,阐释了数字媒体经济学的主要研究对象、研究内容和研究方法,回顾我国数字媒体产业发展的技术背景和政策背景,以及数字媒体细分产业的发展历史。第二章,数字媒体的经济特性,阐释了数字媒体产品或服务具有的经济特性,包括准公共物品、消费积累效应、外部性、信息不对称;分析了数字媒体产业的经济特性,包括供给方规模经济、需求方规模经济(网络效应)、范围经济、平台经济。第三章,数字媒体产业的需求和供给,从受众需求模型和广告商需求模型两个维度进行剖析,受众需求模型主要包括离散需求模型、连续需求模型和价格—质量需求模型和理性成瘾需求模型;广告商需求模型分析了传统媒体架构下媒体、用户和广告商之间的关系和平台模式下平台、用户和广告主之间的关系。从供给侧角度分析了数字媒体生产的投入和产出,分析了数字媒体生产要素的构成及数字媒体产业生产主体多元化和过程智能化的特点;从产业聚集的角度分析了数字媒体产业集群的政策依据、运营情况及绩效评价。第四章,数字媒体产业的市场结构,基于产业组织理论分析了数字媒体的市场结构以及市场结构的测度方法,阐释了影响数字媒体市场结构的因素。第五章,数字媒体产业的市场行为,研究了数字媒体产品或服务的定价行为,如价格歧视、掠夺性定价、价格卡特尔等;研究了数字媒体产品或服务的内容创新与开发,分析数字媒体竞争中的内容差异化战略和内容竞争性复制现象;研究数字媒体企业组织行为,分析数字媒体的组织边界、管理机制及组织方式。第六章,数字媒体产业的市场绩效,分析了数字媒体市场绩效的定义和衡量方法。第七章,数字媒体产业规制,阐释了规制理论和规制方法;阐释了我国数字媒体产业政府规制的正当性及规制依据和方法。第八章,数字媒体时代的版权保护,基于法学和经济学视角阐释了版权保护的内涵及外延、版权保护的对象、版权保护的强度测算及其对社会福利的影响,分析了我国版权保护现状及版权产业发展现状;分析区块链和人工智能等新技术与版权保护的关系,探索了区块链在版权保护中的运用及其优劣势,分析了人工智能技术在版权保护中的运用及其带来的数据保护及人工智能创作物的版权保护等问题。

三、数字媒体经济学的主要研究方法

1. 实证分析方法(empirical analysis)

实证分析方法,是指在分析经济问题和建立经济理论时,撇开对社会经济活动的价值判断,在一定的假定及考虑有关经济变量之间因果关系的前提下,描述、解释或说明已观察到的事实,并对有关现象将会出现的情况做出预测。实证经济学所力图说明和回答的问题是:①经济现象是什么?经济事物的现状如何?②有几种可供选择的方案?将会带来什么后果?它不回答是不是应该做出这样选择的问题,而是企图超脱和排斥价值判断(即关于社会的目标应该是什么,经济事物是好是坏,对社会有无意义的价值判断),实证经济学所研究的内容具有客观性,是说明"客观事物是怎样"的实证科学。客观事实是检验由实证分析法得出结论的标准。

实证分析方法的主要研究手段有:

(1)均衡分析、非均衡分析。均衡分析是最常用的研究手段,认为各种变量在某一状态下会达到一种均衡,例如,供给需求理论认为存在供给曲线和需求曲线,在一定的数量和价格下,两者会达到均衡(equilibrium)。自从马歇尔(Alfred Marshall)将图形引入经济学论证,均衡分析便一直在西方经济学中占主导地位。

(2)静态、动态分析。两者的区别在于动态分析引入了时间维度,如流行的时间序列分析;静态分析则主要是横截面分析。

(3)定量、定性分析。定量分析的运用在金融领域尤其广泛,数学依据主要是计量和统计;定性分析目前而言还缺乏坚实的方法论基础,主要应用于宏观经济的分析。

2. 规范分析方法(normative analysis)

规范分析方法是指根据一定的价值判断为基础,提出某些分析处理经济问题的标准研究,回答的经济问题是:①经济活动"应该是什么"或社会面临的经济问题应该怎样解决。②什么方案是好的,什么方案是不好的。③采用某种方案是否应该、是否合理,以及为什么要做出这样的选择。规范分析法是在20世纪60年代后期由美国管理心理学家皮尔尼克(S. Pilnick)提出,作为优化群体行为、形成良好组织风气的工具。

随着互联网、大数据、区块链等信息技术的发展,以新古典经济学为主流的经济学理论体系无法解释数字经济发展的基本逻辑,需要新的经济学理论框架进行解释。因此,数字媒体经济学除了运用传统经济学中广泛使用的研究方法之外,还需要根据数字经济的新发展,数字媒体的新业态和新组织模式,将理论研究方法的空间扩大,通过理论更新迭代及新概念阐释,对数字媒体领域的经济现象及其本质特征进行深入解读。

第二节 我国数字媒体产业发展的背景

我国数字媒体产业的发展不仅依赖于技术的发展,还需要相关产业政策的支持,更与经济和社会的发展密切相关。为此,本节将我国数字媒体产业发展的背景分为技术背景、政策背景与经济和社会背景。

一、技术背景

数字媒体产业的技术背景主要有两条线索:一是互联网的发展,二是广播电视技术的发展。最初两者在各自的跑道上发展,随着技术的进步,两者逐渐走向融合。

(一)互联网:从个人电脑到移动手机

1985年,我国第一台个人电脑——长城0520型微机诞生,为我国全面接入互联网奠定了良好的基础。1986年8月25日,中国科学院高能物理研究所的吴为民在北京710所的一台IBM-PC机上,通过卫星连接,远程登录到日内瓦欧洲核子研究中心(CERN)一台机器VXCRNA王淑琴的账户上,向位于日内瓦的斯坦伯格(Steinberger)发出了一封电子邮件,这是我国历史上第一次使用互联网与国际对话。

为了全面接入国际互联网,我国开始了漫长的交涉和探索。1988年年初,我国第一个X.25分组交换网CNPAC建成。1989年10月,世界银行贷款"重点学科发展项目"中的一个高技术信息基础设施项目National Computing and Networking Facility of China(中国国家计算机与网络设施,简称NCFC)正式立项,主要目标是建立NCFC主干网和北京大学、清华大学和中国科学院三个园区级网络的建设。1990年11月,在王运丰教授和维纳·措恩(Werner Zorn)教授的努力下,我国的顶级域名.cn完成注册。从此我国在国际互联网上有了自己的身份标识。由于当时我国尚未实现与国际互联网的全功能连接,我国.cn顶级域名服务器暂时设在德国卡尔斯鲁厄大学。

1994年4月初,中美科技合作联委会在美国华盛顿举行。会前,中国科学院副院长胡启恒代表中方向美国国家科学基金会(NSF)重申连入 Internet 的要求,得到认可。1994年4月20日,NCFC 工程通过美国 Sprint 公司连入 Internet 的 64K 国际专线开通,实现了与 Internet 的全功能连接。从此中国被国际社会正式承认为真正拥有全功能 Internet 的国家。同年9月,中美双方签订关于国际互联网的协议,我国公用互联网(CHINANET)的建设开始启动。1995年1月,分布在北京和上海的两条互联网专线开始通过电话网、DDN 专线以及 X.25 网等方式提供互联网接入服务。同年5月,中国电信开始筹建中国公用计算机互联网(CHINANET)全国骨干网。同年8月,金桥工程初步建成,在24省市开通联网(卫星网),并与国际网络实现互联。

1996年1月,以中国公用互联网为核心的全国骨干网开通,开始向全国提供服务。在此期间,除中国公用互联网外,中国教育和科研网(CERNET)、中国科技网(CSTNET)和中国金桥信息网(CHINAGBN)三大骨干网也相继建设完成,并于1997年实现四大骨干网的互联互通。截至1997年10月31日,我国共有上网计算机29.9万台,上网用户数62万,.cn 下注册的域名4066个,WWW 站点约1500个,国际出口带宽25.408M。这标志着我国开始进入互联网时代。

2000年5月17日,中国移动互联网(CMNET)投入运行。同日,中国移动正式推出"全球通 WAP(无线应用协议)",这是我国移动互联网的雏形。2009年1月,工业和信息化部为中国移动通信集团、中国电信集团公司和中国联合网络通信有限公司发放3张第三代移动通信(3G)牌照。同年10月,中国联通版 iPhone 3G 正式开售,多普达公司发布安卓(Android)操作系统的3G 互联网手机,标志着我国开始进入移动互联网时代。

2012年1月,由我国主导制定、大唐电信集团提出的 TD-LTE 被国际电信联盟确定为第四代移动通信国际标准之一。同年年底,我国网民规模达5.64亿,互联网普及率达到42.1%,手机网民规模为4.2亿,使用手机上网的网民规模首次超过了台式电脑。

2013年12月,我国正式发放首批4G 牌照,中国移动通信集团公司、中国电信集团公司和中国联合网络通信集团有限公司获颁"LTE/第四代数字蜂窝移动通信业务(TD-LTE)"经营许可。

(二)广播电视:从数字化到网络化

我国从1985年开始研究数字音频广播(DAB)、数字视频广播(DVB)、高清晰度电视(HDTV)、数字压缩、多媒体和有线电视宽带网中交互式综合业务传输等数字化技术,并在1997年形成了广播电视信息网络技术标准体系。

1995年起,我国先后在北京和广东建立了数字音频广播实验室和无线发射先导网。1996年12月,中国的第一个数字音频广播先导网在广东开通,并于1997年7月投入试播。与此同时,广东珠江经济广播率先在网络上进行实时广播,这也成为我国首个在网络平台播出的广播电台。

1998年12月,采用 DVB-T 标准的数字电视地面广播开路系统顺利开通,这是我国第一个从信号源、传输系统到发射机全部采用数字电视信号的广播系统,也是一个既可以广播数字标准清晰度电视,又可以广播数字高清晰度电视的系统。这个系统的顺利建成为数字电视在我国的发展奠定了基础。1999年,中央电视台在中华人民共和国五十周年国庆庆典电视直播中首次实施了数字信号传输。2003年11月,我国开始全面推进有线电视从模拟向数字整体转换。

2005年3月,上海文广新闻传媒集团下属上海电视台正式获国家广电总局批准开办以电视机、手持设备为接收终端的视听节目传播业务。这是广电总局在国内发放的首张IPTV业务经营牌照,标志着数字电视开启了网络化进程。

2010年3月,国家广电总局向CNTV颁发了首张互联电视牌照,牌照持有方负责建设互联网电视集成平台。此后,上海百视通、浙江华数、南方传媒、中国国际广播电台、中央人民广播电台、湖南电视台共6家单位先后获颁互联网电视集成牌照,这7家平台后来也成为互联网电视内容的集成提供方。数字电视由此全面进入网络化阶段。

(三)融合阶段

电信网、互联网和广播电视网的融合被称作"三网融合",最早出现在2006年发布的《中华人民共和国国民经济和社会发展"十一五"规划纲要》中。在政策的引导下,中国电信和中国网通开始尝试办理IPTV业务。2010年1月,国务院总理温家宝主持召开国务院常务会议,决定加快推进电信网、广播电视网和互联网三网融合。同年6月,国务院三网融合工作协调小组审议批准,确定了第一批三网融合试点地区(城市)名单。2018年6月,国家广播电视总局批准中国移动开展IPTV传输服务,由此三大运营商均获得了经营IPTV资格。

2019年6月,工信部正式向中国电信、中国移动、中国联通、中国广电发放5G商用牌照。同年10月,三大运营商公布5G商用套餐,并于11月1日正式上线5G商用套餐。我国正式进入5G时代。

二、政策背景

数字媒体产业的发展,不仅需要信息基础设施的支撑,还需要政策的支持。表1-2重点列出2000—2018年与数字媒体产业发展相关的规划纲要,主要包括我国国民经济和社会发展的整体纲要和重要产业的发展纲要或战略。这些政策为数字媒体产业的发展提供了良好的条件。

表1-2 2000—2018年数字媒体产业的相关规划

时间	机构	规划	内容
2000.1	文化部	《文化事业发展第十个五年计划纲要》	提出要加快文化领域的数字化、网络化建设;利用网络技术,开发文化信息资源,传播中华文化,促进中外文化交流;推进文化管理信息化进程。
2001.3	国务院	《中华人民共和国国民经济和社会发展第十个五年计划纲要》	提出加速发展信息产业,大力推进信息化。
2001.9	信息产业部	《信息产业"十五"规划纲要》	这是国家确立信息化重大战略后出台并实施的第一个产业规划,为整个互联网产业的有序发展提供了坚实基础。

续表

时间	机构	规划	内容
2006.3	国务院	《中华人民共和国国民经济和社会发展第十一个五年规划纲要》	提出要加强宽带通信网、数字电视网和下一代互联网等信息基础设施建设,推进"三网融合"。
2006.5	国务院	《国家信息化发展战略(2006—2020)》	提出了我国信息化发展的九大战略重点,优先制定和实施六项战略行动计划。
2006.9	文化部	《国家"十一五"时期文化发展规划纲要》	提出加快从主要依赖传统纸介质出版物向多种介质形态出版物共存的现代出版产业转变,全面推进广播影视数字化工程,发展新兴传播载体。
2011.3	国务院	《中华人民共和国国民经济和社会发展第十二个五年规划纲要》	加快建设宽带、融合、安全、泛在的下一代国家信息基础设施,推动信息化和工业化深度融合,推进经济社会各领域信息化。
2012.2	国家工业和信息化部	《物联网"十二五"发展规划》	提出物联网已成为当前世界新一轮经济和科技发展的战略制高点之一,梳理了物联网产业链,并提出了未来发展的目标与路径。这是国家首次出台如此详细的物联网规划,体现了对物联网产业的高度重视。
2012.2	国务院	《国家"十二五"时期文化改革发展规划纲要》	实施文化数字化建设工程,改造提升传统文化产业,加强新兴媒体建设,积极推进下一代广播电视网、新一代移动通信网络、宽带光纤接入网络等网络基础设施建设,推进三网融合,创新业务形态,发挥各类信息网络设施的文化传播作用,实现互联互通、有序运行。
2012.3	国家发改委等七部门	《关于下一代互联网"十二五"发展建设的意见》	提出互联网普及率达到45%以上,IPv6宽带接入用户数超过2500万的目标。
2012.7	国务院	《"十二五"国家战略性新兴产业发展规划》	实施宽带中国工程,要求到2015年城市和农村家庭分别实现平均20兆和4兆以上宽带接入能力。
2012.9	科技部	《中国云科技发展"十二五"专项规划》	加快推进云计算技术创新和产业发展。
2013.2	国务院	《关于推进物联网有序健康发展的指导意见》	提出了我国物联网发展的总体目标,即"实现物联网在经济社会各领域的广泛应用,掌握物联网关键核心技术,基本形成安全可控、具有国际竞争力的物联网产业体系,成为推动经济社会智能化和可持续发展的重要力量"。
2013.2	国家发展改革委等	《物联网发展专项行动计划(2013—2015)》	包含了顶层设计、标准制定、技术研发、应用推广、产业支撑、商业模式、安全保障、政府扶持、法律法规、人才培养10个专项行动计划。
2013.8	国务院	《"宽带中国"战略及实施方案》	旨在加强战略引导和系统部署,推动我国宽带基础设施快速健康发展,部署未来8年宽带发展目标及路径,将"宽带战略"从部门行动上升为国家战略,宽带首次成为国家战略性公共基础设施。
2016.3	国务院	《中华人民共和国国民经济和社会发展第十三个五年规划纲要》	数字创意产业列为战略性新兴产业;大力发展文化创意产业,促进文化与科技、信息、旅游、体育和金融等产业融合发展。

续表

时间	机构	规　划	内　容
2016.11	国务院	《"十三五"国家战略性新兴产业发展规划》	提出数字技术与文化创意、设计服务深度融合,数字创意产业逐渐成为促进优质产品和服务有效供给的智力密集型产业,创意经济作为一种新的发展模式正在兴起。
2017.5	国务院	《国家"十三五"时期文化改革发展规划纲要》	提出文化科技创新工程,包括宽带广电建设、广播影视数字化提升、数字出版创新和艺术呈现技术提升。

三、经济与社会背景

数字媒体产业的发展与经济的进步和社会的发展密切相关。1994年,我国全面接入互联网。此时,一方面,我国经济正经历由计划经济转向市场经济,经济进入了一个高速增长期,人均GDP从1994年的4 081元增长到2019年的70 328元。另一方面,计划生育的实施改变了人口出生率,人口出生率峰值存在于"80后"群体,在1987年达到峰值2.33%。从平均值来看,1980—1989年人口出生率均值为2.12%,而1990—1999年人口出生率为1.76%,2000—2009年人口出生率为1.26%。同期"80后"人均GDP为866.4元,低于"90后"的4457.6元和"00后"的15119.8元。"80后"人口人均GDP与出生率差值达到代际人口最大值[①]。由此看出,经济条件的不断改善为数字媒体产业发展奠定了良好的基础,如图1-1所示。

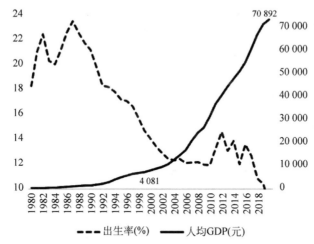

图1-1　1980—2019年人口出生率和人均GDP
数据来源:根据国家统计局数据整理绘制

受经济社会环境的影响,数字媒体用户具有以下特点:

(1)个性多元的消费者,他们不仅会根据自己的兴趣,选择性地关注和消费信息内容,还会根据自己的偏好,选择不同的方式来消费同一核心内容,如漫画、动画、影视和游戏等。

(2)积极主动的生产者,他们不仅消费信息,还会主动参与到信息生产的环节,成为主

---

① 数据来源:国家统计局。

动积极的生产者。

（3）追求沉浸的体验者，随着信息数量和呈现样态的增加，他们可选择的范围扩大，对内容消费中的体验感要求提高，拥有趣味性和提供沉浸感的信息能够吸引他们的注意力。

（4）寻找归属的孤独者，计划生育使得"80后"开始几乎没有兄弟姐妹，他们更加孤独，也更加自我。为排解孤独和追求自我，他们开始不局限于线下的人际传播，而是主动在线上寻找相似的群体，以社群的形式与他人建立社交关系。

这些特点催生了新的文化，助推数字媒体产业发展的多元化和长尾化。

第三节 数字媒体细分产业的发展历史

一、数字新闻信息发展历史

数字新闻信息包括了以各种形式呈现的新闻和信息内容，如文字、图片、音频和视频。

最早的数字新闻信息形态可追溯到1993年，《杭州日报·下午版》通过杭州市的展望资讯网进行传输，但是此时的网络还未与国际互联网连接，传播范围及其影响力十分有限。1994年5月，中国科学院高能物理研究所设立了国内第一个WEB服务器，推出中国第一套网页，内容除介绍中国高科技发展外，还有一个栏目叫"Tour in China"。此后，该栏目开始提供包括新闻、经济、文化、商贸等更为广泛的图文并茂的信息，并改名为《中国之窗》。

1995年12月，《中国日报》网站开通，成为第一家在中国办网站的全国性日报。1997年2月，瀛海威全国大网开通，3个月内在北京、上海、广州、福州、深圳、西安、沈阳和哈尔滨8个城市开通，成为中国最早，也是最大的民营互联网服务提供商（ISP）和网络内容服务商（ICP）。在传统媒体发展网络版的同时，搜狐、网易和新浪三大门户网站自1996年起相继成立，成为最早的商业网络媒体代表。

网络媒体发展的同时，手机媒体业紧随其后。2000年11月，中国移动推出"移动梦网计划"，并借助短信推送新闻信息。2005年1月，国内第一个手机视频频道"新华视讯"正式在中国联通CDMA1平台上播出。同年2月，新华网推出"手机彩信"频道。同年7月，由浙江联通和浙江在线共同打造的国内首家省级彩e手机报纸亮相。

2009年起，随着我国进入移动互联网时代，大量用户从PC端迁移到移动端，数字新闻信息格局开始发生变化。一方面，微博开始兴起。新浪网、搜狐网、网易网、人民网等门户网站纷纷上线微博功能。2011年年初，"微博打拐"活动发起，"随手拍照解救乞讨儿童"的微博行动引起全国关注，形成强大舆论传播力量。多项事件表明，微博已成为我国重要舆论平台。另一方面，移动端两个代表性应用——微信和今日头条上线。2011年1月，微信上线；次年8月，微信开通"微信公众号"功能，标志着它从一款移动即时通信应用转型成为移动社交媒体应用。2012年3月，一款基于数据挖掘的推荐引擎产品——今日头条上线，它的出现改变了新闻信息的分发模式。

商业媒体蓬勃发展改变了媒体竞争格局，许多传统媒体开始尝试自主开发移动应用，并开通微博账号和微信公众号，但是整体上来看，传统媒体逐渐式微。2014年，中央全面深化改革领导小组发布《关于推动传统媒体和新兴媒体融合发展的指导意见》，传统媒体由此开始探索媒体融合。2016年2月,《人民日报》的"中央厨房"上线,实现了"一次采集、多次分发"。随着快手和抖音等短视频应用崛起,用户注意力从图文转移到视频,大量传统媒体又开始入驻短视频平台。2019年11月,中央广播电视总台基于5G+4K、8K+AI等新技术,推出了综合性视听新媒体平台"央视频"。

纵观数字新闻发展历程可以发现,随着互联网的普及和技术的进步,新闻信息的提供形式越来越丰富,内容形式从图文转变为图文音视频;生产主体越来越多元,从专业机构组织转变为普通用户、机构和人工智能共存,具体类别和典型案例如表1-3所示。

表1-3 数字新闻典型案例

形　　式	细分形式	出现时间	典型案例
传统媒体类	报刊	1995年	人民网
	广播	1997年	听听FM
	电视	2005年	央视频、央视网
商业媒体类	门户网站	1994年	网易门户网站
	综合社交	2009年	新浪博客、新浪微博
		2012年	微信公众号
	音频社交	2012年	喜马拉雅
	聚合分发	2012年	今日头条
	视频社交	2013年	抖音、快手

二、数字图书发展历史

数字图书既包括数字形式的非新闻类图书,也包括网络文学。

(一) 数字图书

最早的数字图书可追溯到1991年,武汉大学陈光祚教授在武汉大学出版社的支持下成功制作了《国共两党关系通史》的电子版,此时的电子图书已经具有查找和检索功能。同年11月,武汉大学出版社同时出版印刷版和软盘版,开启了我国数字图书的时代。1992年陆达成立北京金盘电子有限公司后,开始了对只读电子光盘的研究;同年12月,金盘公司将《邮票上的中国——历史与文化》文稿制作成光盘出版。

1993年,超星公司成立,开发了基于小波变换PDG图像压缩技术(图文资料数字化)技术,为中央档案馆及各部委档案馆进行档案资料数字化。1996年,超星公司与电子工业出版社、科学出版社、中国标准出版社等多家单位建立合作关系,出版了大量的光盘类数字图书。

1998年5月,"黄金书屋"成立,以个人网页形式致力于建立网上书库,提供网络在线阅读服务,这是最早的互联网图书阅读网站。

1999年10月,人民出版社发起组建"人民时空"网站,正式出版了我国第一部网络电子版图书《中国经济发展五十年大事记》,并成功通过互联网实现销售,首创了国内具有正式版权的网络电子图书。

2000年,方正公司提出了启动中国eBook产业的构想。2004年11月,方正电子联合全国 80% 的出版社推出图书交易平台搜书网，提供网上图书搜索、翻阅和导购等服务。搜书网能够检索到百万图书书目信息，同时可以翻阅数十万种电子书。2005 年 5 月，"榕树下"网站和方正正式合作签约，"榕树下"将引用方正 CEB 格式推出原创电子图书。

2008 年，国内以汉王为代表的电子书阅读器生产商开始发力电子书市场，推出"电纸书"产品。2010 年 12 月，QQ 阅读上线，中国开始进入移动阅读时代。2013 年，亚马逊的移动阅读终端 Kindle 带着大量电子图书进入中国市场。随后，越来越多平台加入数字图书市场，模仿亚马逊的"移动终端＋数字书库"的销售模式。

数字出版的新兴模式极大地影响了传统出版业的经营，传统出版企业开始选择和互联网企业合作。2014 年 11 月，商务印书馆和亚马逊签约"纸电同步"合作，开始同步售卖纸质书和电子书，并且在亚马逊上线"汉译世界学术名著丛书"。2015 年 3 月，新闻出版广电总局和财政部联合发布《关于推动传统出版和新兴出版融合发展的指导意见》，旨在推动传统出版业数字化转型。2018 年 9 月 13 日，数字出版和传统出版行业实现跨界合作，经掌阅集团策划，由掌阅 APP 和新星出版社联合推出首部个人图书作品《十九岁的时差》，以"纸电联动"的方式出版，是传统出版和新兴出版融合的典型案例。

（二）网络文学

网络文学是指在电脑上创作、在网上首发的原创性文字作品。最早的网络文学形态可追溯到 1995 年，作者通过论坛发布小说，既能得到及时回馈，也可以迅速形成写作与阅读之间的交流。同期，已出版作品也被大量输入，扫描并粘贴到论坛进行传播。最热门的当属黄易的《大唐双龙传》。很快，以传播文学为主的论坛红极一时，如"大唐中文""晨星""爱心小屋""卧龙居"等。然而，早期论坛缺乏有效分类手段，随着作品数量增加，冷门帖无人问津，作者原创动力减弱。1997 年，第一个中文原创文学网站"榕树下"应运而生，它试图借助网络的力量集聚原创文学者，建构一个以网络为中心的写作与阅读世界。

2000 年，"榕树下"推出了旗下新一代女作家安妮宝贝，《告别薇安》热销；由清华论坛掀起的《大话西游》解读热潮，催生了西游精神的全新解读作品《悟空传》于 2001 年通过光明日报出版社出版。这两本书的成功出版标志着网络文学开拓了新的盈利模式——传统出版。

2001 年起，网络文学网站为了生存，经历了各种尝试和挣扎。2002 年 2 月，"读写网"开始尝试收费；同年年底，"明杨全球中文品书网"继承了向读者直接收费的思路，以点击量作为报酬标准，正式提出 VIP 概念。然而，由于读者的规模有限，两者并未通过 VIP 制度实现盈利。

2003 年 10 月，起点中文网正式启动 VIP 制度，它赶上了互联网流量增长的爆发期，到年底，订阅率最高的作品就已经达到 20 元/千字的稿费级别。起点中文网的成功奠定了网络文学盈利模式的基础，由此带动了同期其他文学网站的跟进和发展，几经竞争，"起点"和"幻剑"两家企业占据了文学网站的龙头。

2004 年 7 月，第一部由网络文学改编的电视剧《第一次亲密接触》开播，标志着网络文学开始通过版权出售实现盈利。

2004 年 10 月，盛大以 200 万美元直接收购起点中文网，并通过游戏业务铺设的既有渠道，快速打开网文阅读点卡的销售通路；幻剑则与腾讯建立战略合作关系，利用 Q 币平台开拓付费渠道。2008年7月,盛大在起点中文网基础上成立"盛大文学",并陆续收购"红袖添香""小说阅读网""榕树下""言情小说吧""潇湘书院"等网站,以及"天方听书网""悦读网""晋江文学城"等网站部分股权,最终占据网络文学市场的70%份额。

2013年,集体出走的起点中文网创始团队大部分加入新成立的腾讯文学,建立"创世中文网"。2014年,盛大文学和腾讯文学合并,阅文集团成立。2016年6月,阅文集团举办首届"IP生态大会",推出"IP共营合伙人"制度,开始探索版权的全产业链运营模式。

纵观数字图书的发展历程,它的主要变化是盈利模式的变迁,具体类型和案例如表1-4所示。

表1-4 数字图书商业模式典型案例

类 型	商业模式	起始时间	典型案例
数字图书	数字图书销售	1991年	咪咕阅读、微信读书
	"终端设备+内容"销售	2013年	多看、京东阅读
	会员订阅	2014年	网易蜗牛读书
网络文学	广告	1997年	榕树下
	纸质出版	2000年	《告别薇安》《悟空传》
	VIP收费制度	2002年	起点中文网
	版权出售+影视改编	2004年	《第一次亲密接触》《步步惊心》
	全产业链运营	2016年	阅文集团

三、数字漫画发展历史

中国的数字漫画是以网络为起点的。最早的网络漫画可追溯到1998年,港台地区的个人汉化者将国外漫画汉化后,上传到网络上。2000年,夜露思苦动漫中文化组织成立,主要负责汉化日本的漫画。随后,越来越多的汉化组出现,免费翻译不同国家的漫画作品。与此同时,也有一部分网站将传统漫画期刊上的作品扫描后,上传到网站上。可以说,在很长的一段时间内,中国的数字漫画都是以盗版形式存在。

2009年3月,纵横中文网旗下纵横动漫上线。同年8月,新浪微博上线,这个平台孕育了最早一批的条漫作者。同年9月,有妖气原创漫画梦工厂平台开放内测,ZCloud作品《拜见女皇陛下》开始在有妖气签约连载。同年10月,有妖气原创漫画平台正式上线,它是国内第一个完全以网络漫画为主的平台。同年11月,《春哥传》开始在有妖气上签约连载,这是一部标准的网络式漫画,成为后续很多网络漫画创作的参考。

2010年,有妖气开启了漫画行业形式多样的运营与商业模式,包括征稿签约、付费漫画、VIP会员、漫画打赏、手机漫画、作品登陆电纸书、开发周边、网络商城、开发防盗版技术、上线吐槽系统、发行《Hi!漫画》杂志、出版单行本、与网络作者广泛签订纸质授权书、与夏天岛工作室达成合作等。

随着有妖气的活跃,更多的漫画平台开始纷纷涌现。作为漫画杂志领域的两大巨头,知音漫客与漫画文化都开始进军网络领域,知音漫客在2010年就上线了网络平台漫客栈,漫画文化在2011年也推出了自己的网络平台91AC。

2011年11月,腾讯也开始在原创漫画领域发力,早期最具人气的作品《尸兄》开始签约连载。同年，新浪也创建了微漫画平台，与腾讯动漫和有妖气一起成为当时网络漫画平台三大巨头。

2012年，《十万个冷笑话》改编的动画在网络上线，获得了很高的热度。这部动画作品的成功证明了国产漫画作品也可以带来很大的商业价值。

2013年，在微博上创作漫画的形式越来越受到关注，也开始出现很多漫画"大V"，但他们都是独立于新浪的微漫画平台之外的作者。2014年，漫画"大V"之一的陈安妮成立了快看漫画。

2016年，有妖气率先完成了漫画内容的初级商业模式，取消了VIP漫画限时封印的规则，将所有的漫画作品分为了三类：第一类是只有VIP会员可看的VIP漫画，第二类是需要充值付费阅读的付费漫画，第三类是用户自由发布的免费漫画。然而，商业模式的调整并未给漫画行业带来新的生机，在随后的两年时间中，由于网络小说能以更低的成本提供相同价值的IP，漫画进入了发展低谷期。2018年11月，哔哩哔哩在完成对网易漫画的收购后，上线了哔哩哔哩漫画平台。

纵观数字漫画的发展历程，它主要借鉴了网络文学的发展模式，但目前并未创造出属于自己的独特模式。

四、数字音频发展历史

数字音频按照内容可分为两类——数字音乐和数字电台。

（一）数字音乐发展历史

中国数字音乐最早可追溯到1999年，九天音乐网、中文音乐星空等国内最早一批数字音乐网站上线。2002年，百度推出MP3搜索功能，但此时，收听数字音乐的方式主要还是下载后存入MP3便携设备里。直到2003年，千千静听上线，这是国内第一个供PC端使用的MP3播放器。同年，中国移动正式推出彩铃业务，为数字音乐消费模式提供了新形式。

随后，酷狗音乐、酷我音乐、QQ音乐、虾米音乐相继上线；千千静听被百度收购，完成了从搜索到播放的闭环。然而，这些平台多以盗版音乐为主，深受其害的唱片公司开始对音乐网站施加压力。2006年，专注提供正版音乐的巨鲸音乐网上线，与谷歌联手在我国推出音乐搜索服务，但随着谷歌在我国内地市场的退出，这家网站很快消失在大众视野。

2007年，瞄准手机端的天天动听上线。2009年，同样瞄准手机端的多米音乐成立。

2009年，文化部印发《关于加强和改进网络音乐内容审查工作的通知》，开始监管音乐盗版行为。2011年，百度与环球、华纳、索尼达成协议，上线音乐平台ting!，提供正版音乐下载收听服务。

2012年，海洋音乐创立，一方面，它趁着唱片公司资金短缺以很低的成本获得大量版权；另一方面，它对盗版的数字音乐平台施加法律压力，赚取诉讼费用。与其说海洋音乐是一个音乐平台，不如说它是一个"版权中间商"。在2011—2013年间，海洋音乐和近百家唱片公司达成合作，歌曲数量接近2 000万首。由于个人用户付费意愿低、版权拥有者施压，加上政策收紧，在很长一段时间里，数字音乐平台都只能通过广告获得收益。

2013年1月，虾米音乐被阿里收购。2015年年初，虾米音乐与天天动听共同组建阿里音乐集团。2013年4月,网易云音乐成立,凭借其"音乐社区"的差异化路径,后来居上。

2013年年底,酷我音乐与海洋音乐合并,2014年4月,又与酷狗音乐完成换股合并,并整合彩虹音乐和源泉音乐。2016年7月海洋音乐与QQ音乐完成合并。2017年1月,腾讯音乐娱乐集团(TME)完成整合。

2017年8月,网易云音乐陆续下架腾讯转授的音乐,直到2018年2月在国家版权局的推动下,双方达成99%版权互授合作,各自发展。2018年12月,腾讯音乐娱乐集团在纽约证券交易所成功上市。2021年1月,背靠阿里的虾米音乐宣布停止提供服务。

(二)数字电台发展历史

中国最早的数字广播出现在1996年12月,第一个数字音频广播先导网在广东开通,并于1997年7月投入试播。与此同时,广东珠江经济广播率先在网络上进行实时广播,这也成为我国首个在网络平台播出的广播电台。

1998年2月,中央人民广播电台实现广播设备数字化。同年8月,中央人民广播电台网站注册英文域名 www.cnradio.com 和 www.cnradio.com.cn,并在网络上开通中央人民广播电台简介及节目介绍宣传页面。2002年9月,中央人民广播电台网站开始实行24小时新闻发布和技术保障并执行值班制度,标志着网站进入全天候运行状态。

早在2004年,播客天下、中国播客网、菠萝网、土豆网等一系列播客网站上线。新浪、搜狐等大型网站也纷纷跟进,推出了自己的播客频道。不过,由于视频网站的崛起,播客很快就遭受了严重冲击。

2005年,第一家通过官方网站创立的网络电台"国际在线网络"正式开播。2008年,国家广电总局和信息产业部联合发布了《互联网视听节目服务管理规定》,清理了大量缺乏经营资质的小网站和网络电台。

随着我国进入移动互联网时代,移动电台开始形成自己的商业模式。2010年,中国首家移动网络电台豆瓣FM上线。2011年,蜻蜓FM上线,以3000多个广播电台和1000多家高校电台内容为主。2012年8月,喜马拉雅成立,以有声读物和用户原创内容(UGC)模式作为起步内容。随后,懒人听书、荔枝FM、多听FM和考拉FM相继上线。

移动电台APP的发展使得曾经通过手机信号就能收听各个频率的广播节目被迫淡出历史的舞台。2014年12月,依托于北京电台的听听FM上线,开始模仿已有移动电台的商业模式。

2015年6月,喜马拉雅FM与拥有1000万部作品的阅文集团达成排他性合作。同时,喜马拉雅FM与市面上9家一线图书公司签订独家战略合作,拥有市面上70%有声书改编权。同年8月,蜻蜓FM与鸿达以太达成版权战略合作,蜻蜓FM由此获得鸿达以太旗下多达10万部有声读物的相关授权。此外,蜻蜓FM还在车联网发力,与福特、沃尔沃、宝马、奥迪等超过50家整车厂和内容服务提供厂商(TSP)合作。

2016年6月,《好好说话》在喜马拉雅FM上线,上线十天订阅收入超过千万元,验证了知识付费的盈利潜力。同年12月,喜马拉雅推出第一届"123知识狂欢节",当天成交额达到5088万元,进一步验证了该商业模式的可行性。与此同时,2016年10月,荔枝FM上线了音频直播功能。

2017年6月,喜马拉雅推出国内独一无二的全内容智能AI音箱——小雅,开始布局物联网领域。

2020年3月,腾讯音乐娱乐集团与阅文集团达成战略合作。阅文授权腾讯音乐娱乐集团把阅文平台上的文学作品制作为长音频有声读物,双方可以在各自平台上向全球发行这些有声作品。

纵观数字音频发展历史,数字音乐和数字电台逐步探索出适合各自的商业模式,随着"互联网+"时代的到来,二者开始逐步走向融合以期更好地发挥协同效应与增值效应,具体类型和案例如表1-5所示。

表1-5 数字音频商业模式典型案例

类 型	商业模式	起始时间	典型案例
数字音乐	广告	1999年	百度音乐
	会员订阅	2007年	QQ音乐
	数字音乐销售(虚拟专辑)	2014年	QQ音乐
	数字音乐销售(演唱会直播)	2014年	酷狗音乐
	音乐直播打赏	2014年	酷狗音乐
数字电台	广告	1996年	中国播客网
	数字内容销售(知识付费)	2016年	喜马拉雅
	会员订阅	2016年	喜马拉雅
	音频直播打赏	2016年	荔枝FM
	"终端设备+内容"销售	2017年	喜马拉雅

五、数字视频发展历史

数字视频的发展既包括传统的电视和电影,也包括网络视频的发展,三者的发展是交错在一起的。

视频的数字化最早是从VCD和DVD的使用开始的。1992年,姜万劲在美国的一个国际性广播电视技术展览会上发现了一项新的数字视频技术,他购买了这项技术,并在1993年生产出第一批VCD影碟机。起初只是一些电子企业因研究需求购买,但1995年之后,个人VCD市场开始兴起,到1998年有超过600家VCD机生产企业,大约自2000年开始,这些企业又打入DVD的生产领域。与此同时,电影和电视在2000年前后开始推进数字化工作,视频由此进入了全面数字化时代。在2005—2008年期间,DVD延续了VCD的繁荣,中国每年生产的DVD数量超过了同期的电视机数量,而与之相伴的则是盗版影碟和录像厅的兴盛,这直接导致了电影放映的衰落。

在DVD市场繁荣发展的夹缝中,网络视频开始起步。2004年11月,中国第一家网络视频网站乐视网上线。2005年起,土豆、激动网、56网、PPTV和PPS等知名网站相继上线。乐视网以影视剧发行为主;土豆网、56网和激动网以用户上传内容为主;PPS、PPTV则是运用点对点播放(P2P)技术的网络电视客户端。随后,一些门户网站也开始提供视频服务,然而,到2008年,网络视频仍旧只能依靠融资来维持发展,尚未探索出可盈利的商业模式,由于视频网站用户付费意愿较低,广告商更倾向于在电视上投放广告。

2009年是视频网站发展的转折点。一方面,版权开始受到重视。中央外宣办等九部门联合发起了打击网络盗版侵权的"剑网行动",促进视频网站内容版权正版化,也推高了版权的价格。从2004年开始积累了大量版权资源的乐视网由此开始获得巨额的版权回报。另一方面,传统媒体开始进入网络视频市场。2009年,中央电视台的CNTV隆重上线,随后,各传媒集团纷纷成立网络电视台。2010年,百度奇艺网成立;次年,腾讯视频成立。2010年3月,国家广电总局给CNTV颁发了首张互联网电视牌照,牌照持有方负责建设互联网电视集成平台。此后,上海百视通、浙江华数、南方传媒、中国国际广播电台、中央人民广播电台、湖南电视台共6家单位也先后获颁互联网电视集成牌照。这7家平台后来也成为互联网电视内容的集成提供方,数字电视由此全面进入网络化阶段。至此,我国的数字视频行业已基本形成国有媒体网络电视台和商业视频网站分据市场的格局。

2012年至2015年期间,网络视频行业进入新时期,优酷土豆合并,百度爱奇艺收购PPS,湖南卫视的芒果TV上线,阿里全资收购优酷土豆,至此,优酷、爱奇艺、腾讯视频和芒果TV的格局初步形成。与此同时,视频网站为了缓解高价版权带来的成本问题,开始探索"会员付费""内容自制"和"产业链延伸"等业务模式。2015年9月,《蜀山战纪之剑侠传奇》在爱奇艺以会员可提前观看和先网后台的形式上线。同年12月,乐视网自制剧《太子妃升职记》则以会员可提前观看和完全的网络剧形式上线。两部剧均获得了巨大成功,验证了网络视频网站会员付费模式的可行性。随后,各种网络剧和网络综艺开始兴盛,极大地冲击了传统电视行业,电视行业开始探索转型之路,但收效甚微。

在视频网站还在探索盈利的可能性时,直播开始登上历史舞台。国内最早的直播平台9158(前身是"久久情缘")出现在2005年,以秀场模式运作。随后,六间房、搜狐和百度贴吧等都采用过这个模式运作直播,而YY则另辟蹊径,采用游戏语音直播方式运作。在2014年之前,直播在主流大众眼中,还属于"低俗"类的内容。2014年起,斗鱼、虎牙、映客、花椒和一直播等知名直播平台相继上线;到2016年年初,已经有300多个移动直播平台,被称作"千播大战"。然而,到2017年,市场上仅剩下二十多个直播平台。不仅如此,随着短视频的火热,直播平台逐渐式微,直到2019年直播带货兴起后,才渐渐回暖。

短视频的雏形是微电影,可追溯到2005年,时长20分钟的网络短片《一个馒头引发的血案》爆红。微电影推动了短视频的草根化,无意中培养了用户利用碎片化时间制作和观看短视频的意识。2012年至2014年期间,各类短视频平台开始出现,如秒拍、美拍、小影、微视和快手。但受限于网络传输速度,这些平台还处在边缘的位置。随着4G的普及,快手和抖音两个短视频平台迅速蹿红,许多企业也开始推出自己的短视频平台,如腾讯重启微视项目、爱奇艺推出纳豆、芒果TV推出短视频频道。2020年,微信上线视频号,在未来很长一段时间里,短视频这场竞争还将持续下去。

与网络视频同步发展的还有我国的数字电影。进入21世纪以来,中国内地电影市场急剧扩张,华语电影的中心正式从香港地区转移至内地,其中最具代表性的作品是李安的《卧虎藏龙》和张艺谋的《英雄》。然而,中国电影发展初期受到经济水平和盗版影响较大,2002年全年国内票房仅有9亿元。此外,这一时期的电影在风格上多追求场景宏大,类型较为单一。2006年起,《疯狂的石头》使小成本喜剧片回归市场,《疯狂的赛车》《失恋33天》《人再囧途之泰囧》等喜剧片均在票房上获得巨大成功。此后,中国电影市场类型开始逐步丰富起来,2013年,青春题材的《致青春》和《小时代》;2015年,国产3D动画《大圣归来》和结合真人的《捉妖记》;2017年,战争动作题材的《战狼2》;2018年,现实主义题材的《我不是药神》;2019年,科幻题材《流浪地球》。主流电影市场蓬勃发展的同时,网络电影市场也于2010年开始起步,代表作品是"11度青春系列电影",在小范围内获得成功。2015年起,网络电影进入高速增长期,网络电影数量首次超过院线电影,并形成多种商业模式,包括付费、买断、保底发行等,各大视频网站也开始开设网络电影专区,到2019年,网络电影从拍摄、制作到最终盈利模式都基本成型。

六、数字游戏发展历史

数字游戏可分为单机游戏和网络游戏两类。

(一)单机游戏

在改革开放之前,电脑和游戏主机等新兴事物还未进入大陆,数字游戏产业发展的土壤还未形成,但台湾省的单机游戏已率先起步。1984年4月,台湾省台北市的李培民和李永进合伙成立了一家专营游戏说明书和攻略本出版业务的公司——精讯资讯。半年之后,另一个专门出售游戏光盘的公司——智冠科技,在台湾省高雄市诞生。

初期,精讯和智冠都以提供资讯和盗版零售服务为生。而随着市场竞争愈发激烈,智冠科技CEO王俊博意识到了版权的重要性,开始接洽国外游戏开发商,1986年8月,智冠与SSI公司签下全球第一张授权中文地区产品代理经销合约,该代理游戏售出5 000套,改写了在中国卖游戏不赚钱的历史。随后,智冠相继拿下了艺电、动视和雪乐山等几十家国外游戏公司旗下游戏的代理权。面对智冠的策略,精讯另辟蹊径,开始和一些本土游戏设计师签订合同,发行中文游戏。1986年,精讯在台湾发布了中国人自制的第一款商业游戏——《如意集》。虽然这款小游戏与欧美的游戏相比显得太过稚嫩,但站在历史的角度审视,我们却能清楚地感受到它的分量。从这一天起,中国人学会了用游戏这种媒体去表述我们的思想,诠释我们的文化。次年,精讯推出了中国人原创的首批角色扮演游戏《星河战士MX-151》和《屠龙战记》。其中《屠龙战记》是由蔡明宏成立的国内第一个游戏设计小组DOMO开发的。

1988年4月,精讯创始人之一李永进脱离精讯,组建大宇资讯。1989年台湾省的本土游戏市场被大宇的作品占领——《大富翁》《灭》和《逆袭》。台湾省游戏代理市场的竞争日益激烈,智冠的王俊博在目睹精讯和大宇的成功后,也决定介入游戏研发。1989年智冠组建了自己的第一个游戏研发小组——台北工作室。两年后,该工作室的处女作《三国演义》上市。同年,精讯推出了武侠角色扮演游戏(RPG)的奠基之作——《侠客英雄传》,阔别游戏界多年的第三波也携《三国志2》回归。1991年,台湾省数字游戏市场由第三波、精讯、智冠、大宇四家公司主导,这种格局一直延续到1995年,大宇推出《仙剑奇侠传》,发售五天即售出近万套,台湾省的数字游戏行业达到巅峰,彼时大陆的数字游戏行业才刚刚起步。

1994年,大陆自制的第一款商业游戏——《神鹰突击队》问世。1995年3月,北京前导软件公司正式成立;次年,前导公司的《官渡》上市,它是第一部基于Windows 95的大型游戏,也是国内首个大量出口海外的数字游戏。1995年5月,游戏研发工作室西山居在珠海成立;1997年,西山居的成名作《剑侠情缘》问世,在国内引起轰动。

1996年是大陆游戏市场的黄金时期,吸引了大批公司涌入游戏市场。然而,好景不长,由于盗版的问题,大量游戏无法获取足够收益,到 1997 年下半年,大批中小企业甚至尚未有产品问世即告解体。1998 年,随着金盘电子、腾图电子和前导软件的退出,国产游戏行业急速衰落。剩下的游戏厂商被迫走上了重代理轻研发、重数量轻质量的道路。

2003 年 7 月,大宇资讯旗下的上海软星开发的《仙剑奇侠传三》上市,正版销量超过 50 万套,销售额突破了 6 000 万元人民币,让人再次看到了单机游戏的希望。2007 年 8 月,《仙剑奇侠传四》上市,与它同年上市的游戏仅有《幻想三国志 3》和《风色幻想 6》。这一年单机游戏市场总额为 9761.8 万元,较上年缩水近 43%,对比之下网络游戏《征途》全年的收入已经达到了 15.5 亿元。相比网络游戏,继续坚持做单机游戏的企业几乎只能依靠情怀和信仰。

2007 年,张毅君和核心团队在离开了上海软星以后参与创建了上海烛龙信息科技有限公司。2010 年 7 月,由其开发的另外一款质量极高的国产武侠游戏品牌《古剑奇谭》上市。

随后,PC 单机游戏的故事几乎围绕着三部系列作品《仙剑奇侠传》《古剑奇谭》和《轩辕剑》展开。2011 年 7 月 7 日,《仙剑奇侠传五》上市,粉丝不想看到北京软星被迫解散,在情怀的驱动下,《仙剑奇侠传五》成为系列销量最高的作品。2013 年 8 月,《古剑奇谭二》上市,游戏将战斗由回合制变更为即时制。2015 年 3 月,《轩辕剑外传:穹之扉》上市,并在 2017 年登录了 PS4 和 XBox One 两大平台,成为第一款横扫 PC 和两大主机的国产一线作品。2018 年 11 月,《古剑奇谭三》上市,在战斗方式和画面上作了进一步优化,且逐步摆脱了以爱情为主线的叙事模式。截至 2020 年 7 月,《古剑奇谭三》销量达到 136 万套,但这几乎已经是国产单机游戏的天花板,未来 PC 单机游戏的良性发展必须依靠国际化道路。

(二) 网络游戏

在 PC 时代,受限于较落后的技术和服务器,网游的形式以文字为主,最早可追溯到 1995 年 9 月台湾省推出的一款文字网络游戏(MUD)《东方故事 2》,该游戏基于地堡类国外网络游戏改编。有团队一起开发了类似的文字网游《侠客行》,该游戏获得了巨大声誉,并为中国的网络游戏产业培养了第一批从业者。1997 年,美国艺电(EA)旗下的 Origin 公司推出了世界第一款实图形大型多人在线角色扮演游戏(MMORPG)《网络创世纪》,该游戏在全球许多国家都设立了服务器,但未进入中国市场。中国的游戏爱好者们为此开发了该游戏的模拟程序,并架设了私人服务器,此行为获得 Origin 公司默许。通过该游戏的私服,中国培养了第一批真正的网络游戏玩家。1998 年,联众网络游戏世界正式推出,标志着中国休闲类网络游戏的诞生。1999 年,中国第一款图形网络游戏《万王之王》在台湾研发成功,拉开了网络游戏市场的序幕。

2000 年 6 月,《万王之王》在中国大陆正式上市,这款游戏创造了多个"第一":第一款图形网络游戏、国内第一批网络游戏公会和第一个进入韩国市场的中国网络游戏。优秀的游戏质量和恰当的推出时机,使该游戏成为中国第一代网络游戏的佼佼者,中国网络游戏的运营机制也由此初具雏形。《万王之王》的巨大成功,让人看到了中国网络游戏产业的发展潜力,越来越多的企业涌入这个市场。到 2001 年,中国的网络游戏市场规模已与单机游戏市场规模相当,各企业相继推出了《石器时代》《第四世界》《千年》《龙族》《红月》《金庸群侠传 Online》《三国世纪》《大话西游 Online》《传奇 2》等多款网游,其中《传奇 2》在 2002 年 7 月的同时在线人数突破 50 万,成为世界最大的网络游戏。2002 年,国产网络游戏逐渐崛起,典型的有《剑侠情缘网络版》《天骄》《命运》等游戏。与此同时,韩国的 3D 游戏开始在中国风靡,代表网游有《精灵》和《天堂 2》,它们在一定程度中影响了后来 3D 游戏的发展。2003 年,网络游戏相关研发技术正式列入国家 863 计划。

2005 年起,中国网游市场开始发生变化,九城拿下《魔兽世界》的运营权,伴随着硬件更新热潮,带动了整个 3D 网游的发展。与此同时,《热血江湖》和《征途》两个以道具收费为主的在线角色扮演游戏在市场获得巨大成功,让中国的游戏企业看到了道具收费带来的巨大利益,从此开启了中国网络游戏市场的"氪金"潮流。此后,中国网络游戏市场典型配置是 3D 场景和免费增值模式,代表作品有《完美世界》《天下 2》以及以 IP 为基础改编的《诛仙》《天龙八部》《武林外传》。2007 年至 2008 年期间,之前还在盛大、网易、巨人和搜狐等游戏巨头的夹缝中生存的腾讯,凭借《穿越火线》和《地下城与勇士》在网游市场上站稳了脚跟。2011 年,腾讯又拿下《英雄联盟》独家代理,开启了自己在网络游戏市场的领军之路。

伴随着客户端网络游戏竞争的白热化,网页游戏开始兴起。网页游戏的概念在中国真的开始进入玩家视野应该是从 2005 年到 2006 年之间,在此期间,中国的一些核心玩家接触到了两款网页游戏的《银河帝国》和《部落战争》,这两款游戏都是通过非正式渠道引进,也就是类似私服。2006 年,日本的网页游戏《无尽的战争》进入中国市场,掀起了网页游戏狂潮,奠定了中国网页游戏主流形态的基础。盛大在 2007 年还上线了《纵横天下》,是第一款月流水破千万元的网页游戏,某种程度上来说,它开启了我国网页游戏行业序幕。2009 年至 2010 期间,网页游戏的品类逐渐变得丰富,如宠物类、仙侠类、经营类和角色扮演类等,颠覆了过去战争策略类游戏称霸的局面。2012 年,网页游戏月收入过亿元的产品已多达五款,分别是《七雄争霸》《弹弹堂》《傲剑》《神曲》《神仙道》。

随着 3G 技术的和智能手机功能的完善,中国进入移动互联网时代,许多企业开始推出移动端网络游戏。2012 年之前,受限于网络传输速度和手机硬件,移动网络游戏以休闲益智类游戏为主,如腾讯推出的《Q 宠大乐斗》和《英雄杀》,网易推出的《忍者必须死 2》。2012 年之后,中国国内的手游公司大规模入局,最早走进主流视野的国产卡牌手机网络游戏是 2012 年年初上线的《三国来了》,该游戏上线不久就成为 App Store 畅销榜第一名,成为第一款流水突破 1 000 万元的国产卡牌游戏。2013 年 1 月,同样是卡牌手游的《我叫 MT》正式上线,同年 6 月总注册用户突破 2 100 万,而日活跃用户也达到了 230 万,是中国第一款日活跃用户超过 200 万的手机网游。

2014 年,4G 网络开始普及和手机硬件逐步提升,手游品类变得更加丰富。典型代表如腾讯的《王者荣耀》和网易的《阴阳师》。《王者荣耀》于 2015 年 11 月上线,到 2016 年 12 月,《王者荣耀》一款游戏就占据了中国玩家全部游戏时长的 14%。《阴阳师》于 2016 年 9 月上线,10 月便在月度收入上超越《梦幻西游》,成为当月全世界收入最高的手机游戏。2017 年 1 月,《王者荣耀》仅 iOS 平台的月收入就达到了 14.7 亿元,而网易的《阴阳师》为 7.4 亿元。

2017 年 3 月,《绝地求生》上线,掀起了大逃杀游戏的狂潮。到 2017 年年底,App Store 免费榜前五里,四个大逃杀游戏为腾讯的《光荣使命》和《穿越火线:枪战王者》,网易的《荒野行动》和《终结者 2:审判日》。

在手游市场蓬勃发展的同时,家用游戏机市场开始起步。2017 年 3 月,任天堂第七代家用游戏机 Nintendo Switch 正式发售。2019 年 7 月,腾讯宣布将作为任天堂在中国国内的代理方,引进任天堂最新的游戏平台 Nintendo Switch,自此中国的游戏市场开启了新的篇章。

【本章小结】

数字媒体经济学的研究对象主要包括数字媒体和数字媒体产业，从技术的角度和载体的角度分别阐释了数字媒体的概念。数字媒体产业是数字媒体技术和数字媒体载体相关企业的总和，这既包含了技术提供企业和存储、传输介质生产与传输网络企业等，也包含数字化的文字、声音、图形、图像等内容产品与服务，以及这些内容产品与服务依托的数字展示终端与平台。数字媒体经济学的研究内容主要包括：认识数字媒体经济学、数字媒体的经济特性、平台经济下的数字媒体产业的需求与供给、数字媒体产业的市场结构、数字媒体产业的市场行为、数字媒体产业的市场绩效、数字媒体产业规制、数字媒体时代的版权保护。数字媒体经济学的研究方法主要包括实证分析方法和规范分析方法。

我国数字媒体产业发展的技术背景主要有两条线索：互联网的发展和广播电视技术的发展。最初两者在各自的跑道上发展，随着技术的进步，两者逐渐走向融合。我国数字媒体发展的政策背景主要包括中国国民经济和社会发展的整体纲要和重要产业的发展纲要或战略，这些政策为数字媒体产业的发展提供了良好的条件。此外，数字媒体产业的发展与经济的进步和社会的发展密切相关，经济条件的不断改善为数字媒体产业发展奠定了良好的基础。

数字媒体细分产业主要包括数字新闻信息、数字图书、数字漫画、数字音视频、数字游戏，本章梳理了这些细分产业的发展历程。

【思考题】

1. 什么是数字媒体？数字媒体与信息技术、人工智能技术的发展有怎样的关联？
2. 什么是数字媒体产业？数字媒体产业的范围有哪些？数字媒体产业可怎样进行细分？
3. 我国数字媒体产业发展的历程是怎样的？

第二章
数字媒体的经济特性

【思政案例】

"直播＋扶贫"将农货送出山

互联网时代,电商成为产业扶贫的重要组成部分,也是助推贫困地区农产品走出乡村的重要渠道。受新型冠状病毒肺炎疫情的影响,各地扶贫产品销售和产业扶贫遇到困难,贫困地区农畜牧产品卖不出去,产业扶贫增收甚微。为了帮助农产品顺利进城,当前多地开启"直播＋扶贫"模式,顺利将农货送出大山。

重庆巫溪:镇长为"老鹰茶"直播带货

"老鹰茶茶汤金黄带红,芳香味、性甘甜,不仅清凉解暑,而且健脾胃助消化,可以说是居家旅行的纯天然必备良品。"在镜头前,重庆市巫溪县蒲莲镇镇长周敏热情洋溢地向大家推荐了当地的古树老鹰茶,并带领大家观看了市级非遗手工制茶全过程。

村民李小菊表示,通过这次带货直播,让更多人了解了蒲莲老鹰茶。电商销售让农户不出门就把东西卖出去,真正地提高了贫困家庭的实际收入。

"通过这次活动,我们接到了1 100多个订单,相较于平时的营业额上升了约50%,并且订单还将持续上升。"巫溪县同源茶叶有限公司总经理赵长平高兴地说。

"目前来看,直播的效果是比较好的,助力消费扶贫,可以把可口的老鹰茶带给更多的人。"周敏表示,"下一步,我们将着力打造老鹰茶产业。在规模方面,力求在'十四五'时期做到1万亩,实现产值过亿元。在古树老鹰茶的文化挖掘以及手工茶打造方面持续发力,在品牌方面进一步提升知名度,更大范围、更深层次地拓展产品市场,把产业持续做大做强。"

山西临县:13场网络直播销售近千万元

"黄河滩枣、野生酸枣、油炸脆枣我都亲测了,非常棒。"网友小王在直播间里留言道。据了解,自2019年以来,山西省吕梁市临县在太原、广州、杭州、长沙等地共举办了13场网络直播扶贫专场活动,参与的网络粉丝有数百万,累计销售农特优绿色产品总额近千万元,探索出一条"直播扶贫"的新路子。

临县副县长周峰说:"我们这次的尝试,主要是主播引领、政府支持、粉丝消费,带动贫困农民增收,助力脱贫攻坚。"据他介绍,从2019年以来,临县通过网络直播先后举办了"吕梁山货"网上展销、年货节、农产品进京、挂职干部代言推荐、大宗采购对接会等系列促销活动,为电商扶贫和消费扶贫探索了新的模式和路径。"这是一种很有效的扶贫助农方式,下一步我们要与整合营销渠道的综合型服务提供商、淘宝直播官方授权挂牌首批直播基地的公司合作,依托他们的新媒体营销渠道分发能力,在全国各地多举办推销临县农特产品的扶贫专场活动,助力临县如期脱贫摘帽。"

资料来源:"直播+扶贫"将农货送出山[N].慈善公益报,2020-04-29.

根据上述思政案例内容,思考以下问题:

报道称,受新型冠状病毒肺炎疫情的影响,各地扶贫产品销售和产业扶贫遇到困难,贫困地区农畜牧产品卖不出去,产业扶贫增收甚微。为了帮助农产品顺利进城,当前多地开启"直播+扶贫"模式,顺利将农货送出大山。那在这个过程中,直播作为一种新兴数字媒体服务或是一种产业发挥了自己的哪些经济特性呢?为何直播能够顺利将农货送出大山,其中蕴含了怎样的经济学原理?

【本章知识结构图】

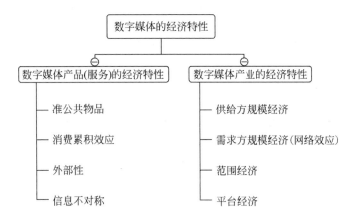

第一节　数字媒体产品或服务的经济特性

一、准公共物品

(一)私人物品、公共物品与准公共物品

一件物品,归某位消费者或某类消费人群所拥有并控制,对其他消费而言具有排他性(excludability);当一件物品,消费者或消费数量的增加引起的商品的生产成本的增加,会减少其他消费者对它的可用量,则具有竞争性(rivalry)。

1. 私人物品(private goods)

私人物品是既有排他性又有竞争性的物品。例如,手机的排他性在于手机的所有者可以阻止别人使用这部手机(除非所有者主动把这部手机给别人使用);而手机的竞争性在于如果一个人购买使用了这部手机,其他人就不能再购买使用同一部手机。

私人物品具有以下特征:

(1) 具有竞争性。给定的生产水平下,向一个额外消费者提供产品或服务的边际成本不为零。

(2) 具有排他性。私人物品一旦被某消费者消费,就排除了其他人对该物品的消费。

(3) 边际效用递减。私人物品的效用随着消费量的增加而减少,其效用曲线呈倒"U"形(如图2-1)。

(4) 需求曲线向右下方倾斜。私人物品的价格越高,该私人物品的需求量就越小,表现在需求曲线中是斜率为负,曲线向右下方倾斜(如图2-2)。

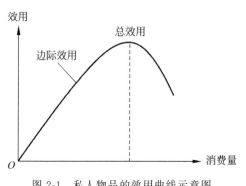
图 2-1 私人物品的效用曲线示意图

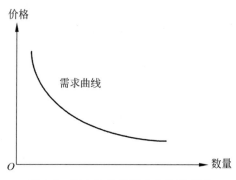
图 2-2 私人物品的需求曲线示意图

2. 公共物品(public goods)

纯粹的公共物品是既没有排他性也没有竞争性的物品,即没有人可以阻止其他人使用公共物品,并且一个人使用公共物品不会减少其他人使用公共物品的能力。比如路灯是一种公共物品:夜晚路灯亮起来的时候,没有人可以阻止其他人享受路灯给街道带来的明亮(路灯不具有排他性),并且每个人享受路灯带来的明亮的同时不会减少其他人享受路灯带来的便利(路灯不具有竞争性)。

纯粹的公共物品具有以下特征:

(1) 具有非竞争性,即在给定的生产水平下,向一个额外消费者提供商品或服务的边际成本为零。

(2) 具有非排他性,即任何人都不能因为自己的消费而排除他人对该物品的消费。

(3) 具有效用的不可分割性,公共物品是向整个社会共同提供的,整个社会的成员共同享用公共物品的效用,而不能将其分割为若干部分给某些个人、家庭或企业享用,或者按照谁付款谁受益的原则,限定给付款的个人、家庭或企业享用。

(4) 消费的无选择性,公共物品一经生产出来被提供给社会,社会成员一般没有选择的余地,只能被动地接受,这使得公共物品极易具有垄断性。

3. 准公共物品(quasi-public goods)

准公共物品又称"混合物品",是指兼具公共物品和私人物品属性的物品,这样的物品只具备非排他性或非竞争性两个特性中的一个,或者说在消费过程中具有不完全的非排他性或非竞争性的物品。

准公共物品可以分为以下两类:

（1）第一类是具有非排他性和一定的竞争性的公共物品，如属于全人类的公共资源（common resources）的海洋、森林、洁净的空气等，又如不收费的道路等。对于前者，如果人类的社会和经济活动超越了这些公共资源的自净能力，则先会出现质量上的竞争性，最终会产生数量上的竞争性；对于后者，如果交通量超越了道路的承载力，则会出现质量和数量上的竞争性。

（2）第二类是具有非竞争性和一定的可排他性的公共物品，如消防服务、有关文化传媒的内容等。比如有线电视用户按月交纳收视费，这在一定程度上体现了文化内容消费的排他性，但一个用户通过有线电视消费视频内容并不减损同样的视频内容被其他用户消费，同时尽管用户交纳了收视费，但在其观看时间内可能还有不付费的人（如这个用户的家人和朋友等）一起观看。

（二）作为准公共物品的数字媒体产品或服务

根据前述定义，不难发现传统媒体产品或服务主要包含排他性和竞争性都较小的准公共物品，而数字媒体产品或服务既可以是没有排他性和竞争性的纯粹公共物品，也可以是具有不完全的排他性和竞争性的准公共物品。特别值得关注的是，在数字技术的强大支撑下，数字媒体产品或服务的供应商已经摆脱了传统媒体时代无法精准计量受众消费的困境，也摆脱了依靠广告作为交叉补贴的唯一商业模式，对受众消费的精准计量意味着可以将具有准公共物品属性的数字媒体产品或服务转化为私人物品。

1. 作为纯粹公共物品的数字媒体产品或服务

作为纯粹公共物品的数字媒体产品或服务主要指不以盈利为目的的、具有教育功能、有利于文化传承的数字媒体产品或服务。比如，2013年河南卫视与爱奇艺联手打造的中国国内首档大型网台联动的文化综艺季播节目——《汉字英雄》，节目设计针对社会上较为普遍的"提笔忘字"等问题，通过综艺节目带领观众重新认识汉字的魅力，取得了良好的社会效应。再比如，河北广播电视台自主研发的文化类综艺节目《中华好诗词》，以弘扬中国传统诗词文化为宗旨，以寓教于乐为目标，通过全媒体的传播方式，使观众在轻松的气氛里感受诗词的意境。近年来，国内出现了一批类似的数字媒体产品，如《中国诗词大会》《诗书中华》《唐诗风云会》《国学小名士》《中华好家风》《经典咏流传》等，这些节目都从弘扬中华文化、传承中华文明出发，寓教于乐。

国外也有很多类似的产品，其中最为人熟知的就是BBC制作的一系列经典的纪录片，如斥资800万英镑、实地调查两千余天、耗时五年制作而成的《地球脉动》，对地球的生物多样性做了一次权威性观察，将无数的生物以绝美的身姿呈现在世人面前；再比如BBC第一部全程采用4K摄像机拍摄的纪录片《生命故事》，讲述了动物们为了生存而做出的种种挣扎，带领观众探索生命的神奇。

2. 作为准公共物品的数字媒体产品或服务

传统的媒体传播过程中消费者的实际消费量是很难计算的：一份报纸可能被一个办公室的人互相传阅，一台收音机旁边可能聚集着整条街的邻居。而数字信息技术的进步使新兴的数字媒体平台具有精确计算消费者消费量的能力，进而满足排他性的要求：精确投放给消费者并附加限制条件来避免出现传统媒体"一次消费、多人共享"的现象。在这种情况下，原来作为纯粹公共产品的媒体产品或服务可以被转变为准公共产品或服务，具有一定的排他性和一定的非竞争性。如某人付费购买了某本电子书，他的朋友或同事也能购买这本电子书,不会遇到缺货的情况;但网络视频会员有所不同,某人只有购买了网络视频会员,才能没有障碍地观看各类视频,没有购买会员的人就无法观看所有视频。

二、消费累积效应

(一)消费累积效应定义

消费的累积效应是指当消费者使用某种产品后,会留下对该产品的使用或消费记忆,该记忆对下一次的消费选择会产生影响。消费的累积效应并不是一个普遍的现象,它一般只存在于消费者转换成本较高的行业。转换成本是指当消费者从一个产品或服务转向另一个产品或服务时所产生的一次性成本,既包括经济上的,也包括时间、精力和情感上的。

日常生活中,我们对智能手机操作系统也有一定的依赖,习惯使用苹果 iOS 系统的人,切换到安卓系统需要花费一定时间和精力进行重新学习。但是,使用相同操作系统的手机(小米、OPPO,vivo 等)之间则几乎不存在转换成本。与手机操作系统相似的产品和服务的消费累积效应比较强;相比之下,对于出租车和超市来说,它们得到的累积效应就很少。以上例子说明累积效应与消费者的转换成本呈正相关关系。消费累积效应越强,消费者的转移成本就越高,相应的企业便越不需要在广告上进行大量投入或降价去获取消费者,也越容易获取竞争优势;反之,消费者则可以在不同的产品之间进行随意转换,企业也很难获得高收益率。

消费的累积效应与边际效用递减并不冲突,因为两者的前置条件存在不同。边际效用递减是指在一段时间内,在其他产品的消费数量保持不变的条件下,随着消费者对某种产品消费量的增加,消费者从该产品新增的每一消费单位中所得到的效用增量(边际效用)是递减的。边际效用递减仅发生在限定时间内,例如,一个人在一天之内连续观看电影,看第一部时感觉很满足,第二部时感觉还好,第三遍之后则可能会感觉不想再看了。但如果一个人每月只看一部电影,第一个月看一部,下一个月看第二部,这种方式将不再遵循边际效用递减规律。而消费的累积效应的限定时间最长可以是一个消费者的终身。例如,如果一个消费者会活到 80 岁,他在 20 岁第一次看了某类型电影,便喜欢上这个类型电影,那他余生很好时间内,都可能会选择观看这类电影。

(二)数字媒体产品消费的累积效应

数字媒体产品消费具有明显的累积效应,这种累积效应主要源于数字媒体产品的特性。一方面,数字媒体产品是一种"经验品"(experience goods)。经验品是指生产者充分了解产品的质量,而消费者只有在第一次购买并使用之后才能判断产品的质量。因此,消费者为了节省时间和精力,不会轻易改变已经习惯的消费对象。另一方面,数字媒体产品是依靠人的脑力劳动,对文化资源进行挖掘和筛选,将文化资源与符号系统结合生产出来的,因此消费数字媒体产品不仅能够获得满足,还会在消费者脑中形成文化资本的积累。正如大卫·索罗斯比(David Throsby)在《文化资本》中提到,文化产品消费可以被理解为人们当前消费所获得的满足以及未来知识和经验的积累[①]。

---

① Throsby D. Cultural capital[J]. Journal of Cultural Economics,1999,23(1):3-12.

数字媒体产品消费的累积效应增加了消费者的转换成本,其中转换成本主要有三大类别——程序性转换成本、财务性转换成本和关系性转换成本。

(1) 程序性转换成本主要是指消费者在时间和精力上的成本,产生这种成本的原因是"经验品"的属性。例如,一个消费者看过较多科幻题材的小说,那他对科幻题材的剧情设定和人物关系会形成基本的理解,这些理解可以帮助他迅速接受一部新的科幻作品,那他以后就有可能选择看科幻题材的小说,甚至科幻题材的漫画、剧集和电影。但是,如果此时让消费者决定是否去看一个战争题材的作品,消费者可能需要提前了解其他人对战争题材的评价,初期观看时还需要一段时间来适应战争题材中的剧情设定。因此,消费者在转换观看题材时要耗费一定的时间和精力。

(2) 财务性转换成本主要是指消费者在财务资源上的成本。产生这种成本的原因与数字媒体产品本身的特性无关,与企业的商业模式相关。一般企业采用会员模式来增加数字媒体产品的财务性转换成本。例如,一个消费者开通了腾讯视频的一年期会员,但是《奇葩说》这个节目只在爱奇艺上才能看到,消费者为了观看这个新节目必须开通1～3个月的爱奇艺会员。此时,消费者不得不多付出一定的经济成本。

(3) 关系性转换成本主要是指消费者在情感上和心理上的成本。产生这种成本的原因主要是文化资本的积累和品牌效应。文化资本的积累是指过去的文化产品消费结构在很大程度上决定了将来的消费结构。例如,一个消费者看过较多的欧美商业电影,那他在未来选择观看新的电影时,也会偏向于选择欧美的进口电影。不仅如此,由于他长期观看欧美电影,习惯了英文发音和中文字幕,当一部具有相同水平的国产商业电影出现时,他可能会因影片中的中文发音而感到不适应。品牌效应是指数字媒体企业通过长时间的经营,与消费者之间建立了良好的关系,让消费者从情感上认可该企业的产品。当有多个数字媒体产品出现在消费者面前时,消费者具有了明显的偏好,且改变这种偏好会让消费者感到心理上的不舒服。例如,一个消费者连续看了开心麻花出品、沈腾主演的电影《夏洛特烦恼》和《羞羞的铁拳》,他觉得两部电影都非常好看,并对开心麻花这家企业和沈腾这位演员留下了较好的印象。2018年暑期电影档,《我不是药神》《西虹市首富》《一出好戏》《摩天营救》《爱情公寓》等电影上映,其中《西虹市首富》由开心麻花出品且由沈腾主演,此时消费者心理上会优先选择《西虹市首富》。

数字媒体企业为了充分利用消费的累积效应,便会增加消费者的转换成本。具体表现在,这些企业在内容制作上会采用格式化生产的方式,增加程序性转换成本,格式化是指模仿复制市场中已经经过市场检验的内容。例如,一部电影的格式化形式包括邀请知名导演,使用成熟版权作为剧本基础,创作类型片或系列片等。在市场营销上会充分利用品牌效应,增加关系性转换成本;在商业模式的打造上会尽可能增加财务性转换成本。

三、外部性

(一) 外部性的定义与分类

1. 外部性的定义

关于外部性,人们接触最多的是萨缪尔森的定义:"外部性是指那些生产或消费对其他团体强征了不可补偿的成本或给予了无须补偿的收益的情形"。企业或个人向市场之外的其他人所强加的成本或效益,企业和个人不会因此而对他人进行补偿或得到相应的经济利益①。如果这种影响对其他团体是不利的,就称为负外部性;如果这种影响是有利的,就称为正外部性②。当存在外部性时,社会对市场结果的关注扩大到参与市场的买者与卖者的福利之外,还包括那些间接受影响的旁观者的福利。由于买者与卖者在决定其需求量或供给量时忽略了他们行为的外部效应,因此当存在外部性时,市场均衡是无效率的。这就是说,均衡并没有实现整体社会总利益的最大化。例如,造纸厂把有毒的气体排放到环境中就是一种负外部性,造纸企业不会考虑他们在生产过程中引起的全部污染成本,而纸张的消费者也不会考虑他们的购买决策所引起的全部污染成本。因此,除非政府进行阻止或限制,否则企业就会大量排放污染物。正如外部性有很多种一样,试图解决市场失灵的政策也多种多样。

起初外部性的研究都是在实体经济里,后来随着网络的发展逐渐拓展到网络经济领域。主流的网络外部性文献用网络外部性特指一种正的消费外部性,通常也称之为网络效应或需求方规模经济,即用户人数越多,每个用户得到的效用就越高,网络中每个人的价值与网络中其他人的数量成正比。这也就意味着,网络用户数量的增长将会带动用户的总所得效用的平方级增长。关于数字媒体网络外部性(或网络效应、需求方规模经济),我们将在下一节进行讨论。

2. 外部性的分类

(1) 正外部性

存在正外部性的情况下,产品或服务的私人边际收益(MPB)小于其社会边际收益(MSB),或者私人边际成本(MPC)大于社会边际成本(MSC),即:私人边际收益<社会边际收益,私人边际成本>社会边际成本。外部边际收益(MEB)是指因增加一单位的某种产品或服务而给第三者所带来的额外收益,因此上述关系可以表达为:私人边际收益+外部边际收益=社会边际收益。需求曲线并不反映一种物品的社会价值,由于社会价值大于私人价值,因此社会价值曲线在需求曲线之上。在社会价值曲线和供给曲线相交之处得出了最优量,因此社会最优量大于私人市场决定的数量。一个经济当事人的消费或生产行为导致其他经济主体获得额外的经济利益,而受益者无须付出相关代价,即产生未被市场交易所体现的额外收益。教育、研发、环境保护、体现文化传承的精品内容等都是具有正外部性的典型。以教育为例,在相当大程度上,教育的利益是私人的:教育的消费者成为生产率高的工人,从而以高工资的形式获得大部分利益。但是除了这些私人利益之外,教育也产生了正外部性:受教育更多的人犯罪概率更低;受教育更多的人可以促进技术进步的开发与扩散,这给每个人都带来更高的生产率和更高的工资。上述关系也可以用图 2-3 来表示。

(2) 负外部性

一个经济当事人的消费或生产行为导致其他经济主体支付额外的成本费用,而受害者无法获得相应补偿,即产生未被市场交易所体现的额外成本。环境污染、过度开发自然资源等都是具有负外部性的典型。以造纸厂为例,在生产纸张的同时,也在排放污染物,每生产

---

① 保罗·萨缪尔森,威廉诺德豪斯. 宏观经济学(第十七版)[M]. 萧琛,等,译. 北京:人民邮电出版社,2004.
② 曼昆. 经济学原理[M]. 梁小民,梁砾,译. 北京:北京大学出版社,2020.

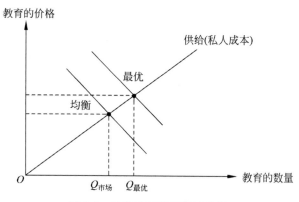

图 2-3 教育的正外部性示意图

1 吨纸张就有一定量的污水流进河流。由于这种污水可能影响人的健康,因此它产生负外部性。这种外部性如何影响市场结果的效率呢?由于存在这种外部性,因此生产纸张对于社会的成本大于对于造纸企业的成本。每生产 1 单位纸张,社会成本都包括纸张生产者的私人成本以及受到污染的社会成本。图 2-4 表示生产纸的社会成本,社会成本曲线在供给曲线之上,因为它考虑到了生产纸给社会所带来的外部成本。社会成本与私人成本两条曲线的差别反映了排放污染物的成本。如果考虑外部成本,市场均衡应该在社会成本与需求曲线的交点(产量为 $Q_{最优}$),而生产者的私人成本是无法反映纸张生产带来的负外部性的,因此最终的市场均衡的产量为 $Q_{市场}$,这显然会给社会带来更多的污染。

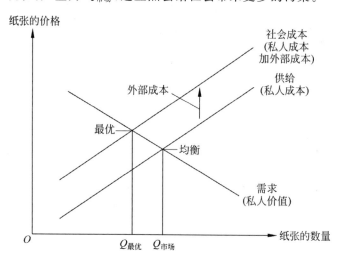

图 2-4 生产纸张的负外部性示意图

(二) 数字传媒产品的外部性的表现形式

根据外部性产生的环节,外部性可以分为生产中的外部性与消费中的外部性。比如,企业生产过程中产生的污染,这就是生产中的负外部性;而一家咖啡店播放的美妙音乐作品也会给路人带来享受,这就是消费中的正外部性。马克思曾说,报纸的传阅是作为舆论的货币在流通。这逼真地表达了传统纸媒内容不仅传递信息,还具有对人的意识形态、观点判断方面的影响,物质的消费会转化为精神的力量,产生出正的或负的外部性,而且这种外部性并不反映在报纸的价格中。

1. 数字传媒产品生产中的外部性

数字传媒产品生产中的外部性,可以分为生产中的正外部性和负外部性。如生产具有教育性的、优秀文化传承性的、优秀媒介素养的内容,依托数字化的渠道与平台形成广泛的传播状态,可以于无形中教育受众,对他人及整个社会而言产生经济的或非经济的额外的社会收益,这些都体现了生产中的正外部性;暴力、淫秽等内容制作传播,扭曲信息与谣言制造、传播,这些体现了生产中的负外部性。

2. 数字传媒产品消费中的外部性

优秀的数字化媒体内容在消费过程中,通过数字媒体平台上的转发、评论、推荐、互动等功能,使得口碑效应进一步强化、正能量得以传播,这些体现了数字传媒产品消费中的正外部性;不良的信息内容被消费后,有可能会导致接受该内容的受众产生偏激的情绪、错误的认知甚至扭曲的人生观和价值观,因此从行为上产生对他人或社会的伤害,这属于消费中的负外部性。众多的研究结果显示,电视上的暴力镜头具有示范作用,儿童可以从中模仿到暴力的行为。不同国家的长期研究也表明伴随技术的进步,网络游戏的画面越来越逼真,拼杀越来越"刺激",音效越来越"震撼",但具有暴力倾向的游戏使沉迷于其中的青少年模糊了价值判断,青少年游戏迷可能会在游戏过程中形成一种相应的道德观念和思维习惯,从而在现实社会中与他人相处时习惯用暴力解决冲突。

此外,在数字媒体平台上,用户的消费行为往往伴随着个人信息的注册和一定范围的共享,同时先进的数字挖掘技术也可以实现对用户消费行为特征的分析与归类。用户信息汇聚为一个巨大的数据库,而各类平台运营商也在研究如何通过用户的数据外部性寻找变现途径。我们常常会在车险快到期的时候接到很多新的保险公司的报价及服务推销,或者购房之后会收到装修公司的自我推介,这些都表明用户数据为第三方主体获得,数据产生的外部性表现。当然,如果用户数据被合理地应用于消费者服务和社会治理,这样就会产生数据的正外部性,但如果危及和触犯隐私,则会产生负的外部性。所以要用好数字媒体消费的外部性和数据的外部性,我们还亟须建章立制。

【延伸阅读】

个体数据的集体记忆

2007年,微软的工程师阿尔卡斯(Blaise Agueray Arcas)有过一个创举,他利用Flickr网站上的照片重建了一座虚拟的巴黎圣母院大教堂。通过点击,人们可以在网上从不同的角度感受这座教堂,甚至可以放大、欣赏其建筑外墙上的一个具体部位,而这些照片,却是成千上万普通人拍摄的。阿尔卡斯在演讲中说,这是"从每个人那里得到数据——从人类对地球的集体视觉记忆中得到数据——然后把它们连接在一起"。

阿尔卡斯的创举并不是孤例。2014年10月8日,世界多地出现月全食,全球无数台手机对准天空的月亮,随着"咔咔"声响,成千上万张照片奔涌到云上。这些照片从不同的地点、不同的角度记录了同一个物体,天文研究者已经认识到,如果整合起来,其对研究工作的意义可能比一台超级天文望远镜还要重大。

这两个关于照片的例子,可谓异曲同工。人们之所以拍照,是为了娱乐、分享。但这些照片被整合起来之后,产生了新的效用。这些效用,远远超出了拍照人最初的目的。这种现象,称之为"数据(内容)的外部性"。

四、信息不对称

(一)信息不对称内涵

1. 信息不对称的定义

信息不对称是由约瑟夫·斯蒂格利茨(Joseph E. Stiglitz)、乔治·阿克尔洛夫(George A. Akerlof)和迈克尔·斯宾塞(Andrew Michael Spence)在1970年提出的。顾名思义,信息不对称以信息对称为对立面:信息对称是指交易双方都知道对等的信息;信息不对称是指交易一方拥有另一方不知道的信息。

按照不同的标准,信息不对称有不同的分类。一般而言,通常把交易的时间点看作分类标准:看信息不对称是发生在交易之前还是交易之后。交易发生前已经存在的信息不对称,称为事前信息不对称;交易发生后产生的信息不对称,称为事后信息不对称。比如,一个产品的质量,只有销售的人知道,但购买的人并不知道,这就是事前信息不对称;当产品质量是合格的,但在消费者使用过程中,由于操作不当,发生了损坏,此时消费者仍可以选择向销售者申请保修和赔偿,因为销售者并不确定这是产品本身的质量问题还是由于消费者的操作失误,这就是事后信息不对称。

2. 信息不对称带来的问题

事前信息通常是客观存在的信息,事后信息通常涉及消费者的某种行为。因此,事前信息不对称也叫作"隐藏信息"(hidden information),而事后信息不对称也叫作"隐藏行动"(hidden action)。对应这两类信息不对称,延伸出了两个重要的理论,事前信息不对称的理论叫作"逆向选择"(adverse selection)理论,事后信息不对称的理论叫作"道德风险"(moral hazard)理论。

逆向选择是指信息不对称带来的潜在交易价值无法实现的现象。逆向选择理论最早出现在阿克尔洛夫的论文《柠檬市场:质量不确定性和市场机制》中,列举了一个二手车的例子[1]。二手车之间质量上存在很大的差别,一些车质量依旧很好,而一些车的质量却很差。对于二手车的实际情况,当交易双方掌握着相同的信息时,任何质量的二手车都能顺利交易;当出售的人知道得较多,而购买的人知道得较少时,消费者的支付意愿是好车和坏车价值的平均数,而好车价格必然大于平均数,此时只有低质量的二手车能够交易成功,高质量的二手车被迫退出市场。

道德风险是指市场交易的一方利用其拥有的信息优势,采取对方所无法观测和监督的隐藏行动或不行动,从而导致对方利益受损的可能性。斯蒂格利茨在研究保险市场时,发现了一个经典案例。在一所大学内,自行车丢失率约为10%,有几个学生针对此现象开发了一种自行车保险,保费为自行车价值的15%,这些学生能从保费中获取约5%的利润。但是

---

[1] Akerlof. The Market for "Lemons": quality uncertainty and market mechanism[J]. Quarterly Journal of Economics,1970(84).

这种保险运作一段时间后,自行车丢失率迅速上升到15%。这是因为自行车拥有者投保后,不再需要对自行车丢失承担风险,相应地,他们也不再实施强有力的安全防范措施。这种不作为的行为就是道德风险。

3. 信息不对称、产品分类与广告

1970年,飞利浦·尼尔森(Phillip Jacob Nelson)根据消费者与厂商的信息不对称程度将产品分为"搜寻品"(search goods)、"经验品"(experience goods)和"信任品"(credence goods)①。

搜寻品是指生产者(销售者)无法隐藏产品质量的信息,而消费者通过检查就能提前知道产品质量的产品。因此,生产者和消费者之间拥有关于产品质量的相同信息,交易双方不存在信息不对称。例如,消费者在交易之前可以通过观察、试穿和触摸等方式对鞋子质量进行判断,而销售者无法隐藏。

经验品是指生产者充分了解产品的质量,而消费者在第一次购买并使用之后才能判断产品质量的产品。因此,生产者和消费者之间在交易发生前拥有不同的产品质量信息,交易双方存在信息不对称。例如,消费者在观看一部电影前,是无法对这部电影质量做出判断的。

信任品是指生产者充分了解产品的质量,而消费者在使用后也难以确定其质量的产品。因此,生产者和消费者之间在交易发生前和发生后都拥有不同的产品质量信息,交易双方存在严重的信息不对称。例如,消费者在吃了一种食物后,只能知道这种食物的味道,但无法判断这种食物使用的食材是否符合安全标准。

(1) 搜寻品与信息性广告

虽然消费者可以在购买前提前知道搜寻品的质量,但是如果最开始市场上没有存在的信息,消费者就必须到市场上去搜寻有没有自己所需要的产品。

消费者在市场上可能搜寻到相关信息,也可能无功而返。因此存在搜寻概率问题,并且在搜寻过程中消费者会产生效用和成本。如果搜寻概率比较低,且搜寻成本又比较高,那么消费者贸然前去搜寻可能得不偿失;而且消费者一旦进行搜寻,搜寻过程中所获得的一些信息会使消费者重新估计搜寻成功的概率;几次搜寻不到也可能使消费者放弃搜寻。

即使消费者知道市场上有很多他所需要的产品,但他希望购买价格最低的,如果没有产品价格的信息,消费者也要到市场上去搜寻。1961年,乔治·斯蒂格勒(George J. Stigler)对此进行了创造性的分析②,假设消费者认为价格具有分布函数,每一次搜寻都有可能降低预期价格。如果消费者通过搜寻所获得的收益小于搜寻成本,那么他就不会再去搜寻,否则他就会不断地搜寻,直到搜寻的边际收益等于边际成本。

消费者还要从产品空间中搜寻适合其偏好的产品。产品特征离消费者的偏好越远,带给消费者的效用就越低。因此消费者希望通过搜寻,寻找到符合自己偏好特征的产品。如果缺少产品的特征信息,消费者也要付出搜寻成本。

因此,信息性广告向消费者传递产品的存在、价格和产品的物质形态等属性的信息,可以减少消费者的搜寻成本,降低两者的信息不对称程度。

---

① Nelson P. Information and consumer behavior[J]. Journal of Political Economy, 1970, 78(2): 311-329.
② 乔治·施蒂格勒. 产业组织和政府管制[M]. 上海:上海人民出版社,1996.

（2）经验品与非信息性广告

经验品可以使用信息性广告向消费者传递产品的信息。但是，当用信息性广告传递产品的质量信息时，与搜寻品的信息性广告相比，其功能就要差一些。主要原因有以下三个方面：第一，经验品的质量只有消费者使用后才能了解，在购买之前消费者并不知道他所要购买的产品质量如何。在此情况下，即使生产者通过广告宣称自己提供了高质量的产品，理性的消费者也不会轻易相信这样的广告；而且低质量产品的生产者也可以模仿高质量产品生产者的行为，做同样的广告。第二，消费者不会把他们用过的经验品视同没有用过的产品，即使两种产品的质量事实上是一样的。如果消费者认为一种产品质量高并且适合其偏好，那么他就不愿随意试用其他竞争产品，除非其他产品价格非常便宜，试用的成本也比较低。第三，一些经验品无法使用信息性广告向消费者传递产品质量的信息，因为经验品的属性很难描述，或根本就无法描述，有时候还可能涉及商业秘密。在这些情况下，使用信息性广告的成本就非常大或根本不可能做信息性广告。因此在市场上可以看到许多经验品的广告，除表明产品存在以外，并不包含任何其他信息，即所谓的非信息性广告。例如，有些公司花费巨资邀请超级明星为其做广告，或资助某项赛事，仅仅是为了获得这项赛事的冠名权。

1974年，尼尔森提出市场存在一种机制[①]：如果广告促使高质量和低质量产品的消费者初始试用量是相同的，那么高质量产品以后会被重复购买。因此，高质量产品的初始试用量的折现价值就比较大。广告对高、低质量产品重复购买量产生的不同影响，造成了广告收益的不对称性。高质量产品的生产者更愿意花费更多的广告支出，以劝说消费者试用他们的产品，所以消费者可以把较多的广告支出看作是生产者向其传递产品质量信息的手段。

理查德·施马兰西（Richard Sehmalensee）于1978年使用精确的数学模型对尼尔森的思想进行研究[②]。假定所有生产者在开始时具有相同的定价，高质量产品具有较高的边际成本，生产者进行广告竞争。广告具有规模递增效应，这样不管产品的质量高低，广告规模递增效应都可以提高产品的重复购买，扩大产品的市场份额，从而产生较高的收益，这就产生了广告的收入效应。但是，由于高质量产品可能具有较高的边际成本，扩大的市场份额将使高质量产品的生产者付出更多的成本，这就产生了广告的成本效应。成本效应可以抵消广告的收入效应，只有当广告的收入效应大于成本效应时，尼尔森的解释才是正确的。但是，当产品的成本效应具有主导作用时，尼尔森解释的反面也是成立的，也就是说，更高的广告支出也是产品低质量的信号。

1984年，理查德·凯尔斯特姆和迈克尔·里尔丹（Richard E. Kihlstrom and Michael Riordan）对施马兰西的模型进行了批评，因为施马兰西认为，广告规模递增效应可以提高两种产品的重复购买，但其实只有高质量产品才能导致重复购买。凯尔斯特姆和里尔丹构建了新的信号博弈模型[③]。他们把产品市场分为高质量和低质量两个市场，且假定每个市场都是竞争性的，因此生产者都是价格接受者，广告支出被看作是产品进入高质量市场的"进入费"。他们更加仔细地区分了施马兰西所阐述的产品成本，认为质量改进需要两类成本：

---

① Nelson P. Information and consumer behavior[J]. Journal of Political Economy, 1970, 78(2): 311-329.
② Schmalensee R. A model of advertising and product quality [J]. Journal of Political Economy, 1978, 86(3): 485-503.
③ Kihlstrom R E, Riordan M H. Advertising as a signal[J]. Journal of Political Economy, 1984, 92(3): 427-450.

一类是与质量水平相联系的技术投入所需的固定成本,另一类是与质量水平相联系的可变成本。为了论证尼尔森解释的本质——高质量产品的广告会导致消费者重复购买,他们假定高质量产品的消费者之间可以交流信息,但高质量产品的消费者不能和低质量产品的消费者交流信息。这样,如果高质量产品生产者向高质量产品的消费者出售产品,则所有高质量产品的消费者都知道该生产者生产的产品是高质量的;但是如果向低质量产品的消费者出售产品,那么低质量产品的消费者就不会知道该生产者生产的产品是高质量的。在这样的信息结构下,高质量产品生产者的广告将产生由高质量产品的消费者所形成的重复购买,从而导致较高的收益。凯尔斯特姆和里尔丹证明,如果重复购买的作用比较大,即使低质量产品的生产者的边际生产成本比较低,也会存在这样的纳什均衡,高质量产品的生产者愿意花费巨额资金投入非信息性广告。因此,广告支出就成为生产者传递产品质量的信号。

在施马兰西的模型及凯尔斯特姆和里尔丹的模型中,生产者面临的是竞争性市场,只能是价格接受者。但实际上,生产者可能具有垄断性,因此对产品价格具有决定作用。1986年,保罗·R. 米尔格罗姆和罗伯特·B. 罗伯茨(Paul R. Milgrom and Robert B. Wilson)在重复购买机制中引入了生产者对产品价格的决定作用,构建了一个双信号模型,即产品价格和广告支出作为生产者的两个决策变量共同向消费者传递产品质量的信号[①]。他们证明,存在这样的分离均衡,高质量生产者和低质量生产者会选择不同的产品价格和广告支出水平,这就意味着消费者可以根据观察到的产品价格和广告支出水平推断产品的质量,从而解决信息不对称问题。生产者对产品价格具有决定作用,但如果单独使用价格信号,低质量生产者就比较容易模仿高质量生产者的行为,也可以为他们的产品定同样的价格,此时要达到分离均衡,高质量产品的生产者就要付出更高的代价。如果使用广告支出变量协助价格变量传递产品质量的信号,那么要达到分离均衡,相对于单独使用价格信号而言,高质量产品的生产者付出的代价要小得多。因此,生产者更愿意同时使用产品价格和广告支出这两个信号传递产品质量的信息。

根据以上分析可以看到,经验品的非信息性广告也可以向消费者表明,生产者之所以花费巨额资金投放广告,是因为自己的产品是高质量的,高质量产品可以导致重复购买,从而能把巨额广告支出赚回来。这样经验品的非信息性广告支出就和产品质量联系起来,消费者根据观测到的生产者广告支出就可以推断产品的质量;经验品的非信息性广告实际上也向消费者传递了产品质量信息,从而解决了产品质量信息不对称的问题。

(二)数字媒体产品与信息不对称的关系

数字媒体产品属于典型的经验品,其信息不对称体现在两个方面。一方面对于生产者来说,数字媒体产品是依靠人的脑力劳动,对文化资源进行挖掘和筛选,将文化资源与符号系统结合生产出来的。这个过程与人的认知、判断和创意息息相关,是生产者价值观的反映。最终产品是否符合用户的预期在生产过程中是很难判断的。另一方面,对于消费者来说,不管是数字文学、数字音乐、数字视频,还是数字游戏,消费者在购买前都无法判断产品的质量。

[①] Milgrom P, Roberts J. Price and advertising signals of product quality [J]. Journal of Political Economy, 1986 (94): 796-821.

数字媒体市场上的这种质量信息不对称现象对高质量产品的生产者和消费者来说都是不利的。为了尽可能地降低信息不对称，生产者会积极传递产品质量信息，消费者会积极搜寻产品的质量信息。生产者传递产品质量信息的方式有两类：广告和格式化。

广告可分为信息性广告和非信息性广告。信息性广告是指向目标消费者提供产品信息的广告。例如，一部电影的信息性广告通常是以预告片、主题曲 MV、优质演员和导演以及幕后制作花絮等形式存在。非信息性广告是指只表明该产品存在，但不包含其他产品信息的广告。例如，一部电影的非信息性广告通常是以知名歌手演唱主题曲、知名演员在社交媒体推荐等形式存在。格式化是指模仿复制市场中已经经过市场检验的内容。例如，一部电影的格式化形式包括邀请知名演员和导演，使用成熟版权作为剧本基础，创作类型片或系列片等。

广告和格式化是数字媒体生产者用来减少信息不对称的方式，但也可能成为传递低质量产品的信号。对于生产者而言，数字媒体产品固定成本较大，但边际成本较低，不存在广告成本效应和价格信号问题；对于消费者而言，除了电影外，几乎所有数字内容的消费都是一次性的，不存在重复消费问题。在这种特性下，生产者只需要让尽可能多的消费者完成第一次购买，就能获取巨额收益。然而，相比低质量数字媒体产品而言，高质量数字媒体产品成本较高，用于广告的预算偏少。因此，在数字媒体市场上，广告支出越多的产品可能质量越低。

第二节　数字媒体产业的经济特性

一、供给方规模经济

（一）规模经济与规模不经济的定义

在长期生产中，供给方企业的总固定成本和总可变成本都会发生变化，如采购新的机器设备、新建办公大楼、新增分支机构、招聘新的员工等，增加要素投入，扩大生产规模。但是否规模就是越大越好？若不是，其临界点在哪里？总体来说，权衡企业某一规模是好还是不好，要看该企业达到某一规模时的平均总成本与产量间的关系。若在技术与管理水平不变的条件下，企业到达某一规模时其长期平均总成本随产量增加而减少则为规模经济；反之，若长期平均总成本随产量增加而增加，则为规模不经济。

（二）数字媒体产业中的供给方规模经济

数字媒体产品具有高生产成本和低复制成本的特点，这使其天然地拥有供给方规模经济。此外，专用性资产或先进技术设备的使用、较高的市场地位，以及复合型技术人才和管理的经济性也能帮助数字媒体产业实现供给方规模经济。

（1）专用性资产或先进技术设备的使用。专用性资产是指投资形成的某种有专门用途的资产。这类资产一旦形成就很难改作他用，如果要改作他用肯定会造成较大的经济损失。数字媒体企业的机器设备、技术、版权等都属于专用性资产。例如，有声读物平台或数字化新闻平台利用 AI 技术将文本转化为语音内容,通过数据挖掘技术分析受众对主播音色及主播风格的偏好来合成音频,并赋予丰富的情感表达能力。相关技术具有资产专用性,这意味着具有资产专用性的技术的固定投入大,而当数字媒体内容产品获得市场认可时,随着受众点播量的增加,固定成本因分摊到更多数字内容产品上而使平均固定成本迅速被摊薄,通过数字平台进行传播的平均可变成本又是比较低的,因此平均总成本随产量递增而下降。

(2) 较高的市场地位。一般而言,规模大的数字媒体企业更容易获得投资和吸引优秀人才,丰富的投资可以让其获得更多资本;优秀人才则带来较高的劳动生产率。规模大的数字媒体企业在制定价格时拥有更主动、更强势的地位,这一切都有利于数字媒体企业实现规模经济。从与媒介产品买方的关系看,规模大的数字媒体企业可以占据较大市场份额。当数字媒体企业处于主导地位时,有能力在与消费者或广告公司谈判时对产品或服务定价实施更强的控制。

(3) 复合型技术人才。在传统媒体中,专业分工的细化程度很高,比如报社和电视台里有专门负责娱乐内容的记者、专门负责财经新闻的记者、专门负责民生或科教等领域的记者等,同时还有与内容编辑相对应的内容推广及传播人员。每一位工作人员负责一个相对具有垂直度的专业领域是传统媒体比较常见的人力资源架构。但在数字媒体时代,"一专多能"型的人才需求大大提升,了解各类媒体平台受众特点、集采、写、编一体且同时创制适用于不同渠道和平台内容的人力资源架构大大提高了数字媒体企业的生产和运营效率。

(4) 管理的经济性。一些管理职能不会与产出同比例增加。例如,一个数字媒体平台发布 400 条新闻并不需要一个两倍于发布 200 条新闻的数字媒体平台。类似地,研究与开发(R&D)通常也不会与产出同比例增加。假使一个数字媒体平台内容开发成本为 10 万元,当其内容数量增长到原先的 5 倍时,每年所需的研发成本可能只有 20 万元,即只增长 1 倍,而不是相应地增长 5 倍,如此便产生管理经济。

【延伸阅读】

以媒体整合构筑传媒竞争新优势——中央三台整合

2018 年 3 月 21 日,中共中央印发《深化党和国家机构改革方案》全文,提到整合中央电视台(中国国际电视台)、中央人民广播电台、中国国际广播电台,组建中央广播电视总台。

传媒业是典型的规模经济行业,并且传媒生产的规模经济主要源于消费量(收视率、收听率、阅读量等)提升,而非产量提升。同一内容产品的消费量增多,并不会增加多少传播成本(边际成本),而收益随消费量增加而提高。基于这一原理可知,媒体有"做大"的冲动——占有更多的频道,建立更大规模的网络,覆盖更多的人口,从而摊薄平均成本。比如,1996 年的迪士尼以 190 亿美元收购 ABC(American Broadcasting Company)与 ESPN(Entertainment Sports Programming Network)体育频道,WESTINGHOUSE 并购 CBS,2018 年央视、央广、国广三台合并,以及天津市主要报纸和广电的合并等。经过这一系列整合,由一个企事业主体来统筹原本归属多个主体的媒体、平台、端口的内容生产和运营,这就为实现规模经济从而降低企事业主体的平均成本构成了有利条件。

中央三台整合很重要的一个目的就是"增强广播电视媒体整体实力和竞争力""推动广

播电视媒体、新兴媒体融合发展,加快国际传播能力建设"。体量增大,电视资源、广播资源、国内外覆盖资源,原中央三台各自建立的新媒体平台资源,全部打通,更有利于发挥内容传播的规模经济。

但是,媒体整合并非没有代价。随着组织规模扩大,组织管理的难度也随之加大,就会出现规模不经济,因此整合之后需要理顺体制机制、提升媒体管理水平。与此同时,在未来的布局上,媒体的内容运营策略将会从追求规模经济向更为注重范围经济的方向转变。

二、需求方规模经济(网络效应)

上一节中提到了传统市场经济中的外部性问题,在数字媒体时代(网络时代),外部性的表现略有不同。以办公软件为例,随着使用 Office 软件的用户人数增多,该产品对原有用户的价值也逐渐变大。这是因为用户将与更多的 Office 软件用户实现信息兼容、共享,从而提高工作效率。网络游戏也是如此,一款游戏的玩家越多,它就会被更多人了解,进而吸引更多玩家。更一般的例子是通信网络,如 e-mail,如果没有人使用 e-mail,它的价值就为零,而越多的人使用它,它的价值就越大(因为用户可以通过它联系到更多的用户)。这种消费行为之间的影响最早由杰弗瑞·罗尔夫斯(Jeffrey Rohlfs)在对电信服务的研究(1974)中发现[1],后来这种现象被经济学家称为网络效应。

(一)需求方规模经济(网络效应)的定义

需求方规模经济,也称网络效应(network effects)、网络外部性(network externality)。网络效应是根据以色列经济学家奥兹·夏伊(Oz Shy)在《网络产业经济学》(*The Economics of Network Industries*)中提出的定义,"当一种产品对用户的价值随着采用相同的产品或可兼容产品的用户增加而增大时,就出现了网络外部性"。[2] 需求方规模经济(网络效应)是网络经济所特有的,可以概括为需求规模越大,协同价值越大,产品给用户带来的整体效用就越大。

梅特卡夫准则(Metcalfe Law)描述的就是这种经济现象:网络的价值以网络节点数平方的速度增长,即网络的效益随用户的增加而呈现指数增长趋势,网络对每个人的价值与网络中其他人的数量成正比。从更广义的角度看,网络效应意味着在网络中一种行为的价值的增加伴随着采取相同行为的市场主体的数量增多而发生。

(二)需求方规模经济的原因

需求方规模经济(网络效应)产生的根本原因在于网络自身的系统性和网络内部组成成分之间的互补性(或网络内部信息交流的交互性)。也就是说,由于这种系统性与互补性衍生了产品的协同价值。

首先,无论网络如何向外延伸,也不论新增多少个网络节点,它们都将成为网络的一部

---

[1] Rohlfs J. A theory of interdependent demand for a communications service[J]. The Bell Journal of Economics and Management Science,1974:16-37.

[2] Shy O,Oz S. The economics of network industries[M]. London:Cambridge University Press,2001.

分,同源网络结成一体,整个网络都会因为网络的扩大而受益。其次,在网络系统中,网络内的任何两个节点之间都具有互补性(在整个网络中没有"中心""首脑"区域的存在,也就是说,即使网络的一部分节点消失了,也不影响网络的其他节点间的正常联系)。这就保证了需求方规模经济的普遍意义。为了更好地理解,这里举一个简单的完整交互网络的例子:假设一个完整网络有 n 个节点,任意两个节点之间有两条连接,那么 n 个节点的网络存在 $n(n-1)$ 条连接。此时如果有第 $n+1$ 个节点加入,将给现有网络增加 $2n$ 条连接。如果将每条连接视为一个单位商品的话,那么新的用户加入,使得网络中其他所有的用户都获得相应的网络外部性。

从网络系统本身的物理性质来看,影响需求方规模经济(网络效应)的因素主要是网络的规模和网络内部物质的流动速度。网络规模越大,外部性就越明显,需求方规模经济也就越强,且当网络规模超过某个值时,需求方规模经济会急速增大。同时,需求方规模经济与网络内物质的流动速度存在正相关关系:流动速度越大,需求方规模经济越强。而从经济角度来看,影响需求方规模经济(网络效应)大小的因素却不止这些。

(三)需求方规模经济(网络效应)的分类

1. 直接网络效应

直接网络效应,即通过消费相同产品的市场主体的数量增加所导致的直接物理效果而产生的网络效应。电话、传真机、即时聊天工具(微信等)、e-mail 等通信网络产品都是直接网络效应的典型例子。

2. 间接网络效应

间接网络效应,即随着某一产品使用者数量的增加,该产品的互补品数量增多、价格降低而产生的价值。典型例子是作为互补商品的计算机软硬件。当某种类型的计算机用户数量增加时,更多的厂家就会生产该种计算机所使用的软硬件,这将使用户可获得的软硬件数量增加、质量提高、价格下降,进而使用户效用增加。

3. 交叉网络效应

交叉网络效应,即某一产品用户数量的增加既产生直接物理效果带来直接网络效应,又伴随着互补品市场消费者福利增加的间接网络效应。典型例子是互联网用户和网站的建设。当互联网的用户数量不断增加时,互联网的价值会不断增大;同时会有更多的人到网上建设各种各样的网站,提高网站质量、降低使用费用、改善用户体验,进而增加互联网的价值。

(四)需求方规模经济的优势

供给方规模经济具有实现产品规格标准化、降低单位产品成本等优势,需求方规模经济的优势与之相似,但又有不同。

1. 不存在投入要素耗竭

需求方规模经济主要由于网络自身的系统性和网络内部组成成分之间的互补性而产生,或者说由于这种系统性与互补性衍生了产品的协同价值。简单说,需求方规模经济是作为需求者的用户带来的,用户数量越大,需求市场越大,进而改善供给市场的供给能力和产品价值。

2. 没有固定投入要素的规模限制

需求方规模经济是网络经济特有的,其主要载体是网络产品和数字产品。网络产品和数字产品的供给特点都是高固定成本、低边际成本(固定成本主要在于研发所需成本,边际成本指额外复制一个产品的成本),其固定投入要素的规模不受限制。如微软、苹果等投入大量研发经费的巨头有需求方规模经济,校园学生团队等低研究经费者也同样有需求方规模经济。

【延伸阅读】

微　信

微信(WeChat)是腾讯公司于2011年1月21日推出的一个为智能终端提供即时通信服务的免费应用程序,由张小龙所带领的腾讯广州研发中心产品团队打造。腾讯2020年三季度财报显示,截至2020年9月30日,微信月活跃用户突破12亿(包括微信海外版Wechat),成为中国互联网历史上第一款月活用户突破10亿的产品。

2011年1月21日,微信发布针对iPhone用户的1.0测试版。该版本支持通过QQ号来导入现有的联系人资料,但由于仅有即时通信、分享照片和更换头像等简单功能,因此并不为外界所看好。在随后的1.1、1.2和1.3三个测试版中,微信逐渐增加了对手机通信录的读取、与腾讯微博私信的互通以及多人会话功能的支持,截至2011年4月底,腾讯微信仅有四五百万注册用户。

2011年5月10日,微信发布了2.0版本,该版本新增了Talkbox那样的语音对讲功能,由于该功能的加入,使得微信的用户数量第一次有了显著增长。而从2.1和2.2,再到2.5版本中对视频信息的支持以及"查看附近的人"这一功能的加入,再一次引爆了微信用户的增长。2011年11月,微信的用户数量突破5 000万。此后仅仅几个月的时间,微信用户数于2012年3月突破1亿大关。这也意味着用户数量从零到亿,微信用了433天。

2012年4月19日,微信发布4.0版本。这一版本增加了相册功能,并且可以把相册分享到朋友圈。2012年,腾讯公司开始做出将微信推向国际市场的尝试,为了微信的欧美化,将其4.0英文版更名为"Wechat",之后推出多种语言支持。并且在这一年增加了视频聊天插件,发布网页版微信界面以及新增摇一摇传图、语音搜索等功能。

2012年9月,微信团队发布消息称微信注册用户已破2亿,即在不到6个月的时间内,微信的注册用户数增长了1亿人次。从发布至此的725天,日均增长用户超过41万人。2013年1月15日,微信团队在微博上宣布微信用户数突破3亿,新增亿级用户所需时间缩短为5个月,且在加速普及中,成为全球下载量和用户量最多的通信软件。2013年10月,微信用户超过6亿,其中国内用户4亿多,海外用户达到1亿多。随后的数年里,微信的用户数依旧在呈指数型增长,截至2020年9月30日,微信月活跃用户突破12亿,每天有10.9亿人打开微信。

微信的发展过程中可以看到需求方规模经济的巨大影响力:用户数量从零到亿,用了433天;而随后的仅仅半年时间,微信用户数量又增长了一个亿;而截至2013年年初,微信新增亿级用户所需时间缩短为5个月,且在加速普及中。由此可见,需求方规模经济(网络效应)在数字媒体时代对于数字媒体产品或服务有不可忽视的巨大影响。

三、范围经济

（一）范围经济定义

范围经济是指在相同投入下，由于共用设备、技术、管理和渠道等资源，一个企业生产两种或两种以上产品比不同企业分别生产单一产品的总成本更低。实现范围经济的方式主要有纵向一体化、横向一体化及混合多元化。

范围经济可以带来竞争优势，主要有四个原因：

（1）合成效应：同一企业生产多种类型商品，可以部分地共用研发、生产、销售和管理等资源，这些成本分摊后比不同企业分别生产要低。

（2）内部市场：当企业生产多种类型产品，特别是这些产品属于同行业或相关行业时，企业可以利用内部市场来合理配置资金和人力资源，以代替原生的市场机制。

（3）抵御风险：有关联的多元化生产可以帮助企业在成本、差异化和市场营销等方面形成竞争优势，企业将从内部生产环境中获益，这可以增加企业抵御风险的能力。

（4）扩展市场：由于政策和法律的限制，企业在单一类型能够获取的市场是有限的，但通过生产多种类型产品可以帮助企业开辟新市场，提高企业发展上限。

（二）数字媒体产业的范围经济

数字媒体产业的范围经济是指当数字媒体企业向相关或不相关行业扩张，其生产两种或两种以上产品或服务的总成本低于在两个或两个以上不相关企业分别生产单个产品或服务的总成本。

数字媒体产业实现范围经济的方式主要有纵向一体化、横向一体化及混合多元化。

我们先来了解数字媒体产业的产业链构成。数字媒体产业一般有融资、获取创作资源、生产内容、宣传和发行、传输、衍生和变现七个阶段，其中宣传和发行阶段、衍生阶段不是必经阶段。融资是指数字媒体企业通过股权融资、债务融资、财政资助和众筹四种方式来获取资金。获取创作资源是指数字媒体企业获取创作的原始素材，现有的素材主要包括公共内容和受版权保护的内容，其中公共内容一般是指公共事件和超过版权保护期限的内容。生产内容是指收集原始素材，进行组合加工，生产者按照身份可分为个人和企业，其生产的内容则可以是文字、图片、音频和视频等形式。宣传和发行是指对内容成品进行营销和传播，既可以由个人自发完成，也可以由企业组织完成。传输是指把内容成品通过渠道分发给消费者，渠道可分为线上和线下，其中线下渠道主要是针对数字电影和数字游戏等有线下实体体验场景的数字媒体产业。线上分发方式主要有算法、编辑、社交关系和搜索，线下存在针对数字电影行业的排片等。衍生是指把内容成品中的关键元素提取出来，生产其他类型的产品，衍生形式主要有实体衍生和数字衍生，实体衍生是将内容制作成实体产品，如玩具、文具和各种生活用品；数字衍生是将已有内容改编为其他形式的内容，如将影视剧改编为游戏。变现是指利用内容成品，通过不同方式获取经济收益，目前的变现形式主要有广告、内容付费、虚拟物品付费和实体物品付费四种。内容付费是指针对内容进行的付费，如视频会员和电影票；虚拟物品付费主要是一些在规定场景下具有某种功能的虚拟物品的付费，如游戏内道具和直播打赏道具;实体物品付费主要是内容相关的实体物品付费,如内容衍生产品。在实践中,各阶段不是那么泾渭分明,但是这种分类方式可以帮助我们更好地理解数字媒体产业向相关产业扩张以实现范围经济的路径。

(1)纵向一体化。数字媒体产业纵向一体化是指从现有的产品或市场,向上游或下游扩展业务范围的方式。例如,电影发行企业自己涉足电影制作或并购电影制作企业属于向上游扩展业务;电影发行企业自己涉足电影院线建设或并购电影院线企业属于向下游扩展业务。

(2)横向一体化。数字媒体产业横向一体化是以现有的产品或市场为中心,向水平方向拓展业务范围,将处在相同价值链环节、具有不同资源优势的企业联合起来,形成一个更大的经营实体。例如,电视剧制作企业开始涉足电影制作或并购电影制作企业。

(3)混合多元化。数字媒体产业混合多元化是指通过增加与现有业务原本不相关的产品或服务,以实现多样化经营。例如,电影发行企业向房地产、餐饮或旅游等行业扩张。但值得注意的是,在实践中,向不相关行业扩张时,由于对新进入行业缺乏深入了解或是新行业与本业关系较远,可能导致扩张难以产生范围经济。比如,电子产品制造商索尼并购电影公司并没有形成良好的协同效应。

【延伸阅读】

媒体融合背景下传统媒体行业的范围经济策略

由于智能手机的普及和新兴技术的发展,不同媒介间物理技术界限和市场界限逐渐变得模糊,人们的信息需求和渠道选择变得多样化和个性化,过去传统媒体行业的组织方式与当前的发展趋势已不再契合。为此,2014年8月,中央全面深化改革领导小组审议通过了《关于推动传统媒体和新兴媒体融合发展的指导意见》,希望通过媒体融合,打造一批形态多样、手段先进、具有竞争力的新型主流媒体,建成几家拥有强大实力、传播力、公信力和影响力的新型媒体集团,形成立体多样、融合发展的现代传播体系。其中,形态多样和立体多样都是范围经济所注重的。

在媒体融合背景下,传统媒体行业进入全媒体时代,不仅在平台类型、传播介质和产品形态上实现多元化和个性化,也高度强调技术、平台、渠道、内容和管理的一体化发展。具体来说,传统媒体行业将通过纵向一体化缓解"条块分割、有系无统"的顽疾;通过横向一体化强化水平整合,促进报、台融合;通过混合多元化构建"媒体+"的新型平台生态。

媒体融合下的纵向一体化并不只是简单的组织机构的合并统一,而是跨层级的平台和技术整合,以实现上下互通和资源共享。这种方式促进平台、技术、内容、运营的共享互补、合作共赢,有利于优化资源配置,增强传统媒体的系统性合力,有效解决了"条块分割,有系无统"的问题,进而提升了传统媒体整体的范围经济效应。例如,湖北广播电视台建立了"长江云"平台,该平台位处产业链上游,纵向贯通全省各地,由多个地区的产品共享一个后台,初步构建起覆盖省市县三级共享的区域性融媒体平台。这样本身缺乏资金和技术的各市县就不必再各自投资建立平台,还能通过"云稿库"共享大量内容资源,从而体现出集约型联合生产优于粗放型单独生产的范围经济效应。

媒体融合下的横向一体化并不只是单一类型媒体的整合,而是不同类型媒体可以实现整合。这种方式可以将原本互相关联但未集中的内容生产(报社、广播电台和电视台)置于统一的管理系统下运行,实现更广范围内的水平整合。例如,人民日报社启动全媒体平台项目建设,建成了"中央厨房"。"中央厨房"基于技术平台,高效协同不同类型员工完成内容生产和共享,并打通所有渠道终端进行内容传输,实现了"一体策划、一次采集、多种生成、多元传播、全天滚动和全球覆盖"。不仅如此,当前的横向一体化已经不局限于单个媒体集团,水平整合会在更大范围内展开。例如,天津市合并报社、广播和电视台,成立海河传媒中心,由一个主体来对不同媒体和平台的内容进行统一规划和经营。

媒体融合下的混合多元化的目标是通过平台连接教育、文化和旅游等相关服务性产业,构建以"媒体"为中心的新型生态。此外,传统媒体还能够发挥作为一个国有企业的优势,通过与政府合作,共享平台、技术、用户、信息、品牌等要素,与政府事务相连通,配合打造智慧城市。这将帮助国家构建现代化的数字治理体系,体现出巨大的范围经济效应。例如,浙江日报报业集团提出了"新闻+服务"的发展战略,在其平台上探索"新闻免费,服务收费"的增值服务模式,通过免费新闻吸引用户,再通过多元化和个性化服务(政务、电商和网络游戏等)来获取收益,不仅能充分利用传播渠道,还能反哺新闻信息业务。

四、平台经济

平台经济作为一种经济现象很早就存在,如信用卡公司、超级市场、证券交易所、媒体等。得益于近年来信息技术和互联网技术的迅速发展,人们在很大程度上突破了地域限制,各类超级平台迅速成长起来,于是平台经济快速兴起,并成为被业界和学术界热切关注的一种新型的经济形态。平台经济理论是人类社会进入21世纪以后才引起学术界和业界重视的前沿理论。

从某种意义上讲,平台经济理论是对传统经济理论的颠覆和革新。平台可以是真实或虚拟空间(场所),它通过构建合理的商业机制与组织结构来吸引连接多元化的市场主体,完成交易,实现多主体共赢。信息技术进步推动的跨界融合,使得电信、广播电视、出版、金融、传统零售等产业的市场边界正在消失,不同产业在技术、渠道、内容、产品、市场等方面不断地彼此渗透与交叉,替代品竞争越演越烈,这些产业的格局与商业模式正在发生着颠覆性的变革。从传媒产业的角度来看,传统媒体的单边市场关系(产品、服务提供商—消费者)和双边市场关系(产品、服务提供商—消费者+广告主)已经悄然改变,以数字媒体的新型多边媒体场关系(主导企业通过独特的产品、标准和市场机制来吸引多种类市场主体实现交易)正在成为一种普遍趋势。

(一)平台的构成要素与平台类别

1. 平台的构成要素

(1)平台定位

平台定位是指平台建设的目标指向,即一个平台是配置哪些产品及服务的场所。比如QQ音乐平台是为听众提供全面的在线音乐服务的场所,知乎是为广大网友和各行精英提供知识分享和信息交流的场所,淘宝电商平台是各类产品供求交易的场所,起点中文网是为读者和作家搭建信息交流的场所。平台的定位是平台发展的"指向灯",不同的平台定位会产生不同的平台性质、组织机构和平台运作方式。

(2) 平台连接群体

平台连接群体是指各类被平台吸引、在平台上完成交易的经济主体,包括各种产品或服务的供给方、需求方以及为实现交易的各类中间环节服务商。平台的宗旨是为交易提供便利,让需者获其所需,供者供其所供。因此,联通多边群体是平台必须要做的,一个有着明确定位的平台具有策略性开放的特征,一旦成功搭建,满足平台定位要求的群体都会试图入驻平台寻找盈利机会。

(3) 平台的组织结构

一个平台就是一个具体化的市场,供求信息在其中汇聚流动。因此,信息是否丰富、是否可以实现供求有效匹配对接是影响平台成功与否的两个关键因素。在汇集海量信息的基础上,平台必须通过构建有效的组织结构,形成专业分工协同合力,引导信息合理化与信息匹配高效化,从而促进交易的完成。

2. 平台的主要分类

依据平台的开放程度、功能、空间形态与血缘关系将其具体分为四类。

(1) 开放平台与封闭平台

开放平台是指市场交易各方并不需要特别的身份认证或支付特别的交易成本即可进入的平台。封闭平台是指市场交易各方须获得身份认证或成为成员之后才可进入的平台。现实中,Android 系统也是开放的操作系统,其发布的代码几乎不需要认证;苹果的 iOS 系统几乎是完全封闭的平台,它只能执行从苹果应用程序商店上下载的通过苹果公司认证的代码。封闭的平台更加安全,而开放的平台对入驻平台的市场主体更为方便,并可为消费者提供更多的个性化选择。

(2) 市场创造型、受众创造型与需求协调型平台

市场创造型平台是通过匹配供求信息、减少供求双方搜寻成本,从而促成交易的平台。证券交易所、电子商务平台、网络购物平台、二手车平台等都属于市场创造型平台,比如淘宝和亚马逊通过构建网络购物平台,满足消费者的购物需求,同时为大量的商家提供新的产品销售渠道,再通过安全支付整合众多产品,从而增加用户黏性。最为典型的市场创造型平台为证券交易所指定的买卖中间商(也称为造市商,market maker)。作为市场创造型平台的主体,其最大的功能在于有效地稳定市场,促进市场平衡运行。

受众创造型平台多适用于匹配广告主与受众,其双边用户之间不存在直接交易关系,平台上的信息量大,受众就会被吸引过来,而受众的增加就会吸引更多的广告主。这种平台典型特征是不对称定价,一般通过给予受众免费(低价)的产品和服务来捕捉目标客户,而通过对广告商制定高价来补贴产品或服务的制作成本。依赖于广告支持的媒体,如视频网站(爱奇艺、YouTube 等)、抖音(国际版本:TikTok)、社交平台(微博、脸书、推特等)、新闻门户网站都是受众创造型平台。比如,国内的新浪网和国外的雅虎都是比较受欢迎的新闻门户网站,每天都会及时更新最新的消息和新闻,网站流量大,拥有众多网民和较高的市场知名度,因而吸引了众多企业在网站上进行广告宣传,平台企业的广告收入是其主要收入来源之一。杂志、报纸、电视和部分网站等也都是受众创造型平台。

需求协调型平台是把基础产品和与之配套兼容的互补品连接起来,形成完整的产品组合提供给最终用户。基础产品与互补产品之间的联合使用,导致了彼此的依赖性,进而互补品越多,使用基础产品的效用会越大,这便是我们常说的间接网络效应。需求协调型平台并

不严格地像市场创造型平台那样出售"交易机会"或像受众创造型平台那样出售"信息"。典型的需求协调型平台有应用软件平台、支付系统和移动通信等。比如,微信正在发展的视频号,当它开放视频号时,就会有更多的开发公司或者更多的媒体公司进入这一市场,当有更多的开发公司或更多的媒体公司去做视频号时,平台积累消费用户便会越来越多,从而形成一个间接的网络。

(3) 实体平台与虚拟平台

依据空间形态可将平台分为实体平台与虚拟平台。实体平台广泛存在于日常生活中,最常见的有超市、商业中心等。虚拟平台是信息时代的产物,它是以将平台空间及多边群体交易电子化的形式,比如微博、推特、SNS、亚马逊、各电子商务网站等。

(4) 母平台与子平台

依据平台的从属关系,可将平台分为母平台与子平台。母平台通过对产品和服务的细化分工出不同的子平台,实现平台规模与容量的扩张。在母子平台网络结构中,母平台通过支配与管控子平台的业务方向与发展战略,与子平台进行信息与知识的交换。比如腾讯QQ与腾讯新闻、QQ邮箱、腾讯视频和QQ音乐等子平台;美团点评与美团外卖,这类子平台起初是寄生在母平台上的,借助母平台的渠道优势被用户认知。随着子平台发展,其可以单独成为一个平台。

(二) 传统媒体平台与数字媒体平台的特征比较

数字媒体包括互联网及依托于互联网的媒体新业态,比如网络电视、电子书、移动互联网应用等。可以从以下几个方面比较传统媒体与数字媒体的平台特征:

(1) 平台定位。传统媒体平台是传输者,只提供较为单一化的内容,实施单向化的信息传输,服务于产业内特定产品服务的传播需要。而数字媒体平台兼具市场创造型、受众创造型和需求协调型平台特征,集合多元化信息,联系各种类型的需求方和供给方。例如,传统媒体时代,打开电视每个频道,我们只能观看各种视频,且它提供什么,我们就只能看什么,没有选择权;但是数字媒体时代,我们打开微博,不仅能看到文字,还能看到图片和视频,并且可以根据自己的喜好,通过搜索和社交关注等方式选择想看的内容。

(2) 连接群体。传统媒体平台纵向联系产业内上下游群体,包括提供内容产品与服务的媒体机构(主要是广播台、电视台、报社)、有线广播电视网络设备提供商和传统媒体的受众。数字媒体平台突破产业界限,实现网络化联系,包括提供内容产品与服务的媒体机构、其他信息供应商、各类种应用的提供商、政府服务机构,也包括有线广播电视网络设备提供商,多元化终端提供商,以及各类信息需求方。

(3) 平台组织。传统媒体平台是纵向产业链中的一个环节,其组织结构服务于垄断地域性的单一产品市场,直线职能型组织结构普遍存在。数字媒体平台处于网状的产业链中,其组织结构服务于跨产业、跨地域的市场,事业部制(M型组织)更具适应性。从业务功能出发的母子平台构建也需要M型组织更加注重子平台的差异性,推动资源、管理能力和决策分散在整个组织。

(4) 网络效应。传统媒体平台只具有直接网络效应,即传统媒体的受众基数越多,受众消费内容产品所获得的效用水平越大。数字媒体平台同时具有直接网络效应、间接网络效应和交叉网络效应,其间接网络效应源于其他产品或服务供应商为数字媒体平台提供了更多服务。

（5）多归属性。传统媒体平台上，传播渠道和终端基本不具有通用性，电视、广播、报纸、杂志、图书各有自身的传播渠道和呈现终端，内容样态也截然不同。尽管各类媒体的内容具有一定的替代性，但受众会依据自己的偏好使用特定的媒体，比如使用电视机观看视频类节目、使用收音机听广播等。在这种状态下，受众具有相对的单归属性，而广告主具有多归属性（广告主可以在不同媒体中进行选择，发布自己的广告），所以媒体竞争的焦点在于提高具有单归属性受众的黏性，用受众的规模去吸引广告主。对于数字媒体平台而言，传播渠道和终端具有通用性，电视、电脑及各类移动智能终端可以通过电信网络、有线电视网络和互联网将各类文本、声音、图像、视频等即时呈现，单归属性的受众几乎不存在了，与此同时，在数字媒体平台上的广告主、其他利益相关者（如内容提供商、各类应用提供商、金融服务提供商等）也都具有了多归属性。多归属性意味着数字媒体平台上的利益相关者的选择日趋丰富，他们获取信息和传媒内容的数量大幅攀升，而获取成本大幅降低。相比传统媒体，数字媒体实现产品和服务的"排他性"更为困难，竞争也更加激烈。

（6）商业模式。传统媒体平台连接"受众"和"广告主"这两方群体，其价值创造一方面是向受众提供他们偏好的内容产品，另一方面是向广告主提供他们需求的广告版面或时段。媒体平台连接的利益相关方相对简单，主要通过"购买＋自制"的方式整合资源，连接受众和广告主。由于技术手段的限制，传统媒体对其受众的消费量很难准确地计量，但受众的多寡和内容产品的阅听率又是广告主投放广告的主要依据，所以传统媒体采取不对称定价的方法，对受众免费或收取低价，基本不从受众身上获取自己的价值；与之相反，传统媒体可以对广告主占用的广告版面（时段）进行精准计量，所以传统媒体对广告主制定高价来获取自己的价值，广告从而成为传统媒体的主要收入来源。数字媒体平台在双边市场的特征方面又进一步延展，它们已经突破了"受众"和"广告主"这两个边群，数字媒体平台连接各类"用户"，除了受众和广告主，还包括传媒内容的供应商、各类网络应用的提供商、金融服务商、物流服务商等。正因为连接的群体范围扩大，数字媒体的收入也突破了广告这一单一来源。

【本章小结】

数字媒体的经济特性由数字媒体产品或服务的经济特性和数字媒体产业的经济特性体现。

数字媒体产品或服务的经济特性主要包括准公共物品、消费的累积效应、外部性和信息不对称。数字媒体产品或服务是同时具有非排他性和非竞争性的纯粹公共物品，但数字信息技术的进步可以使作为纯粹公共产品的媒体产品或服务转变为准公共产品或服务，具有一定的排他性和一定的非竞争性。数字媒体产品或服务消费具有明显的累积效应，因为数字媒体产品或服务是一种"经验品"（experience goods），且会在消费者脑中形成文化资本的积累。数字媒体产品或服务的外部性是指其生产或消费对其他团体强征了不可补偿的成本或给予了无须补偿的收益的情形。数字媒体产品或服务的信息不对称体现在两个方面：产品或服务是否符合用户的预期在生产过程中很难判断，消费者在购买前都无法判断产品的质量。

数字媒体产业的经济特性主要包括供给方规模经济、需求方规模经济（网络效应）、范围经济和平台经济。数字媒体产品具有高生产成本和低复制成本的特点，使其天然地拥有供给方规模经济。此外,专用性资产或先进技术设备的使用,较高的市场地位,复合型技术人才和管理的经济性也能帮助数字媒体产业实现供给方规模经济。数字媒体产业具有需求方规模经济(网络效应)的特点,即需求规模越大,协同价值越大,给用户带来的整体效用就越大。这使其不存在投入要素耗竭,也没有固定投入要素的规模限制。数字媒体产业的范围经济是指当数字媒体企业向相关或不相关行业扩张,其生产两种或两种以上产品或服务的总成本低于在两个或两个以上不相关企业分别生产单个产品或服务的总成本。数字媒体产业实现范围经济的方式主要有纵向一体化、横向一体化及混合多元化。数字媒体产业最早以双边市场为基础,逐步发展成多边市场,它天然地具有平台经济的属性。

【思考题】

1. 以网络文学为例,分析其服务和产业的经济特性。
2. 试分析 IP 带来的消费累积效应。
3. 以微博为例,分析需求方规模经济在社交媒体平台上的体现。
4. 试以平台经济理论分析电视台和网络视频平台的差别。

第三章
数字媒体产业的需求和供给

【思政案例】

央视频《疫情 24 小时》慢直播产品

2020 年年初,中央广播电视总台央视频 5G 新媒体平台创新推出《疫情 24 小时》慢直播产品。1 月 26 日,央视频全网独家上线第一路火神山医院建设慢直播;1 月 27 日,上线雷神山医院建设高清慢直播。系列慢直播先后共上线 7 路镜头,其中包括两路 VR 镜头,从医院建设到投入使用,24 小时不间断直播一共持续了 117 天,累计在线直播超过 6 000 小时。该系列慢直播作品记录了火神山医院、雷神山医院的建设全过程,向全球报道"与疫情赛跑的中国速度",彰显了中国抗疫决心,同时也彰显了中国舆情透明、信息公开。

为了保证直播顺利进行,采取了以下措施:

(1) 厘清工作原理、畅通流程。在火神山和雷神山现场架设多路传统 2D 直播设备和 VR 直播设备,通过 5G 网络信号传输至央视频移动网服务器,后端部署实体导播台和云导播台,进行信号切换并添加动态包装等,节目视频信号通过内容分发网络加速节点进行流量分发推送至央视频客户端平台。

(2) 优化直播设备。直播使用了支持数字宽动态、3D 数字降噪、强光抑制、电子防抖、SmartIP 的星光级网络高清高速智能摄像机与采用实时拼接,支持最高 8K 分辨率的 VR 慢直播摄像头。

(3) 采取 VR 信号传输。VR 直播采用 8K 超高清拍摄设备进行动态实时采集和编码输出,智能压缩画面补偿算法实现 VR 机内实时全局高动态光照渲染,降低传输压力。

(4) 强化终端直播能力。在手机直播、安防摄像头、VR 摄像头等多终端直播能力支撑的同时,采用 5G+CPE 快速支撑前方复杂的直播环境,为保障直播争分夺秒。

(5) 建立链路节点优化机制。实时监测、保障各层级系统性能,并建立基于性能数据的机器自动切换机制、直播前的链路节点优化机制。

(6) 建立专项保障机制。采用主备推流模式,到边缘节点再回到顶层节点,优化内部传输,加强直播流保障,确保清晰度及低延迟。针对重点直播链路进行 24 小时监控,多方位有效保障直播流通过网络的稳定性。

(7) 强化云计算。在接收到前方直播信号后,云端系统开始快速实时转码、添加水印等,通过云计算保障直播画面速度,高质量传递到用户面前。

(8) 强化内容分发网络资源保障。央视频部署在全国及海外上千个内容分发网络加速节点进行流量分发,提供流畅的用户体验。

在慢直播推动下,央视频各项运营数据不断创下历史新高,客户端App跃升苹果应用商店排行榜榜首,超过144家海内外媒体或平台转发报道,实现了传播价值、用户价值、社会价值的多赢。

这是一次媒体融合的全新探索,我国首次在突发公共卫生事件中应用慢直播。该系列慢直播将疫情报道由"及时"报道变为"实时"直播,24小时不间断、客观真实、全程记录了火神山和雷神山两家抗疫医院争分夺秒抓紧建设的情况,具有重要的影像价值和史料价值。引导受众将关注点放在国家防疫重要举措上,全国亿万网民变身为"云监工",为抗击新冠疫情聚人心、暖人心、稳民心营造良好舆论氛围,第一时间在网上构建正面舆论场,创新了社会治理与舆情共识形成方式。相关正能量话题多次登上微博、百度等热搜榜。以润物无声的方式传播我党"以人民为中心"的理念,是党和政府信息公开透明、尊重民众知情权的现实体现。

资料来源:杨雪,王天浩.媒体融合背景下重大公共事件报道的传播创新实践——以央视频《疫情24小时》慢直播为例[J].传媒,2021(6).

根据上述思政案例内容,思考以下问题:

报道称央视频《疫情24小时》慢直播产品直接呈现重大事件核心现场,开创传播交互新范式,推动网络空间形成同频共振舆论场,引发国内和境外媒体高度关注,你觉得在这个新的产品中,需求端和供给端都发生了哪些变化?

【本章知识结构图】

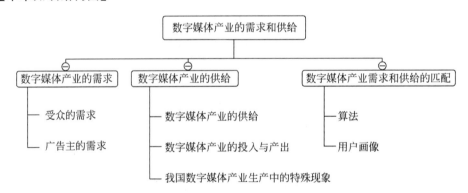

第一节 数字媒体产业的需求

一、受众的需求

(一)数字媒体产品或服务需求量的影响因素

消费者有意愿且有能力购买数字媒体产品和服务的量,便是数字媒体产品和服务的需求量。有意愿是一种主观偏好,而有能力购买代表客观购买力,两者构成了影响需求量的影响因素。

(1)主观偏好。主观偏好是意愿的代表。如果你喜欢看新闻,那你可能会关注微博热搜、安装今日头条和腾讯新闻等应用。如果你不喜欢听音乐,那可能你的应用列表里就没有QQ音乐和网易云音乐等应用。

(2)客观购买力。客观购买力会被收入、价格、相关物品的价格和消费者预期四个因素影响。

1)收入。高收入者更有了可能会购买数字媒体平台提供的"超级会员",而低收入者则可能选择购买数字媒体平台提供的"普通会员"或是选择不购买任何会员。产生这种现象的原因源于收入差距,而非主观偏好。一般而言,收入与购买力和需求量呈正相关关系:收入增加,购买力增强,对同一产品或服务的需求量就会增加;反之,对该产品或服务的需求量会减少。

2)价格。数字媒体产品或服务价格的提高会降低货币的购买力,进而降低需求;反之,降低的价格会提高需求。

3)相关物品的价格。相关物品包括替代品和互补品。替代品是指两种数字媒体产品或服务在功能上能部分或全部地相互替代,一种产品或服务的价格上升会引起另一种产品或服务的需求增加。互补品是指两种数字媒体产品或服务之间存在着某种消费依存关系,一种产品或服务的价格上升会引起另一种产品或服务的需求下降。例如,盗版内容为正版内容的替代品,拥有了盗版内容的消费者不再去为正版内容付费;手机和应用为互补品,手机价格下降会增加接入互联网的人数,进而增加某些应用的使用量。

4)消费者预期。消费者对未来的预期会影响其对产品或服务的需求。当消费者预期产品或服务会上涨时,便会增加当前需求量;反之,则会减少。例如,当网络视频平台宣布将要提高会员价格时,消费者选择在涨价之前购买一年或更长时间的会员。

(二)数字媒体产品或服务的需求弹性

1. 需求弹性的类别和计算方法

需求弹性衡量的是需求量与影响需求量的某个因素变动程度之间的关系。依据影响因素的不同,需求弹性包括需求价格弹性、需求收入弹性和需求交叉弹性。

需求价格弹性衡量的是某产品或服务需求量变动和价格变动之间的关系,即需求价格弹性=需求量变动的百分比/价格变动的百分比。需求收入弹性衡量的是某产品或服务需求量变动和收入变动间的关系,即需求收入弹性=需求量变动的百分比/收入变动的百分比。需求交叉弹性衡量的是某一种产品或服务需求量的变动与另一种产品或服务价格变动间的关系,即需求交叉弹性=X产品或服务需求量变动的百分比/Y产品或服务价格变动的百分比。

在实际计算中,两个要素的数学符号可能不同,计算时会取绝对值。当需求弹性>1,则属于富有弹性;当需求弹性<1,则属于缺乏弹性。

2. 需求价格弹性的影响因素

影响数字媒体产品或服务需求弹性的因素有必需品与高档品、消费在支出中的比重、替代品的易得性、市场的范围和时间的长短。

(1) 必需品与高档品。必需品是指人们日常生活中不可或缺的产品或服务,而高档品是指日常生活中非必需的产品或服务。前者需求倾向于缺乏弹性,而后者需求倾向于富有弹性。

(2) 消费在支出中的比重。购买某个数字媒体产品或服务占消费者收入比重越大,则需求弹性越大。

(3) 替代品的易得性。当某个数字媒体产品或服务有相近的替代品时,其需求价格弹性较大。

(4) 市场的范围。市场范围越小,替代品越多,则需求弹性越大。

(5) 时间的长短。数字媒体产品或服务会随着时间变长而变得富有弹性,因为时间越长,消费在支出中比重和替代品易得性会发生变化。

以上因素具有相通之处,必需品是替代品少且在支出中占比较小的产品或服务,奢侈品是替代品多且在支出中占比较大的产品或服务。市场范围的大小影响替代品的易得性。而时间的长短会影响替代品的易得性、市场的范围、必需品与高档品的转换以及消费在收入中的比重。因此,替代品的易得性、市场的范围和必需品与高档品的转换属于替代效应,必需品与高档品的转换以及消费在收入中的比重则属于收入效应。

价格变动会影响总收益,增加和减少取决于需求价格弹性。当需求价格弹性<1时(缺乏弹性),提高价格会增加收益,反之减少收益;当需求价格弹性>1时(富有弹性),提高价格会减少收益,反之增加收益。

(三) 数字媒体产业受众的特征

1. 群体分散化:长尾效应

分散化是指原来集中于少数选项中的受众分散到越来越多的选项中的过程,这个过程与数字媒体的崛起息息相关。第一,数字媒体的蓬勃发展给受众带来了更多的消费选项,数字新闻、数字文学、数字漫画、数字音频、数字视频、网络直播和数字游戏等,某一特定产品或服务能够吸引的受众规模随着数字媒体的多样化发展而逐步被"稀释"。此外,数字媒体平台上被创造的内容原则上是"永生"的,这为受众提供了更大的选择空间。第二,数字媒体相关技术的发展丰富了分发手段,基于算法、搜索和社交关系的分发降低了受众搜寻成本,这使得任何需求方都能以更快的速度找到自己满意的选择。第三,数字媒体商业模式的创新减少了信息不对称,如在线音乐免费试听,电子书试读章节,网络视频试看前五集等,这种"免费+增值付费"的模式提供了样本示范,降低了消费风险。因此,在"大众传播"之外,"小众的""细分的""定制的"内容产品和服务更容易被开发和创造,导致分散化的现象。

分散化的现象形成了需求市场中的长尾,带来了长尾效应。长尾效应其实是幂律分布的通俗叫法,该概念最初由《连线》的总编辑克里斯·安德森(Chris Anderson)于2004年在自家的杂志中提及,它是指那些原来不受到重视的销量小但种类多的产品或服务由于总量巨大,累积起来的总收益超过主流产品的现象[①]。如图3-1所示,极少数个体(横轴)对应极高的值(纵轴),而拥有极低值的个体,数量却占总体的绝大多数。形象地描述可称曲线靠近横轴的部分为长尾。

---

① 克里斯·安德森.长尾理论[M].乔江涛,译.北京:中信出版社,2006:10-12.

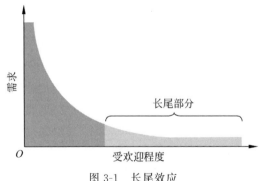

图 3-1　长尾效应

2. 群体极化：信息茧房

极化是指受众分化为忠诚者和不接触者两个极端部分的倾向。这种极化现象就是"信息茧房"的具体表现。"信息茧房"最早由哈佛大学法学院教授凯斯·桑斯坦在《信息乌托邦》中提出，他认为在信息传播中，受众对信息的需求并非是全方位的，受众只注意自己选择的内容和使自己愉悦的通信领域，一段时间之后，便会将自己桎梏于像蚕茧一般的"茧房"中[①]。在这个概念提出之初，算法还是一个模糊的概念，而随着数字媒体平台上算法技术逐渐成熟，"信息茧房"成为了更加普遍的现象。受众本身会选择性注意、选择性理解和选择性记忆信息，而这种选择性行为会被平台以数据形式存储和分析，形成算法。随着时间推移，选择性造成的差异会进一步被算法放大，导致一个人在同一平台中接收到的信息被局限于某个范围内。

3. 个体效用：社会资本

分散化和极化属于受众需求的群体性表现。对于个体而言，受众的需求主要是满足效用，而在数字媒体时代，由于受众可以同时拥有消费者和生产者两种身份，即产消者，这种需求还会扩展，社交资本积累成为了新的需求。具体来说，对于生产者而言，他们有积累社交资本和将社交资本转换为经济资本的需求；对于消费者而言，他们有消费内容、与生产者互动、与其他消费者互动以及变成生产者的需求。不过，值得注意的是，数字媒体产品和服务仅是满足需求是不够的，还需要降低生产者和消费者的使用成本，即提高使用产品或服务的投资回报率。例如，生产者希望在网络平台上高效地积累更多的社交资本，并将社交资本持续性地转换为经济资本。已有的技术可以满足生产者的需求，并极大地提高他们的投资回报率。大数据分析技术能够更加精准地捕捉用户需求，使网络平台的内容分发更加高效；人工智能技术可以通过各种工具帮助生产者提高内容制作效率。但是，随平台上内容数量的增加，其生产的内容稀缺性相应减少，在消费者注意力有限的情况下，已积累的社交资本价值会逐渐贬值，投资回报率下降。此时，若另一个平台能为内容生产者提供更高的投资回报率，内容生产者便会选择离开现有平台，进入新的平台。

4. 个体偏好：理性成瘾需求

数字媒体产品区别于一般产品最大的特点在于其具有更强烈的需求偏好选择，并且这种需求偏好是可以随着消费逐渐得到培养和积累的。消费者对于一般产品的偏好大都固定

---

① Sunstein C R. Infotopia: How many minds produce knowledge[M]. Oxford University Press, 2006.

不变,不会因为消费的增加产生显著的变化。但数字媒体产品因其本身所内涵的特点,除了与一般产品一样在消费时即时效用之外,更是一种经验积累以及在经验积累之上对产品偏好的产生和增强效果,即文化艺术知识的增长或文化接受能力。恰恰是这种经验积累,使得需求偏好不再是固定不变的,能够表现出随着消费程度递增,边际递减的特点。数字媒体产品的这种需求偏好特性在行为经济学中被解释为"理性成瘾"现象。

经济学中对成瘾行为展开研究最早是对特殊商品的消费,即酒精、烟草或毒品等一系列会同时产生即时消费快感和健康隐患的商品,之后也扩展为包括仅具有成瘾特性而不具备效用损害的文化相关产品。成瘾行为表现为消费者在明知对该种商品的消费会产生效用损失的情况下,依然会选择继续消费甚至增加消费,最终使得消费者个人效用可能会出现减少的行为,这似乎有悖于新古典经济学的理性经济人假设。然而 Sitgler 和 Becker(1977)、Becker 和 Murphy(1988)、Mccain(1979、1981、1995)等运用消费者效用最大化的动态优化过程,即对稳态的分析①,指出成瘾性消费是"理性"的,并可以通过经济学范式进行推导和解释。Sitgler 和 Becker 从消费者选择理论入手,通过建立个人效用最大化方程分析成瘾性商品的消费特点,指出在此类商品消费中,偏好会随着时间而改变的,进而影响成瘾商品的消费,即因为偏好的改变,边际效用随着时间变化。因为偏好的改变无法清晰地衡量,在模型建立中,Sitgler 和 Becker 尝试使用累计消费量,即消费资本来解释,并将成瘾品按照效用损失进行分类,一类是传统的会造成损害的成瘾商品,另一类是具有成瘾特性的商品,如音乐等。以音乐为例,建立一揽子两种商品消费效用函数,指出分配给消费音乐的时间效用会随着音乐消费资本存量的增加而增加。

在此基础之上,Becker 和 Murphy(1988)在新古典经济学范式下第一个提出理性成瘾理论框架,并阐释理性意味着个体的目标一直是最大化效用,而成瘾商品则具有过去的消费水平会对现期消费有正向影响的特点,通过建立效用最大化动态最优化方程分析,消费者的成瘾行为是可以用理性经济人假设进行解释,成瘾选择是在权衡了行为收益和损失的情况下产生,始终是没有脱离效用最大化的理性行为的表现。在该模型中,消费者对于成瘾商品的某一时刻的效用取决于当期成瘾商品的消费量、当期对其他商品的消费量,以及成瘾商品的消费资本,其中消费资本指的是过去的消费经验,代表的是偏好的变化。

理性成瘾理论指出,对成瘾商品的消费行为具有容忍效应、强化效应和退出效应。容忍效应指的是当过去积累的消费量越高时,在一个给定的消费水平上产生的满足感会越少,即成瘾资本产生的边际效用是在递减的。强化效应指的是当期对成瘾商品的消费对于过去的消费有一种学习反馈机制,即成瘾资本的增加会导致当期成瘾商品的边际效用增加。退出效应是指对成瘾商品消费的停止或中断都会对效用产生明显的负面作用,可以用"Cold Turkey"现象进行解释。在对文化产品理性成瘾的阐述上,Mccain(1979、1981、1995)认为文化产品的需求相比于其他产品更加依赖偏好的养成,而这种文化偏好的养成是通过经验积累实现的,将这一偏好养成现象定义为"learning-by-comsuming"。Mccain 认为这种依赖于以往消费经历形成的偏好不同于一般商品的历史消费影响路径,文化产品的偏好经验是通过自我选择机制完成的,更加具有主观因素。

---

① Becker G S,Murphy K M. A Theory of Rational Addiction[J]. The Journal of Political Economy,1988,96(4):675-700.

二、广告主的需求

广告主、数字媒体和消费者是广告市场的主要参与者。对广告主而言,广告是一项向消费者传达产品或服务相关信息,并促使他们注意、选择并购买产品和服务的投资活动。对数字媒体而言,广告是多边产品市场中比较重要的利润来源,为数字媒体提供了一部分收入来源。对消费者而言,广告有助于消除购买产品或服务前的信息不对称。本部分主要关注广告在数字媒体市场中的作用,以及广告主的需求。

(一)广告在数字媒体产业中的作用

在数字媒体产业内,广告对不同类别媒体的作用并不同,大致可分为三类:广告主导型、混合型和内容主导型。广告主导型是指绝大部分收入来自广告,如社交媒体和数字新闻。混合型是指绝大部分收入同时来自内容和广告收入,如数字音乐和数字长视频。内容主导型是指绝大部分收入来自内容,如数字游戏。

广告对不同类别数字媒体的差别主要取决于数字媒体的形态和商业模式的选择。例如,社交媒体和数字新闻的内容比较短小,每一条的观看时间一般在 1 分钟以内,这种内容形态是无法采取内容付费模式的。网络文学既可以是混合型,也可以是广告主导型,这个由经营者选择的商业模式所决定。

(二)数字媒体产业广告主的需求

在数字媒体产业发展过程中,广告主的需求一直在变化。1994 年 10 月 27 日,美国通信巨头 AT&T 以按天收费(CPD,Cost per Day)的方式,投放了第一个在线横幅广告,该广告点击率高达 44%,从此掀起了互联网广告革命的浪潮,并发展出了合约广告、竞价广告和程序化交易广告。

早期的数字媒体广告以合约广告为主。数字媒体平台借鉴报纸杂志售卖版面栏位的方式,将网站诸多模块拆成创意展示横幅位,以按展示时长结算(CPT,Cost per Time)的计价方式售卖合约广告。这时的广告产品主要技术为控制合约投放的排期系统,它不需要区分客群的动态定向,对技术的依赖相对也较小。按展示时长计价的广告属于独占式广告,在某一时刻横幅位卖给了广告主 A,势必让业务竞争关系的广告主 B 失去了此时的曝光机会,因此 CPT 的合约展示广告具有一定的溢价能力和挤出效应。然而,从媒体变现的角度,同一时刻的浏览用户中,可能有登山爱好者,也有居家妈妈,如果此时展示化妆品广告,对于前者来说没有吸引力,这部分流量就耗损了。自然而然的,媒体平台也就产生了面向不同用户展示定向广告的方式,约定按展示量即千次展示付费(Cost per Mille,CPM)的计价方式。在这一阶段,受限于技术,广告主虽然可以获得长时间的精准曝光,但无法判定曝光效果。

随着时间的推移,合约广告的问题凸显,投放精细程度有限,且透明度不高,竞价广告应运而生。最早的竞价广告起源于谷歌,作为搜索引擎的主要变现手段,通过竞拍的方式将关键词广告植入搜索结果中。在搜索竞价模式下,广告内容是与搜索结果内容混排出现,有时用户不一定能够发现点击的是广告。搜索广告与实际服务结合更自然,这也是其与橱窗式的展示广告的天然差异,因此在计费模式上也不再采用展示付费,而是采用按点击付费

(Cost per Click,CPC)的计价方式,并衍生出按销售量付费(Cost per Sale)、按转化付费(Cost per Action)和预期的每千次展示收益(Expected Cost per Mille)来衡量广告的最终效果。在这一阶段,广告主获得了精准的曝光,且能较为准确地判断曝光效果,但无法判定广告价格是否合理。

竞价广告创造了新的广告模式,但在竞价透明度上仍旧存在问题,由此产生了可以实现实时竞价的程序化交易广告。在这种模式下,脸书提出了一种创新的计价方式,即媒体平台仍以广告的销售或转化作为广告展示与流量分发的优化目标,而广告主则以 CPC 或 CPM 付费,这就是广告扣费点与广告主竞价点分离的优化智能出价 oCPX(optimized CPC/CPM)。较为成熟的广告交易市场由此形成。在这个交易市场中,参与者有广告主、广告代理、专为广告主服务的需求方平台(DSP,Demand Side Platform)、广告交易平台、数据管理平台(DMP,Data Management Platform)、广告网络、广告联盟、专为媒体平台服务的供给方平台(SSP,Supply Side Platform)和数字媒体平台,他们之间的关系如图 3-2 所示。这一阶段,广告主能够获得精准的曝光、实时曝光效果以及实时广告价格。

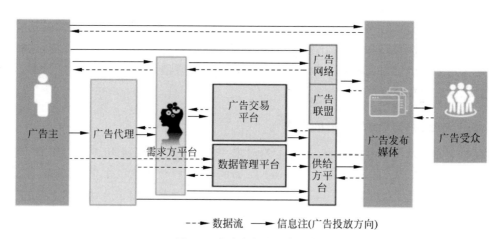

图 3-2　广告市场的运行机制

【延伸阅读】

唯品会×小米大数据智能营销

长期以来,用户在浏览商品后,常常会收到一些无关的广告推销,体验极差。目前电商平台广告投放是一个素材推送给一群人,既打扰了用户的体验感,又降低了投放效率,如何能精准预测消费者需求,并将广告推送转变成符合用户需求的有价值的信息呢?因此,打破单一电商平台的数据孤岛,通过算法智能预测,给最合适的人推最合适的商品("算你所爱"),成为唯品会×小米精准营销的核心策略。

小米通过与唯品会深度数据对接合作,更加了解用户电商偏好的同时,根据用户的偏好,直接调取唯品会商品库中最适合的产品与模板结合,N 人 N 面,精准进行广告投放。其策略的实现主要分为三个关键步骤:首先,通过打通"唯品会用户数据+小米厂商设备级数据+小米自有电商数据",基于数据资产的多维度,让数据分析更加精准。其次,基于以上丰富的数据维度,对用户进行投放人群区分,各维度人群覆盖,最大化实现用户转化,与唯品会商品库对接,推荐唯品会商品库中的热销品类或产品,将广告推送转化为符合用户心意的信息。最后,基于小米独有的手机厂商优势,打通手机内自有媒体,在浏览器 App,新闻资讯 App,小米视频 App,安全中心 App 等,实现跨媒体投放信息流广告。

小米通过大数据智能营销,提升了唯品会广告投放带来的成交总额,降低了获取新客的成本,优化了用户体验。借助小米核心的精准营销技术能力,唯品会广告投放实现投资回报率涨幅 400%,点击率涨幅 350%,精准目标用户实现滚动指数级增长。

第二节　数字媒体产业的供给

一、数字媒体产业的供给

(一) 数字媒体产品或服务供给的影响因素

供给量大小取决于生产者对收益与成本的权衡。供给量与收益呈正相关关系,与成本呈负相关关系,而影响生产者收益与成本的因素主要包括价格、投入价格、技术和预期。此外,生产者数量也会影响供给量。

(1) 价格。在其他条件不变的情况下,价格越高意味着收益越大。因此,当某个数字媒体产品或服务的价格上升时,其供给量也会增加。例如,相比其他档期,春节档的平均电影票价更高,影视制作公司将电影定在春节期间的意愿更强。

(2) 投入价格。数字媒体企业需要投入各种生产要素来完成产品或服务的生产。例如,一家音乐制作公司生产一首歌曲需要雇用歌手、编曲和经纪人等工作人员,购买编曲和录音的设备。这些要素花费的资金构成了这首歌曲的制作成本。在其他条件不变的情况下,生产这首歌曲所需投入的生产要素价格越高,则该公司成本越高。

(3) 技术。数字媒体企业的技术进步一般是比较缓慢的,其对供给量的影响突出地表现在长期效果上。技术进步可以提高生产效率,降低企业生产成本,进而增加供给量。

(4) 预期。生产者会根据对未来的预期调整当前行为。如果预期未来某种产品或服务的价格将上升,生产者会考虑将这种产品或服务留存,等到价格升高再出售,这会导致当前该产品或服务的供给量减少。反之,则会增加该产品或服务当前的供给量。

(5) 生产者数量。当某种产品或服务有利可图时,新进入者便会出现,生产者数量增加,市场供给量增加。网络直播行业便是如此,在 2014 年之前,直播在主流大众眼中,还属于"低俗"类的内容。但 2014 年起,斗鱼、虎牙、映客、花椒和一直播等知名直播平台相继上线,到 2016 年年初,已经有 300 多个移动直播平台,被称作"千播大战",网络直播平台供给量大大增加。

(二) 数字媒体产品或服务的供给弹性

1. 供给弹性的类别和计算方法

供给弹性衡量的是供给量与影响供给量的某个因素变动程度之间的关系。依据影响因素的不同,供给弹性包括供给价格弹性、供给收入弹性和供给交叉弹性。

供给价格弹性衡量的是某产品或服务供给量变动和价格变动之间的关系,即供给价格弹性＝供给量变动的百分比/价格变动的百分比。供给收入弹性衡量的是某产品或服务供给量变动和收入变动间的关系，即供给收入弹性＝供给量变动的百分比/收入变动的百分比。供给交叉弹性衡量的是某一种产品或服务供给量的变动与另一种产品或服务价格变动间的关系，即供给交叉弹性＝X产品或服务供给量变动的百分比/Y产品或服务价格变动的百分比。

在实际计算中，两个要素的数学符号可能不同，计算时会取绝对值。当供给弹性＞1，则属于富有弹性；当供给弹性＜1，则属于缺乏弹性。

2. 供给价格弹性的影响因素

影响供给弹性的因素主要包括：生产者改变产量的伸缩性和时间长短两个因素。

（1）生产者改变产量的伸缩空间。在市场中，不同市场领域的生产者改变产量的伸缩空间不同，例如，对一个电影制作公司来说，无法将一年生产两部电影的计划迅速改成一年五部，供给量很难改变。

（2）时间的长短。在一定时间内，生产最容易改变的投入要素是劳动，其次是资本，最后是技术。如果时间足够长，那么原来短期内缺乏供给价格弹性的生产者在长期角度看，属于富有供给价格弹性。例如，当电影票价从30元提高到60元，电影院场次从一天20场提升至一天30场，在短期内属于缺乏弹性。但随着时间推移，电影院扩建或是开设新的分院，可以使电影场次从一天20场提升至一天50场，属于富有弹性。

二、数字媒体产业的投入与产出

（一）数字媒体产业的生产要素

生产要素是在经济生产活动所需要的投入品。在传统产业中，生产要素主要可以分为土地、资本、劳动力和企业家才能。劳动是指人类在生产过程中提供的体力和智力的总和，劳动力包括技术人员和非技术人员。土地不仅指各种耕地和建筑用地，还包括地上和地下的一切自然资源，如森林、江河湖泊、海洋和矿藏等。资本可以分为实物资本和货币资本，实物资本包括生产需要的机器设备、建筑物、原材料等。企业家才能是企业家进行管理经营和创新的能力，具体来说是企业家对这三种生产要素进行综合管理和运用的能力，即使其他三种生产要素的数量、状态都相同，由不同的企业家对其进行分配、管理、运用产生的效果也会有很大的不同。

在数字媒体产业中，比较重要的生产要素有数据、资本、劳动和技术。

1. 数据

在数字媒体产业生产中，数据已经成为关键生产要素。数据要素涉及数据生产、采集、存储、加工、分析、服务等多个环节，是驱动数字媒体经济发展的"助燃剂"，对价值创造和生产力发展有广泛影响。数据要素具有三个特点：

（1）可复制性和可共享性。数据具有可复制、可共享、无限供给、无限使用和无限增长的特点。数据资源不仅可以重复使用、复制，随着使用的增强，其时空边界也在不断动态生长、边际收益趋增，其资源规模巨量增长，开发利用潜力巨大，可以为数字媒体经济发展提供强大支撑。

(2) 使能性。使能性是指一项数据及其相关技术要素投入使用后,可以使既存技术能力得以改进和提升。例如,原生广告是基于用户数据的分析,针对不同用户的内容偏好、行为习惯给用户推荐其期望的广告信息,实现内容与广告的联动,提高内容与广告的匹配程度。

(3) 通用目的性。通用目的性是指该类信息技术在任意时间内,在不同的空间中具有普遍使用潜力。随着数据相关技术的演化和进步,数据的使用可在行业乃至全社会引发生产效率提升。

2. 资本

在数字媒体产业中,资本是产业运作与发展的基本动力。不管是平台建立、设备购置、专业人员招聘与市场培育和开拓,还是发行和营销网络体系的建立以及新技术的运用,都需要以强大的资本作为后盾。

目前数字媒体产业的资本主要有自有资本、借入资本和拨付资本三类,其中借入资本包括债务融资、股权融资和众筹;拨付资本包括政府财政拨款和政府主导的产业基金。

(1) 债务融资:①银行贷款。根据国家政策以一定利率将资金借给需要者,并约定按期还本付息,具有速度快、借款弹性大和借款成本低的优点,但限制条款较多。②商业信用。利用分期付款、开具应付票据、预收账款等方式进行融资,具有限制条款少的优点,但借款期限短。③债券:经济主体为筹资发行的,用于记录和反映债权债务关系的有价证券,具有筹资对象广的优点,但借款成本高、借款风险大、限制条款多。

(2) 股权融资:①直接上市。向社会公众公开发行股票筹集资金。②借壳上市。非上市公司购买一家上市公司一定比例的股权来取得上市的地位,然后注入自己有关业务及资产,实现间接上市的目的。③分拆上市。已上市公司或者未上市公司将部分业务从母公司独立出来单独上市。④风险投资。向初创企业提供资金支持并取得该公司股份的一种融资方式。⑤私募基金。以非公开方式向特定投资者募集资金并以特定目标为投资对象的证券投资基金。

(3) 众筹:众筹利用互联网,让小企业、艺术家或个人对公众展示他们的创意,争取大家的关注和支持,进而用"团购+预购"的形式,向网友募集项目资金。相对于传统的融资方式,众筹更为开放,能否获得资金也不再仅由项目的商业价值作为参考标准,为更多小微企业和个体创作者提供了更多的可能性。参与众筹的人既可以获得股权和债权,也可以只获得奖励性物品或什么也不获得。

(4) 拨付资本:①财政拨款。直接由政府对数字媒体产业进行拨款。②政府引导的产业基金。这属于一种官方或半官方的资金支持方式,既可以是由国家资本(国家财政或地方财政)和社会资本构成,也可以是政府财政资金作为发起基金,吸引一定比例的社会资金。

3. 劳动

劳动要素也称人力资本要素。数字媒体产业主要是提供具有较高知识含量的数字媒体产品或服务。因此,数字媒体产品和服务的策划、设计、生产和传播,都需要从业者具有较高的专业素养和文化艺术修养,人力资本在数字媒体产品或服务成本构成中占比较大。

目前,智能媒体时代的来临对数字媒体产业人才培养提出了新的要求。数字媒体产业从业人员不仅需要具备职业素养和专业技能,还需要具备复合技能和技术知识。具体来说,从业者需要五个方面的能力：①能够熟练运用网络信息技术和相关工具，基于数据对媒介和受众进行分析，为媒介运营提供指导，实现信息传播的精准匹配。②对文字、图像、声音、视频、动画、网页等内容元素，进行优化整合和加工包装，让内容与传播载体渠道充分适配。③向目标受众进行信息的精准分发、传播及营销。④进行相关数据采集，根据实时的数据分析、监测情况，及时、精准地调整内容分发的渠道、策略和方式。⑤打造全媒体传播矩阵，构建多维度的信息传播渠道，多渠道的协同运营。简而言之，全媒体运营师要善于利用各种媒介渠道对传播内容进行精准的投放和运营，继而通过数据分析反馈对运营策略做进一步的优化升级。全面型人才必须要具备数据思维和融合思维，善于对数据进行体系化思考，对于数据要保持较高的敏感度，能够以结构化的思维对运营数据进行全面、系统的分析，为企业的精细化运营提供决策依据，实现传播效能的最大化。

4. 技术

技术是影响数字媒体生产、传播和消费的重要要素。在技术的不断升级下，互联网从 Web 1.0 迈向 Web 2.0，数字媒体终端从电脑变成智能手机和智能硬件，并催生了大数据和云计算、人工智能、VR 和 AR、5G 以及区块链等新兴技术。这些技术改变了数字媒体产业的生产关系和生产力，使得传播主体从单一变多元；使生产效率和质量提升，生产成本下降；使生产内容从单一走向融合，并呈现出网络化、碎片化、同质化和泛娱乐化的特点；使受众成为媒介主人，拥有更多选择权，催生个性化服务，过去的单向接受变成了多边互动，接受者成为生产者、消费者和传播者；使渠道数量提高，传播效率提高；使盈利模式多样化，催生出会员、版权分销、衍生品销售和多形态转化等新模式。

（二）数字媒体产业的生产函数

1. 柯布—道格拉斯生产函数

生产过程中生产要素的投入量和产品的产出量之间的关系，可以用生产函数表示。传统的生产函数有柯布—道格拉斯生产函数（简称 C-D 函数），该生产函数的一般形式为：

$$Q = AL^{\alpha}K^{\beta} \tag{3-1}$$

式(3-1)中，Q 为产量；L 和 K 分别为劳动和资本的投入量；A、α 和 β 为三个参数，$0<\alpha$、$\beta<1$。$\alpha+\beta=1$ 时，α 和 β 分别表示劳动和资本在生产过程中的相对重要性，α 为劳动所得在总产量中所占的份额，β 为资本所得在总产量中所占的份额。根据 $\alpha+\beta$ 之和，可以判断规模报酬的情况：$\alpha+\beta>1$，则规模报酬递增；$\alpha+\beta=1$，则规模报酬不变；$\alpha+\beta<1$，则规模报酬递减。

在数字时代，数据、技术作为新的生产要素，也包含在生产函数的自变量中，作为影响产出的因素之一。同土地、劳动、资本一起，形成五要素论，用生产函数表示则为 $Q=f(L_d, L_a, K, T, D)$，其中 L_d 为土地，L_a 为劳动，K 为资本，T 为技术，D 为数据。

2. 知识生产函数

数字媒体行业的生产与传统制造业的生产存在差异，因此其适用的生产函数也不同。传统的制造业，主要依赖机器设备、土地等生产要素进行生产，且对于原有的知识（主要以设备或组织结构 规则等为载体）具有较大的依赖性，因而在完成某一职能的知识更新上不愿意进行较大的投入，从短期来看，沿用旧知识更加经济。但是在数字媒体行业，由于企业所运用和开发的几乎都是具有"公共物品"性质的知识，新知识的寿命短且需要不断进行创新，因此企业将大部分的精力投入到知识中,这样在他们的计划中对一项知识更新的投入要远远大于传统制造业的投入,因而在思维知识的开发必须投入很大。所以在数字媒体行业,知识生产函数更加适用。

知识生产函数是主要用于分析创新活动的投入和产出关系,涉及不同范围的创新活动、知识溢出效应等,其产出是经济实用的新知识,投入是一组复杂的因素,包括 R&D 支出、知识存量以及知识溢出等。

知识生产函数有很多种形式,下面介绍其演进过程。

(1) Griliches-Jaffe 知识生产函数

Griliches(1979)开发的知识生产函数框架是该领域的一个基石。[①] Griliches 的知识生产函数是:

$$Y = F(X, K, u) \tag{3-2}$$

式(3-2)中,Y 是宏观或微观水平的产出;X 是正常的生产投入向量,比如劳动与资本;K 表示技术知识水平,部分由现在和过去的研发投入决定;u 是其他因素的作用或随机误差。

技术知识水平由现在和过去的研发投入决定:

$$K = G[W(B), R, v] \tag{3-3}$$

式(3-3)中,$W(B)$ 是一个滞后多项式,B 是滞后算子;R 是研发费用;v 是随机误差项。沿着这个思路,Griliches 用 C-D 函数形式对知识生产函数进行了具体的表述如下:

$$Y = DC^{\alpha} L^{\beta} K^{\gamma} e^{\lambda t + \mu} \tag{3-4}$$

式(3-4)中,D 是常数项;C 是代表技术知识水平;L 和 K 分别代表劳动和资本投入量;t 是时间;e 是自然常数;α、β、γ 和 λ 是待估参数,μ 为随机误差项。

Jaffe 拓展了 Griliches 的知识生产函数框架,Jaffe 扩展的知识生产函数由改进的两个投入要素的 C-D 函数构成:

$$\log(P_{ikt}) = \beta_{1k} \log(I_{ikt}) + \beta_{2k} \log(U_{ikt}) + \beta_{3k} [\log(U_{ikt}) \log(C_{ikt}) \varepsilon_{ikt} \tag{3-5}$$

式(3-5)中,下标 i 表示观察的单位(比如省),h 是技术水平,t 是时间;P 是公司申请的专利数,代表经济上运用的新知识;I 是企业的 R&D 费用;U 是高等院校研究投入;ε_{ikt} 是随机误差项;变量 C 是区域内高等院校与企业研发活动的地理相融指数。

此后,学者们大多是在 Griliches 和 Jaffe 的知识生产函数基础上进行改进,来研究新问题,并且将他们开发的知识生产函数称为 Griliches-Jaffe 知识生产函数。

(2) Anselin 扩充的知识生产函数

Anselin,Varga 和 Acs(1997,2000)在研究大学研究的地理知识溢出效应时[②][③],以空间计量经济学的视角去实现经典的 Griliches-Jaffe 知识生产函数框架。

首先,检测模型的空间自相关性,他认为空间自相关包括空间滞后模型和空间误差模型两种形式,空间滞后模型可以表示为:

[①] 任志安,王立平. 知识生产函数研究的演进与发展[J]. 经济理论与经济管理,2006(6):23-27.

[②] Anselin L, Varga A, Acs Z. Local geographic spillovers between university research and high technology innovations[J]. Journal of Urban Economics,1997,42(3):422-448.

[③] Anselin L, Varga A, Acs Z. Geographical spillovers and university research: a spatial econometricperspective[J]. Growth and Change,2000,31(4):501-515.

$$y = r\mathbf{W}y + b\mathbf{X} + e \tag{3-6}$$

式(3-6)中,y 作为因变量是一个观察值向量;$\mathbf{W}y$ 是一个空间滞后变量,$\mathbf{W}$ 是空间权数矩阵;r 是空间自回归系数;$\mathbf{X}$ 是系数为 b 的解释变量,其是一个观测值矩阵;e 是一个随机误差项;$\mathbf{W}$ 权重是由两个空间单元的信息邻近度构成,导致的空间滞后 $\mathbf{W}y$ 可以被视为邻近地区观察值在空间上加权平均。忽视空间滞后变量对模型中系数 b 的估计导致不一致和有偏。

其次,空间误差模型可以表示为:

$$y = b\mathbf{X} + e, \quad e = I\mathbf{W}e + i \tag{3-7}$$

式(3-7)中,I 是空间自回归系数;i 是一个标准正态分布的随机误差项。

(3) Greunz 混合知识生产函数

Greunz 提出的混合知识生产函数模型将区域的地理媒介与技术媒介溢出相结合[①],在考虑地理溢出的同时融入了技术溢出因素。Greunz 指出选择区位有两个标准:一个是与技术领先的区域相邻;另一个是与技术层次(technological profile)相近的区域相邻。Greunz 借鉴了 Jaffe 提出的技术相邻(technological neighborhood)指数:

$$P_{ij} = \frac{\sum_{k=1}^{m} f_{ik} f_{ik}}{\sqrt{\sum_{k=1}^{m} f_{ik}^2 \sum_{k=1}^{m} f_{ik}^2}} \tag{3-8}$$

式(3-8)中,f_{ik} 是第 i 个区域在第 k 个技术领域内拥有专利的比重。如果区域 i 与 j 的技术层次相似,$P_{ij}=1$ 则成立。Greunz 提出的混合知识生产函数模型,通过设置技术相邻指数与地理相邻指数进行加权,研究表明区域创新不仅取决于自身的研发投入,而且受到若干阶地理相邻区域的研发投入溢出。

(三) 数字媒体产业生产的特点

技术驱动下,数字媒体产业生态重构,传播规则不断演变。数字媒体产业生产中算法规则成为整个网络和生产的权力中心。一方面,数字媒体产业的内容生产和分发过程正从标准化、规模化向定制化、个性化转型,带来了生产效率的提升;另一方面,把关人的权力也从编辑部分让渡给"算法工程师",把关的价值逻辑从新闻记者普遍认可的公共利益,转变为用户属性和个性化兴趣,因而可能会带来价值观异化、公共性缺位、算法偏见与歧视等问题。数字媒体产业生产中,用户参与内容生产,生产和消费一体;媒体组织呈现组织小型化、轻盈化的特点;生产过程呈现智能化、个性化和定制化的特点,商业模式呈现多样化的特点;作为生产要素的数据在生产中的作用凸显。

1. 生产主体多元化

用户成为数字媒体产业内容(服务)生产的重要主体。用户参与生产,生产和消费一体。大众传媒时代,社会公众只是被动接受信息,不能参与内容的生产过程中来。在数字媒体时代,受众能够便捷且多途径接触各类网络媒体,公众不仅可以及时主动地对信息内容做

[①] Greunz L. Geographically and technologically mediated knowledge spillovers between European regions[J]. The Annals of Regional Science,2003,37(4):657-680.

出反馈,更有机会深入到媒介内容"生产—分发—消费—反馈"的流程中,成为产消合一的用户。用户的内容生产能力被释放出来,其也从被动接受传播内容向主动参与社会化生产转变。

媒体组织与职业媒体人仍然是数字媒体内容(服务)生产的中坚力量。专业化生产有PGC(Professionally-generated Content)和OGC(Occupationally-generated Content)两种生产机制,但两者并无明确界定与区分。PGC源于视频网站,主要是指短视频、直播、微信公众号等一系列自媒体平台的专业化生产内容与生产机制。OGC一般是指专业媒体或机构媒体的记者、编辑所生产的内容。专业化生产主体正在扩充,不仅包括主流媒体的记者和编辑,还包括商业型新闻媒体的专业采编团队,视频网站的专业自制力量,以及广大依托自媒体及其他生活服务类平台进行职业化内容生产的组织与个人,他们共同构成当下数字媒体内容生产的中坚力量。

轻资产、小型化的新型媒介组织参与生产。除了专业媒体组织,更多轻资产、小型化的专业生产团队依托包括自媒体在内的各类平台型媒体参与生产。他们很多从主流媒体跳槽而来,迅速成长,促进众多自媒体从个体单位发展为新型媒介组织,催生了《罗辑思维》《暴走漫画》《万万没想到》等多个优质原创IP。这些专业化生产团队不设独立的内容分发渠道,而是把大型平台型媒体作为基础设施。这些新型数字内容生产机构往往只有基本的内容生产团队,组织架构简单轻便,仅有少量甚至没有固定资产。例如,"十点读书"微信公众号,是一个做读书、阅读与原创情感类文章分享的自媒体,拥有着"十点读书会""旅物""疯狂鸟窝""小柚子童书"等公众号矩阵。

2. 生产过程智能化

"智能化"是指在人机交互过程中,机器逐步具备类似于人类的学习和理解事物、处理问题并做出判断及应对的能力。在数字媒体产业生产中,智能化主要体现在生产与分发两个环节。

在生产环节,信息采集的源头得到优化,信息采集效率得到提升。在传统媒体时代,信息采集完全依赖人力提供的新闻线索、采访材料,人工设计的市场调查以及用户反馈。到了数字媒体时代,传感器成为重要的信息采集端口。智能手机、刷卡器、可穿戴设备、无人机等,可以不局限于某一区域和某个时段进行动态信息采集,并且能够从多角度获取人无法得到的信息。例如,新浪鹰眼系统能够基于用户社交媒体数据迅速捕捉新闻热点。2019年4月16日凌晨1点,鹰眼系统捕捉到微博用户发出的有关巴黎圣母院大火照片,编辑进行了迅速核实,十几分钟时间内,新浪新闻App和@微天下微博账号对该事件进行了首发报道。据鹰眼系统后续监测,微博头部账号对该信息的转发在十几分钟内就达到了平时日均传播量的10倍多。鹰眼系统将该消息判定为热点,编辑会根据鹰眼系统的判定来跟进相关背景内容,形成专题。同时,在内容生产的把关方面,编辑的把关权力部分让渡给了算法工程师,把关的价值逻辑从新闻记者普遍认可的公共利益,转变为用户属性和个性化兴趣,因而可能会造成了信息真实性认知偏差、价值观异化、公共性缺位、算法偏见与歧视等问题。

内容的生成和呈现方式更加优化与高效。虚拟现实、增强现实与混合现实等智能技术的发展,进一步优化媒介内容的呈现效果,为用户打造出"身临其境"的在场感,深化其对媒介内容的感知体验。2019年,新华智云发布25款媒体机器人,其中助力新闻工作者采集新闻信息的机器人有8种,帮助新闻工作者处理新闻资源的有17款,这些机器人是媒体智能生产与分发的智慧化应用。截至2019年8月25日,这25款媒体机器人已累计处理媒体资源超过1000万条,生产短视频30万余条,极大地提高了新闻采集和处理的效率[①]。2019年5月25日,人民日报与科大讯飞推出的AI合成主播"果果"能以多种语言,包括汉语、英语、朝鲜语和法语等,24小时不间断播报新闻。新华智云的虚拟主播机器人有四种形象,包括卡通男主播、女主播和真人男主播、女主播,用户可以自主选择主播的播报背景和情绪,一键生成AI新闻播报[②]。

在分发环节,大数据的积累和算法的迭代促使信息能够实现精准分发。当前智能推荐算法可以分为两种逻辑:①基于内容的推荐算法。这种算法逻辑更多是基于单个用户,比如说某人用今日头条看了娱乐新闻,然后系统就认为他对娱乐新闻比较感兴趣,后期就会自动向他推荐更多的娱乐新闻。②基于用户的推荐算法。这种算法逻辑则是基于全平台同一属性的相关用户。比如,A和B两人都喜欢看经济类新闻,但A除了经济新闻,还有看政治新闻的习惯。那么我们是否可以考虑给B也推荐相关的政治新闻呢?寻找用户之间的共性,进而参考分析,给用户推荐其他相关的内容,丰富用户信息推荐源的同时保证这是用户感兴趣的内容。通过对内容的细分、对消费场景的细分、对用户消费习惯和偏好的细分,建模以达到分众化和精准化的推送。算法推送不仅在新闻、资讯产品的分发方面,在直播和短视频内容的推送方面,也已经可以深度嵌入。例如,中国电信DICT智能视频云平台,依托5G+光纤双千兆网络及其自身的云资源,使高质量直播信号传向央视平台,实现了双平台备份机制,使得武汉修建火神山医院的直播在2020年1月27日晚上出现观看人数峰值超过5000万的盛况。

3. 生产要素中数据作用凸显

数据泛在化在各行各业中已经显现出无可替代的优势。2020年4月9日,中共中央、国务院《关于构建更加完善的要素市场化配置体制机制的意见》(以下简称《意见》)重磅公布,这是落实党的十九大和十九届四中全会精神的一项重大改革部署,也是新时代推进经济体制改革的又一具有标志性意义的重要成果。《意见》中首次将数据纳入生产要素范畴,并提出了加快培育数据要素市场的三条具体建议,具有划时代的意义。目前,我国从政府的角度正在大力推进地方政府数据平台的建设,以"云上贵州"、贵州大数据交易所等为代表的政府数据平台正蓬勃发展。

作为生产要素的形态,数据正逐渐成为一种资产。由生产单位拥有或者控制的,能够为生产单位带来未来经济利益的,以物理或电子的方式记录的数据资源,被称之为数据资产。每个人沉淀下来的大数据,都可以进行数据挖掘等深度开发,进而提高数字媒体产业效率甚至形成新的行业形态。例如,阿里巴巴推出了"88VIP",可以促使将阿里旗下不同业务平台数据打通,深度分析用户的消费习惯,比如在淘票票上购买了某类电影票的用户,在优酷上会观看什么样的电视剧,在阿里文学上会看什么种类的文学作品。而掌握这些数据可以指导生产者改变经营战略。

4. 平台基础设施发挥把关功能

数字技术的发展使得基础设施平台化以及平台基础设施化,平台的运行通过系统性的

---

① 机器人写稿已经不够了,新华智云首推媒体机器人矩阵[N].中国青年报客户端,2019-8-27.
② 新华智云"媒体大脑"首推25款媒体机器人,为媒体记者赋能[N].南方传媒研究,2019-8-26.

搜集、算法推进、传播运转,把用户的数据货币化,在社会中迅速扩张,成为信息社会中"基础设施"般的存在。在内容生产中,平台一方面需要审查自身发布、转载的新闻信息内容,另一方面还需要对用户上传的内容进行审核。平台基于民事契约(平台服务协议)对用户行为进行约束,平台运营主体作为协议的起草者,既是规则的设定者,也是内容管控的执行者。然而很多平台具有私有属性,私人主体以利润最大化为主要目标,且在参与公共事务管理时缺乏相关经验,公共利益与私人利益存在冲突。

三、我国数字媒体产业生产中的特殊现象

(一)"干中学"效应

"干中学"理论源于经济学的动态比较优势理论,历史上,后发国家实现赶超,绝大多数都要经历引进、消化吸收再到实现自主创新的过程。发展中国家要通过边干边学的技术积累,从简单的零部件装配活动逐渐进入较低技术要求的零部件生产,最后上升到关键性零部件的生产,从掌握外围技术入手,逐渐掌握现代产业的核心技术,并发展出本国的核心技术创新能力。

企业家人力资本有助于企业"干中学"效率的提升,进而加快我国动态比较优势的增进。"干中学"指的是目前的劳动生产率与过去的活动措施(如过去累积的产出或投资)之间存在着一种正向联系。这种正向联系是通过学习过程中知识的外溢产生的。知识可分为编码化知识(know what)和隐含经验类知识(know how),而企业家人力资本的禀赋突出地表现为对生产活动中隐含经验类知识的掌握。这些隐含经验类知识可以帮助企业家更好地组织和管理企业,挖掘和发挥本地区所拥有资源的比较优势,搜寻、引进与消化吸收本区域稀缺的资源,发现、把握与创造商机,对来自全球范围内各类生产要素进行创造性的组合,从而在整体上提升企业基于一揽子要素优化配置的"干中学"效率及经济增长效率。

【延伸阅读】

中国互联网企业正成为欧美学习模仿对象

一直以来,中国互联网企业都被吐槽抄袭外国互联网企业,然而这几年却开始出现欧美企业抄袭中国企业的现象,最新的例子就是脸书抄袭腾讯的微信,脸书的 Messenger 先后添加了表情、企业公众号、媒体内容号等类似微信的功能。

欧美互联网企业的创新力下滑源于欧美企业的不思进取。中国的电商学习自美国的亚马逊,但是至今亚马逊才开始逐渐推广当天送达服务,而中国的京东早已经实现了当天送达,顺丰快递在全国主要城市实现了 24 小时送达,可见中国进步之快。

随着阿里巴巴成为国内最大的电商企业,它开始走向海外市场,特别是在当下正高速发展的印度市场。阿里巴巴通过投资印度本土最大的移动支付企业 Paytm、电商 snapdeal 介入了印度市场,眼下正计划投资印度本土最大电商 Flipkart,对亚马逊发起猛烈的进攻。

中国企业在国内市场对谷歌的 Android 进行定制推出符合国内用户使用的系统,帮助谷歌赢得了超过九成的市场份额,相比之下,Android 在国外市场占有的市场份额远远少于中国市场。针对穿戴设备市场推出的 Android wear 系统由于不允许中国手机企业定制,导

致市场份额远落后于 iOS、Tizen 系统。

中国本土出行软件滴滴,学习自美国的 Uber,不过 2016 年滴滴收购 Uber 中国,意味着这一软件已在中国市场败给中国本土企业。

凡此种种都说明了欧美曾经引领全球科技创新之先的地位在不断下降,中国已不再是当初学习和模仿欧美企业的"小弟",它们正在成长为参天大树,并开始走向国外挑战欧美巨头。

当中最有可能的就是在印度市场,中国互联网企业正在纷纷进入印度市场,UC 浏览器在印度市场占有第一位的市场份额,除了阿里巴巴投资印度市场与电商行业相关的业务外,腾讯、百度也纷纷进军印度市场,或是入股当地企业,或是直接推出它们的互联网服务。

在印度市场,中国互联网企业和欧美巨头将展开一场都非自己本土的竞争,这将为双方提供一场公平的对决,中国企业需要借此证明自己已经不再是跟随者,而欧美巨头则需要再次证明它们依然是全球领先者。

(二)数字媒体产业的集聚生产

"产业集聚"一词源于阿尔弗雷德·马歇尔(Alfred Marshall),后经保罗·克鲁格曼(Paul Krugman)等新经济地理学家们进一步发展深化。在此过程中,产业集聚水平的测度研究一再成为学界关注的重点。Scott(2010)认为,当前的集群模式往往符合地理空间上的集聚,又以专业化为形成标准,企业间资产互补、专业分工,用以满足多元化的市场需求与产业支撑[1]。

马歇尔[2]分析了产业集聚效率更高的三个主要原因。一是集聚能够促进专业化投入与服务的发展。大量工业企业在地理上集中,完全可以提供一个足够人的市场使各种各样的专业化供应商得以生存。二是集聚在地理上的集中分布有利于劳动力市场共享,有利于专业化劳动力市场的出现。三是产业集聚有助于知识外溢。他认为在产业区内行业的秘密不再成为秘密,而似乎是公开了,同行们不知不觉中学到很多秘密,优良的工作受到正确的赏识,发明和创新能够迅速地形成。

对于产业集聚的测度,通常采用区位熵这一概念。区位熵通常用于测度区域聚集和专业化程度,这一概念由哈盖特(P. Haggett)提出[3],计算方法如下:

$$LQ_{ij} = \frac{\dfrac{q_{ij}}{q_j}}{\dfrac{q_i}{q}} \tag{3-9}$$

式(3-9)中,LQ_{ij} 为 j 地区的 i 产业在全国的区位熵,q_{ij} 为 j 地区 i 产业的相关指标(例如产值、就业人数等);q_j 为 j 地区所有产业的相关指标;q_i 为全国范围内 i 产业的相关指标;q 为全国所有产业的相关指标。显然,LQ_{ij} 的值越高,地区产业的集聚水平越高。一般而言,当 $LQ_{ij}>1$ 时,我们认为 j 地区的区域经济在全国具有优势;当 $LQ_{ij}<1$ 时,我们认

---

[1] Scott A J. Flexible production systems and regional development: the rise of new industrial space in North America and Western Europe[J]. International Journal of Urban and Regional Research,2010,12(2):171-186.
[2] 阿尔弗雷德·马歇尔.经济学原理(上、下)[M].北京:华夏出版社,2017.
[3] 王欢芳,李密,宾厚.产业空间集聚水平测度的模型运用与比较[J].统计与决策,2018(11):37-42.

为 j 地区的经济在全国具有劣势。

区位熵的研究方法在国际国内均被作为评价产业集群、优势产业、主导产业以及产业竞争力等的重要手段而广泛采用,是一种分析不同产业在区域经济发展中所处地位的有效方法。

根据全球数字媒体产业集聚数量,区位熵的计算公式为：全球数字媒体产业集聚数量区位熵＝(某城市或地区数字媒体产业公司数量/该城市或地区所有公司数量)/(全球数字媒体产业公司数量/全球所有公司数量)。

全球数字媒体产业公司营收总额区位熵的计算公式为：全球数字媒体产业公司营业收入区位熵＝(某城市或地区数字媒体产业公司营业收入/该城市或地区所有公司共计营业收入)/(全球数字媒体产业公司营业收入数量/全球所有公司共计营业收入)。

解学芳、胡晨楠(2020)通过以上方法计算 2008—2017 年全球不同城市数字媒体产业公司数量区位熵值如表 3-1 所示：

表 3-1　2008—2017 年全球不同城市数字媒体产业公司数量区位熵值

城　　市	2008 年	2009 年	2010 年	2011 年	2012 年	2013 年	2014 年	2015 年	2016 年	2017 年
华沙(Warsaw)	3.81	4.94	4.52	5.48	5.14	5.28	5.05	4.95	5.12	5.91
城南(Seongnam)	8.32	8.01	7.34	6.63	6.84	6.65	6.12	5.48	5.43	5.41
北京(Beijing)	2.13	2.16	2.63	3.29	3.03	3.18	3.30	3.23	3.23	3.4
墨尔本(Melbourne)	0.89	0.83	0.84	2.24	3.19	2.47	2.66	3.59	3.44	3.27
东京(Tokyo)	2.63	2.68	2.75	2.64	2.79	3.00	3.14	3.06	3.03	3.16
特拉维夫(Tel Aviv)	1.91	1.77	3.29	3.37	2.28	2.26	2.21	2.22	2.66	2.91
悉尼(Sydney)	2.08	2.00	1.70	1.8	1.87	2.13	2.38	2.50	2.57	2.84
斯德哥尔摩(Stockholm)	1.65	1.56	1.53	1.70	1.89	2.11	2.43	2.29	2.50	2.78
伦敦(London)	0.97	1.18	1.48	1.6	1.67	1.81	1.81	2.14	2.03	2.07
旧金山(San Francisco)	2.88	2.25	2.17	2.42	2.14	2.09	2.27	2.22	2.12	1.93
上海(Shanghai)	1.13	1.26	1.65	0.98	0.52	0.68	0.94	1.37	1.77	1.85
芝加哥(Chicago)	0.75	0.73	0.92	1.25	1.18	1.42	1.48	1.65	1.7	1.83
首尔(Seoul)	1.71	1.55	1.6	1.49	1.43	1.44	1.52	1.52	1.62	1.74
深圳(Shenzhen)	0.37	0.63	0.6	0.71	1.06	1.19	1.30	1.25	1.43	1.52
纽约(New York)	3.00	2.81	2.53	2.20	2.33	2.26	1.94	1.72	1.53	0.97
台北(Taipei)	0.52	0.74	0.69	0.62	0.67	0.65	0.71	0.79	0.90	0.95
香港(Hong Kong)	0.81	0.74	0.58	0.68	0.62	0.63	0.58	0.64	0.64	0.65
新加坡(Singapore)	0	0	0	0.32	0.30	0.39	0.63	0.71	0.55	0.62
温哥华(Vancouver)	0.66	0.56	0.56	0.38	0.62	0.62	0.55	0.49	0.50	0.55
多伦多(Toronto)	0.55	0.51	0.41	0.38	0.40	0.38	0.46	0.45	0.44	0.42

由此可见,全球数字媒体产业集聚通常需要基于城市群的圈域经济一体化、文化市场一体化、交通网络一体化优势。在"互联网＋"时代,因为互联网经济红利与政策红利的叠加,数字媒体产业在城市群内部形成了最佳的集聚生态。从区位熵的计算结果看,不论是公司数量还是营收总额,全球城市的数字媒体产业发展均呈缓慢上升态势。其中,美国城市数字

媒体产业发展占据世界领先地位；欧洲、澳大利亚城市紧追其后，数字媒体产业链的搭建正在趋于成熟；亚洲城市表现也较为突出，北京、上海等城市近10年来数字媒体产业上市公司的区位熵值持续走高，产业聚集与专业化程度逐步提升，带动了数字媒体产业的整体发展；与之相比，东京、首尔在缓慢的增速下已进入资源饱和境地。[①]

【延伸阅读】

苏州阳澄湖数字文化创意产业园

苏州阳澄湖数字文化创意产业园位于苏州市相城区京沪高铁新城东侧，于2011年6月获批"江苏国家数字出版基地"园区，2013年12月获批"国家级科技企业孵化器"，占地面积465亩，采用创新A区、B区双轮驱动发展模式，成立1.5亿元发展基金、荻溪文化创意产业投资中心平台、游戏运营公共服务平台及苏州市首家版权工作站。苏州阳澄湖数字文化创意产业园，是苏州高铁新城打造"高铁枢纽、创智枢纽"产业引擎，探索城市新产业发展的重要载体。

园区定位主要包括基地运营、企业服务和产业投资等服务。

（1）基地运营。负责基地开发、运营与管理，推进基地各种平台建设和基础设施建设，推进基地规划、物理空间开发、招商引资等。

（2）企业服务。努力成为连接政府与企业的桥梁，强化软环境建设，为入驻基地的各类企业提供创意、技术和人才方面一流的、全方位的专家式服务，形成"凤引百鸟"的"温室效应"。

（3）产业投资。形成价值发现、价值培育和价值实现的独特能力，在数字出版领域对有前景的项目、企业、产业进行投资，夯实产业和盈利基础。

遵照省政府建设"专、精、特"的数字出版样板园区的发展目标为指导，苏州阳澄湖数字文化创意产业园以数字出版产业为核心，重点发展游戏、电子商务、应用软件、互联网产业，初步形成了"1+X"产业发展模式。

第三节 数字媒体产业需求和供给的匹配

数字媒体产业以平台为基础，通过云计算、大数据和人工智能等技术，实现需求端和供给端的匹配。在这个过程中，每个平台都发展出了一套属于自己的推荐系统。推荐是一个协作与进化的过程：对内容而言，每一个用户既是消费者又是决策者，被认可的内容得以进一步扩散，不被认可的内容则被系统纠偏，以免给更多人造成负面影响；对用户而言，每一次行为反馈都在不断地完善自己的数字躯体（用户画像），而系统的兴趣探索行为，也在进一步给这幅画像补充更多维度。基于上述描述，我们可以看到，推荐系统由算法和用户画像两大核心组成。

---

① 解学芳,胡晨楠.全球城市数字媒体产业集聚机理与中国路径——基于全球数据的实证研究[J].社会科学研究，2020(2)：57-65.

一、算法

（一）算法的内涵

"算法"（algorithm）一词来源于 9 世纪波斯数学家阿尔·花剌子密——解决一次方程及一元二次方程的方法的人。英文将"算法"译为"algorism"，意思是花剌子密的运算法则，在 18 世纪演变为"algorithm"，指的是用阿拉伯数字进行算术运算的过程。随着计算机的兴起，算法开始发展出了新的含义，是指一个被定义好的、计算机可施行其指令的有限步骤或次序，常用于计算、数据处理和自动推理。作为一个有效方法，算法被用于计算函数，它包含了一系列定义清晰的指令，并可于有限的时间及空间内清楚地表述出来。

在数字媒体产业中的算法，是指机器学习（machine learning），即通过计算机程序对信息和数据进行重新组织，使用算法优化自身性能的系统。搜索引擎、内容推荐、信息流、在线广告等已经是机器学习算法的传统应用领域。机器学习系统由数据、算法模型、模型评估、计算结果组成。机器学习系统的出发点是数据，计算结果呈现给用户或系统之后，用户的行为数据会反馈数据，这些反馈数据又会重新输入模型中。图 3-3 表示的是机器学习的基本流程。

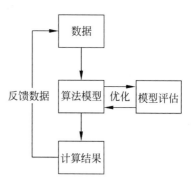

图 3-3 机器学习基本流程图

（二）算法的分类

佩德罗·多明戈斯（Pedro Domingos）在《终极算法》中将机器学习算法分为了五大学派，也基本涵盖了目前的主流机器学习算法。

1. 联结学派（the connectionists）

联结学派的主要思想是通过神经元之间的连接来推导知识。联结学派较为类似于大脑的逆向工程，希望通过训练人工神经网络以获取结果。

人工神经网络是一种非线性学习算法，与生物学的神经元类似，由多个节点组成。神经网络中每个节点的名字也沿用了生物学中的神经网络的概念，同样叫作神经元。在生物的神经网络中，多个树突的末梢收集神经刺激电信号，并将这些信号加工成新的电信号，通过轴突传递出去。而人工神经网络也是这样的结构，多个参数在神经元中加工并输出到下一个节点。各个节点使用 Logistic 函数进行参数处理。Logistic 函数是一个在算法领域很常见的函数，可以将无界的变量映射到(0,1)之间，这个函数的特性是很多算法策略都会用到。在神经网络中，正是因为节点用了这个函数，才保证了可以兼容各种类型的数据。当然，这样的算法也有着明显的问题——模型可解释性差，模型对数据量的要求比较高。因此，神经网络算法适用于有着海量数据且对算法解释性要求不高的业务。

2. 符号学派（the symbolists）

符号学派通过训练可解释的规则来解决问题。符号主义者更侧重逻辑推理，用几个过去的数据训练出一套规则引擎,用以对未来进行预测和判断。决策树和以决策树为内核的很多机器学习算法都属于符号学派。

决策树算法是一种典型的分类方法,是数据挖掘中常用算法之一。在决策中利用归纳算法可以生成可读的决策规则,这个决策规则能够将可能出现的实例都进行分类和预测。在整个决策树的生成过程中,从根部节点开始生成,每次向下分类都选择信息增益率最大的节点,不断迭代生成决策树。为了防止过拟合,也会采用一定的规则算法对决策树进行减枝,例如规定生成子节点的最小信息增益率,小于一定值则不生成子节点。决策树是多元分类器常用算法之一,很多机器学习算法都会用决策树的模型构建更高级的模型。相对其他的算法模型,决策树的决策流程更贴近决策实际情况,决策树形成的规则也可以帮助我们更深入地理解业务。

3. 进化学派(the evolutionaries)

进化学派是以遗传学和进化生物学的理论基础,进行模型构建,核心方法是构造算法的评估标准和进化方法,在系统中不断迭代算法获得最佳解决方案,称作强化学习。例如,在AlphaGo战胜了柯洁之后,Deepmind公司推出抛开人类经验的新版本人工智能AlphaGo Zero,是强化学习的典型应用。

强化学习是系统用试错的方式进行学习,通过不断和环境交互训练策略。在系统中,需要构建出可以和系统不断交互的环境,对系统的每一个动作进行评判,系统根据每个动作的奖惩信号(强化信号),不断调整最佳的动作策略。在实际背景下,算法面临的环境往往是不确定的,为了应对这个问题,算法就需要将现实问题抽象为稳定的虚拟环境,即构建仿真系统。不过,强化学习算法高度依赖仿真系统的构建,应用场景有限,同时实现复杂且不可解释,并且需要投入大量的资源。

4. 贝叶斯学派(the Bayesian school of thought)

贝叶斯学派专注于研究概率推理和用贝叶斯定理解决问题。贝叶斯定理的核心是用先验概率来推测后验概率,也就是不断通过新的数据来更新原有的对于概率的估计。朴素贝叶斯算法就是贝叶斯学派的典型算法,典型的应用就是垃圾邮件过滤系统。我们如果已经有一批已知的垃圾邮件,就可以总结垃圾邮件的一些典型特征。接下来,如果我们先验地知道一封邮件包含的特征和垃圾邮件特征类似,我们就可以做出推断:这封邮件有很大概率是垃圾邮件。

很多算法都会围绕贝叶斯定理展开,朴素贝叶斯是其中一个代表。贝叶斯算法也是少有的对小规模数据也可以应用的算法。

5. 类推学派(the analogizers)

类推学派的核心是最近邻的方法,通过相似性判断,用近邻的已知数据预估未知的数据。一些传统的推荐算法就是类推方法的典型应用。类推学派的一个典型算法就是隐语义模型(Latent Factor Model,LFM),这个算法的最佳实践也是在推荐系统中。

推荐算法的起点,就是用户的行为数据,如果用户和物品发生了越多的交互,则行为越强。推荐算法就是基于用户行为数据补全表格的空白。例如,表3-2表示一个"用户×物品"矩阵。

表 3-2 "用户×物品"矩阵

用户	物品 1	物品 2	物品 3	物品 4	物品 5	物品 6	物品 7	物品 8
用户 1		1		9		2		
用户 2	4							4
用户 3	1				3		4	
用户 4		1	3	23		1	3	
用户 5					3	1		
用户 6	1							2
用户 7		1			2	4		3
用户 8		2				4		3

我们在选择物品或者内容的时候,是根据自己的偏好与物品或者内容是否匹配来决定的。

就拿服装而言,有的人在乎颜色,有的人在乎款式,有的人在乎调性,有的人在乎价格。人在选择的时候会考虑很多因素,每个因素都有一个心理预期的偏好范围。表 3-3 表示的就是一个"用户×偏好"的矩阵。

表 3-3 "用户×偏好"的矩阵

用户	高价格	大牌	小清新	流行款	极简主义
用户 1	3	1	1	6	4
用户 2	1	2	2	4	2
用户 3	2	1	2	2	1
用户 4	1	1	1	1	2
用户 5	3	3	4	2	1

不同的物品或者内容与这些偏好的符合程度不一样。物品和这些偏好的符合程度也会形成一个"物品×偏好"的矩阵,如表 3-4 所示。

表 3-4 "物品×偏好"的矩阵

物品	高价格	大牌	小清新	流行款	极简主义
物品 1	3	1	1		4
物品 2	1		2	4	2
物品 3	2	1		2	1
物品 4	1	1	1	1	2
物品 5	3	3	4		1
物品 6	1	2	2	4	2
物品 7	1	1	1	1	2
物品 8	3	1		6	4

总而言之,我们需要利用"用户×物品"矩阵,去想办法构建出"用户×偏好"矩阵和"物品×偏好"矩阵。在得到这两个矩阵之后,就可以使用线性加权求和的方法来计算用户和物品的推荐分数。

LFM 就是这样一种算法,通过随机梯度下降,构建出两个潜在因子矩阵,并用这个矩阵计算空缺物品的推荐值。如表 3-5 所示,是上面数据形成的推荐结果。

表 3-5 计算机算法推荐结果

用户	物品 1	物品 2	物品 3	物品 4	物品 5	物品 6	物品 7	物品 8
用户 1	1.06		2.6		2.62		3.91	1.52
用户 2		1.73	5.5	39.91	10.52	5.58	9.86	
用户 3		0.71	2.52	10.49		2.12		1.57
用户 4	1.65				5.62			1.08
用户 5	1	0.45	1.22	12.02			1.87	0.74
用户 6		0.85	3.62	2.17	1.28	2.85	5.35	
用户 7	1.16		5.23	4.15			7.48	
用户 8	0.92		7.31		1.89		8.37	

在原始数据中,用户 7 和用户 8 比较类似,如表 3-6 所示。

表 3-6 用户 7 和用户 8 的物品偏好

用户	物品 1	物品 2	物品 3	物品 4	物品 5	物品 6	物品 7	物品 8
用户 7		1			2	4		3
用户 8		2		3		4		3

从推荐结果来看,用户 7 和用户 8 的推荐结果分数也比较类似,结果如表 3-7 所示。

表 3-7 用户 7 和用户 8 的物品推荐结果分数

用户	物品 1	物品 2	物品 3	物品 4	物品 5	物品 6	物品 7	物品 8
用户 7	1.16		5.23	4.15			7.48	
用户 8	0.92		7.31		1.89		8.37	

二、用户画像

(一) 用户画像的内涵

用户画像(user persona)由艾伦·库珀(Alan Cooper)于 1998 年提出。他认为用户画像是"基于用户真实数据的虚拟代表",是设计过程中最重要的匹配用户需求的虚拟角色,是以真实数据为基础构建的共享特定目标的用户模型[1]。随后,用户画像的内涵和外延不断扩展,逐渐形成共识。用户画像是通过对真实用户的性格、喜好、行为、需求等特征进行挖掘提取,对用户的群体特征、心理认知、行为和需求进行细分,最终将要素抽象成为一组对某一产品或者服务使用者的描述。但需要注意的是:

(1) 用户画像不是用户细分。用户细分是根据市场销售的数据,依据用户的年龄、性别、职业和家庭结构去细分,更多是为了解释现在的销售情况。用户画像关注的是用户是一

---

[1] Cooper A. The inmates are running the asylum: why high-tech products drive us crazy and how to restore the sanity[M]. Indianapolis: Sams, 2004.

个什么样的人,从而为他设计产品。所以用户画像不是用户细分,用户画像更关注抽象出来的一个形象。

(2) 用户画像不是平均用户。用户画像并不是为了得到一组能精确代表多少比例用户的定性数据,而是通过关注、研究用户的目标与行为模式,帮助我们识别、聚焦于目标用户群。

(3) 用户画像不是真实用户。用户画像重点关注的是用户需要什么、想做什么,通过描述他们的目标和行为特点,帮助我们分析需求、设计产品。

(二) 用户画像的具体应用

目前用户画像主要有三个分类维度,基本属性、心理属性和行为属性。基本属性是对真实用户的性格、喜好、行为、需求等特征挖掘提取,如性别、年龄、收入、学历、职业、居住地、住房类型、家庭结构等。心理属性是对用户群体心智模型进行分类,如兴趣爱好、心理需求、生活价值观、消费态度、媒体态度和品牌认知等。行为属性是对用户的群体行为进行细分,去定义用户画像,如休闲娱乐、生活方式、信息获取、消费方式和使用行为等。

【延伸阅读】

晋江文学城原创文学网站用户画像研究[①]

作为最具代表性和经济价值的原创文学网站,晋江文学城网站的注册用户已超4 000万,主体业务为实体出版、电子版权采购及海外版权合作,拥有简体言情出版市场70%以上的小说版权,同时不断推进影视、动漫、广播剧等领域的项目合作,打造了众多知名IP。我国学者宋雪雁、张梦笛就以晋江文学城原创文学网站用户为研究对象,运用因子分析法、K-Means聚类分析和WordArt词云工具,构建晋江文学城原创文学网站用户画像,最终得到四种用户类型:体验型用户、提升型用户、社交型用户和成熟型用户,具体画像如下。

体验型用户画像。这类用户多数是普通和消费等级,女性较多,18~29岁,本科或研究生教育背景,学生、企事业单位工作者和自由职业者,月收入普遍低于2 000元。无明确的网站选择,以消耗时间和排解压力为目的访问网站,排斥广告推送;关注网站的各类排行榜,对原创性、已完结、轻松或正剧、近现代或架空历史的作品感兴趣,喜欢爱情、悬疑、剧情、仙侠等类型的文章;网站使用时长不超过一年,阅读频率较低,时间一般为18:00—24:00,时长少于1小时;阅读方式以按章节顺序阅读为主,有时会有选择性阅读,计划阅读和反复阅读的频率较低;很少参与论坛交流与作品分享,收藏和评论量低;对广告和评审等活动缺乏积极性,偶尔订阅同一作者或同一类型的作品,购买出版书籍和影视等授权产品,多数情况下拒绝充值或订阅。这类用户与网站的联系并不持久且极易流失,用户体验有待提高。

提升型用户画像。这类用户通常为普通或消费等级,女性,18~29岁,高中或本科学历,职业是学生或企业工作者,月收入低于2 000元;受网站作者和作品吸引,重视设计排版和版权保护,对广告的接受程度为每天3条以内且不超过15秒;关注网站的排行榜,喜欢原创性、已完结、以近现代或架空历史为背景、轻松和正剧文风、每章3 000~5 000字、50万

---

① 宋雪雁,张梦笛.晋江文学城原创文学网站用户画像研究[J].图书馆情报工作,2020,23(12):63-74.

字以内的作品,对爱情、悬疑、剧情、轻小说等类型文章感兴趣;网站使用时长一般不超过3年,阅读频率为每周多次、每次时长在2小时以内,时间通常在18:00~24:00;时常出现有计划的、有选择的或反复的阅读行为;并不热衷于评论、收藏和分享等活动;充值金额少于100元,月订阅和月打赏金额均不超过15元,购买的授权产品一般为书籍、影视剧、网络剧等,消费频率较低;以文案和文章基本信息为消费参考,采用评审和广告等方式获得虚拟货币奖励,经常订阅同一作者或同一类型的作品。尽管提升型用户与体验型用户在用户活跃度和消费水平等方面存在相似的行为特征,但提升型用户有特定资源内容需求和明显的消费意图,发展空间存在可提升性。

社交型用户画像。这类用户一般为消费用户或初级VIP用户,女性为主体,年龄18~29岁,本科学历,职业为学生或企事业单位工作者,月收入为501~5 000元;受影视、游戏、他人或话题的影响,通过网站实现缓解压力、消磨时间等目的,重视网站的设计排版,愿意接受广告推送;喜欢有知名度和话题性的、多种属性、进度、风格、时代和类型的作品,兴趣分布较为平均;使用时间在6年以内,阅读频率较高且阅读时间长,时间与地点的选择较为分散,存在选择性、计划性和反复性阅读行为;社交活跃度高,经常参与交流和分享,有强烈的表达欲和分享欲,收藏评论数量高,存在感明显;以微信或支付宝为支付手段,保持多月或每月一次的充值习惯,消费金额较高,月打赏金额为6~30元;积极参与评审和广告等兑换活动,订阅同一类型或作者的作品,经常购买各类网站授权产品。社交型用户与网站联系密切,愿意尝试各种内容和活动,用户体验丰富。

成熟型用户画像。这类用户通常是消费和初级VIP等级,女性,18~29岁,本科或研究生,以学生为主要群体,月收入在5 000元以内;受作品质量、作者能力、个人情怀等影响,变更阅读网站的可能性较小,关心网站的设计排版和版权保护工作,对广告推送较为排斥;以文章类型和各类排行榜为参考,偏好原创性、已完结、风格轻松、近现代或古代背景、每章少于8 000字、总字数低于50万字的爱情、悬疑、仙侠、剧情类作品;使用时间多数在10年以内,阅读频率高,每周或每天多次阅读,阅读时间为18:00—24:00,持续1~4小时;已形成阅读习惯,会制定阅读计划,偶尔表现出选择和反复阅读行为;很少使用网站的非阅读类功能,评审评论、交流分享等行为出现的频率较低,但文章和作者的收藏量较高,专注于网站的内容;消费水平高于其他三类用户,订阅同一类型和同一作者的作品的频率较高,选择支付宝作为支付渠道,充值金额总计高于100元,订阅、打赏金额月均6~30元,消费产品一般为出版书籍、影视和广播剧等。

【本章小结】

数字媒体产业的受众需求受到主观偏好和客观购买力的影响,其中客观购买力包括收入、价格、相关物品价格以及消费者的预期。需求价格弹性可以精确地度量需求量与价格变动之间的关系,影响媒介产品需求价格弹性的因素包括必需品与奢侈品、花费在支出中的比重、替代品的可获得性、市场的定义和时间长短。数字媒体产业的受众具有四个重要特征,在群体上表现为分散化和极化,形成长尾效应和"信息茧房";在个体效用上变现为追求社交资本;在个体偏好上表现为理性成瘾需求。

数字媒体产业的广告对不同类别媒体的作用并不同,大致可分为三类:广告主导型、混合型和内容主导型。广告对不同类别数字媒体的差别主要取决于数字媒体的形态和商业模式的选择。当前广告主的需求是随着互联网的发展不断变化的,从合约广告到竞价广告,再到程序化交易广告。

数字媒体产业的供给受到价格、投入价格、技术、预期和买方数量的影响。供给价格弹性受到生产者改变产量的伸缩性和时间长短的影响。

数字媒体产业的主要生产要素有数据、资本、劳动和技术,其生产情况和知识生产函数更加适配。在整个生产过程中,数字媒体产业具有生产主体多元化、生产过程智能化、数据作用凸显和平台发挥把关功能的特点。对于整个产业而言,数字媒体产业具有明显的干中学效应和集聚生产现象。

数字媒体产业的需求和供给匹配是通过推荐系统实现的,推荐系统由算法和用户画像组成。

【思考题】

1. 以数字新闻 App 为例,分析该细分产业内需求和供给受到哪些因素影响,会发生怎样的变化。
2. 试分析社交媒体的受众特征。
3. 以移动手机游戏为例,分析生产环节的特点。
4. 以抖音为例,分析算法和用户画像是如何实现短视频内容分发的。

第四章
数字媒体产业的市场结构

【思政案例】

国家市场监管总局对阿里巴巴集团"二选一"垄断行为作出行政处罚

2020年12月,国家市场监管总局依据反垄断法对阿里巴巴集团控股有限公司(以下简称阿里巴巴集团)在中国境内网络零售平台服务市场滥用市场支配地位行为立案调查。

经查,阿里巴巴集团在中国境内网络零售平台服务市场具有支配地位。自2015年以来,阿里巴巴集团滥用该市场支配地位,对平台内商家提出"二选一"要求,禁止平台内商家在其他竞争性平台开店或参加促销活动,并借助市场力量、平台规则和数据、算法等技术手段,采取多种奖惩措施保障"二选一"要求执行,维持、增强自身市场力量,获取不正当竞争优势。

调查表明,阿里巴巴集团实施"二选一"行为排除、限制了中国境内网络零售平台服务市场的竞争,妨碍了商品服务和资源要素自由流通,影响了平台经济创新发展,侵害了平台内商家的合法权益,损害了消费者利益,构成《中华人民共和国反垄断法》(以下简称《反垄断法》)第十七条第一款第(四)项禁止"没有正当理由,限定交易相对人只能与其进行交易"的滥用市场支配地位行为。

根据《反垄断法》第四十七条、第四十九条规定,综合考虑阿里巴巴集团违法行为的性质、程度和持续时间等因素,2021年4月10日,国家市场监管总局依法做出行政处罚决定,责令阿里巴巴集团停止违法行为,并处以其2019年中国境内销售额4557.12亿元4%的罚款,计182.28亿元。同时,按照行政处罚法坚持处罚与教育相结合的原则,向阿里巴巴集团发出《行政指导书》,要求其围绕严格落实平台企业主体责任、加强内控合规管理、维护公平竞争、保护平台内商家和消费者合法权益等方面进行全面整改,并连续三年向市场监管总局提交自查合规报告。

为维护公平竞争环境,平台经济的规范可持续发展,以及数字经济创新发展,2021年2月7日,国务院反垄断委员会制定发布《国务院反垄断委员会关于平台经济领域的反垄断指南》(以下简称《指南》),强调《反垄断法》及配套法规规章适用于所有行业,对各类市场主体一视同仁、公平公正对待,旨在预防和制止平台经济领域垄断行为,促进平台经济规范有序创新健康发展。

《指南》以《反垄断法》为依据,共六章二十四条,包括总则,垄断协议,滥用市场支配地位,经营者集中,滥用行政权力排除、限制竞争,附则等内容。《指南》界定平台、平台经营者、平台内经营者及平台经济领域经营者等基础概念,提出对平台经济开展反垄断监管应当坚持保护市场公平竞争、依法科学高效监管、激发创新创造活力、维护各方合法利益的原则。考虑到平台经济的复杂性,《指南》强调,界定平台经济领域相关市场需要遵循《反垄断法》所确定的一般原则,同时考虑平台经济特点进行个案分析。

资料来源:市场监管总局对阿里巴巴集团"二选一"垄断行为作出行政处罚[EB/OL].国家市场监管总局网站,2021-4-10.平台经济领域反垄断指南发布[EB/OL].中国政府网,2021-02-07.

根据上述思政案例内容,思考以下问题:

近几年,随着网络平台市场集中度显著上升,国家也强化了对于平台经济垄断和资本无序扩张的管控,结合上述阿里巴巴的案例和《国务院反垄断委员会关于平台经济领域的反垄断指南》,从经济学角度谈一谈垄断行为对于平台经济的发展存在哪几方面影响。同时进一步了解《指南》的制定背景以及细则,思考互联网领域反垄断监管与支持平台经济发展之间的关系。

【本章知识结构图】

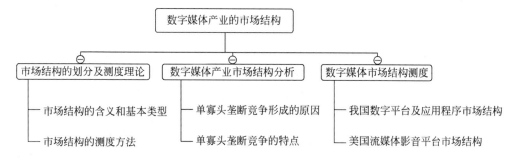

第一节 市场结构的划分及测度

一、市场结构的含义和基本类型

产业是指生产同类产品或具有密切替代关系的产品的生产者在同一市场上的集合。在产业组织理论中,产业市场结构主要是指企业(卖方)之间的市场关系的特征,这种特征反映在企业之间在市场资源占有上和市场规模上的差异,从本质上讲,市场结构是反映市场竞争和垄断关系的概念。罗宾逊在《不完全竞争经济学》中将市场结构分为完全竞争、完全垄断、寡头垄断、垄断竞争四种基本类型。

(一)完全竞争的市场结构

完全竞争也称为"纯粹竞争",也就是说该市场上不存在任何垄断因素。这种市场结构的特点是:

(1)产业集中度很低。市场拥有众多的买者和卖者,每个卖者提供的产品数量与每个买者购进的产品数量在市场总量中所占的比例很小,因此市场集中度很低,没有一个买者或卖者对市场价格有显著的影响力。价格是由市场总供给和总需求决定的,对于每个买者或卖者而言,他只能是价格的接受者,而不是影响者。

(2) 产品同一性很高。产业市场内每个企业生产的产品几乎是同质的无差异产品,产品之间具有完全的可替代性,因此如果其中一个企业提高产品价格(无论幅度多大),所有的消费者都会转而购买其他企业的产品,用微观经济学的术语描述就是,该产品的需求价格弹性趋于无穷大。

(3) 不存在任何进入与退出的壁垒。产业市场中不存在资金、技术或法律的进入和退出壁垒,新的企业进入该市场或原有的企业退出这个市场都是完全自由的。换句话说,在该产业的预期利润率很高的情况下,就会有许多企业试图进入,而如果产业的利润率下降到低于正常水平时,企业也会不断退出。

(4) 完备信息。所有的买者和卖者都掌握与交易有关的一切信息。例如,顾客和生产企业全都知道各个企业的价格,企业不仅知道自己的销售收入和成本函数,而且也知道其他企业的销售状况和成本函数等。完备信息使交易双方能够充分比较,择优淘劣,促进竞争。同时,完备信息还使买卖双方都能做出最优的决策。

(5) 完全竞争市场下的短期均衡。短期内,完全竞争市场内的均衡价格是由短期内市场供求关系自发决定,因而厂商不存在价格决策问题,其需求曲线为一条水平直线。此时的厂商作为价格接受者,无论他们对于当前行业内的价格满意与否,都没有能力去控制或改变价格,厂商可以控制的是根据当前产品的需求和行业供给以及行业整体情况做出关于产量的决定。如图4-1所示,P_0表示商品的均衡价格,由于市场内生产的产品为大量同质性产品,所以需求弹性无穷大。

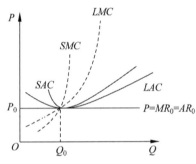

图4-1 完全竞争下厂商的长期均衡

所以一个代表性厂商的需求曲线 d_0 和其平均收益曲线 AR_0 以及边际收益 MR_0 为同一条在平均价格 P_0 上水平的直线,即 $P = MR_0 = AR_0$。短期内,当厂商决定产品的产量时,在市场均衡价格下,为使利润最大化,应让边际收益 MR_0 等于短期边际成本 SMC,在图4-1中,厂商的最优产量点为 Q_0。而在短期内,衡量厂商是否亏损、盈利或不盈不亏则应将产品在市场中的价格与平均总成本 ATC 进行比较,图中的 P_0 大于 ATC,所以可以得出厂商在短期内是盈利的。

(6) 完全竞争市场下的长期均衡。在长期内,在完全竞争市场条件下,厂商可以自由进入或退出产业。当厂商在短期内获得了盈利,则其他新的厂商便会比较相同风险的产业,当他们确定该产业可以获得更大的回报时,新的厂商便会进入产业。而如果厂商在短期内是负经济利润时,则会在资本设备需要更换时离开产业。最后随着厂商不断地退出和进入,长期内,该产业的经济利润会趋于消失。如图4-1所示,此时市场均衡价格为 P_0,厂商的最优产量为 Q_0。此时 P_0 等于短期和长期平均成本最低点,价格也等于短期和长期边际成本,即 $P_0 = SAC = LAC$,同时 $P_0 = SMC = LMC$。

(二) 完全垄断的市场结构

与完全竞争相对的另一个极端的市场结构是完全垄断,即只有一个买者或卖者的市场。

垄断有卖方垄断和买方垄断,但是在经济学中通常只分析卖方垄断,并且总是假设买方是价格接受者,毫无市场力量,这样做可以把注意力全部集中到垄断方的行为上。但是在单一买方对单一卖方的双边垄断的情况下,双方均会施展策略,可以用博弈论分析其中的行为。完全垄断的市场结构的特点是:

(1) 产业的绝对集中度为100%,因为市场上只有一个提供产品的企业。

(2) 没有替代产品。完全垄断企业出售的产品没有直接替代产品,所以它的产品的需求交叉弹性为零。

(3) 进入壁垒非常高。如果某个行业市场的进入壁垒高不可越,它就成了垄断市场。首先是资本壁垒,即完全垄断企业的起始资本量很大,因此一般的企业难以进入;其次是技术性壁垒,即垄断者掌握了某种生产技术和诀窍,其他企业则没有,这个市场也就自然成为垄断市场,规模经济是一种被研究得最多的技术性壁垒;再次是法律壁垒,有些独家经营的特权是由法律所规定并受到法律保护的,专利和版权就是法律特许的垄断;最后是策略性壁垒,企业即使没有上述三种壁垒,也可以通过其他方式高筑壁垒,例如巨额的广告投入。

完全垄断和完全竞争一样,是一种非常罕见的市场结构,在市场经济中尤其如此。一种产品往往有多种替代品,这些替代品也将构成竞争威胁。例如,在美国,邮政是联邦政府经营的仅有的几项商业之一。法律规定,任何私营企业不得从事一等邮件的传递业务(即平信业务),但不少私营企业开办了不受法律限制的快件邮递、包裹邮递等业务,由于服务质量较高,这些业务发展很快,从而对联邦政府的邮政垄断造成了相当大的竞争压力。

(4) 完全垄断市场条件下的短期均衡。在完全垄断市场条件下,由于市场内只有一家厂商,该厂商的需求曲线即为行业的需求曲线。虽然作为市场内的唯一产品供给者,厂商可以自行决定产量和价格,但是垄断厂商盈利与否仍取决于 AR 与 SAC 的对比。如图4-2,$MR=SMC$ 时,市场价格为 P_0,利润最大化产量为 Q_0,短期均衡点对应的 AR 为点 E。

此时,若平均收益大于平均成本,即 $AR>SAC_1$,则垄断厂商实现了利润最大,其利润为矩形 P_0EGH 的面积。若平均收益等于平均成本,即 $AR=SAC_0$,

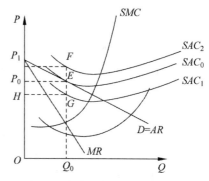

图4-2 完全垄断厂商的短期均衡

则垄断厂商利润为零,未能获得超额利润,只能获得正常利润,这种情况下 SAC_0 曲线与需求曲线相切。若平均收益小于平均成本,即 $AR<SAC_2$,在这种情况下,即使是垄断厂商也会蒙受亏损,亏损额为矩形 P_0EFP_1 的面积。

(5) 完全垄断市场条件下的长期均衡。在长期时间内,垄断者至少可以获得零经济利润或者赚到正经济利润。如果垄断厂商在短期内就获得超额利润,那么在长期内肯定会获得超额利润,因为不会有新厂商进入市场产生竞争进而消除超额利润。如果出现长期亏损,则除非政府进行补贴,垄断厂商则宁可选择退出,此时垄断市场不复存在。

(三) 寡头垄断的市场结构

寡头垄断市场是指少数大企业控制着产业市场大部分产品的供给,它们具有较高的市场份额。这是一种介于完全竞争和完全垄断之间、以垄断为主同时兼具一定程度竞争的市

场结构。寡头垄断市场结构的主要特点是:

(1) 产业集中度高。由于产业市场被少数大企业所控制,它们生产和销售的产品在产业总生产量和总销量中占据了很高的比例,因此产业的集中度很高。

(2) 产品基本同质或差别较大。这存在两种情况:一种是几个大企业提供的产品基本同质,没有大的差别,相互之间依存度很高;另一种是产品有较大差别,彼此相关度较低。

(3) 进入和退出壁垒较高。产业内的少数大企业在资金、技术、生产和销售规模、产品知名度和美誉度、销售渠道等方面占有绝对优势,因此新企业很难进入这个市场与之抗衡。同时,由于垄断企业的生产规模大、投入资本量也很大,所以企业退出市场的壁垒也很高。

寡头垄断是一种很普遍的市场结构形式,许多国家的汽车、钢铁、铝业、石油化工、电子设备和计算机行业都属于寡头垄断的市场结构。寡头垄断是产业组织理论重点研究的市场结构。

(四) 垄断竞争的市场结构

垄断竞争是一种比较接近现实经济状况的市场结构,它介于完全竞争和完全垄断之间,且偏向于完全竞争。垄断竞争市场结构的主要特点是:

(1) 产业集中度较低。产业市场内企业数量较多,因此每个企业的市场占有率较低,没有市场力量。这是垄断竞争市场和完全竞争市场的共同点。

(2) 产品有差别。这是垄断竞争与完全竞争市场结构的主要差别。产业市场内不同企业生产的产品是不"同质"的,它们销售在质量、外观、商标、售后服务和声誉等方面有差异的品牌产品,并且各个企业是它自己品牌的唯一生产者。这些产品差异的存在,使得企业能够在一定程度上排斥其他产品,享有一定的定价自主权,它所具有的垄断势力的大小取决于它在将自己的产品区别于其他竞争企业的产品方面获得的成功。因为实际上不同企业的差别产品之间仍具有较高的替代性(需求的交叉弹性大但不是无穷大),所以这种垄断性非常有限。

(3) 垄断竞争条件下的短期均衡。不同于完全竞争市场,垄断竞争厂商的需求曲线是向右下方倾斜的,因为在垄断竞争市场内,厂商会生产差异化产品,所以厂商会在某种程度上对价格有所控制,而不是单纯的价格接受者。在图 4-3 中,此时厂商面临两条需求曲线,d 代表厂商的预期需求曲线,而 D 则代表整个行业的需求曲线。短期内,市场均衡价格为 P_0,根据利润最大化 $MR=SMC$,所以均衡产量为 Q_0,同时 Q_0 和 P_0 也对应着 D 和 d 的交点 E。

判断厂商在短期均衡时是否盈利则通过在利润最大化条件下,AR 与 SAC 进行比较。如图 4-3 所示,在 SAC_0 时,厂商的 $AR=SAC_0$,所以厂商不亏不赚;在 SAC_1 时,$AR>SAC_1$,所以此时厂商是盈利的;在 SAC_2 时,$AR<SAC_2$,厂商面临亏损。

(4) 垄断竞争条件下的长期均衡。长期来看,由于厂商可以自由进入市场,所以随着利润的变化,厂商不断进出,最终在长期中所有厂商跟在完全竞争条件下一样,都只能不盈不亏,获得零经济利润。如图 4-4 所示,假设厂商在短期内获得正经济利润(对应 SAC_1 情况),从而吸引新的厂商进入该产业,老厂商的市场份额则会被蚕食从而下降。厂商的预期需求曲线 d 和市场需求曲线 D 都会向左移动直到 d' 和 D',此时,$MR'=LMC$,最优价格 P' 对应的 $AR=LAC$,所以超额利润消失,长期均衡形成。此时垄断竞争厂商是在 LAC 曲线最低点的左侧进行生产,与完全竞争厂商相对比,垄断竞争厂商以更高的价格出售更少的产品。

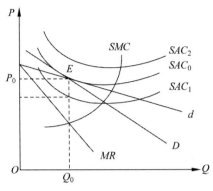
图 4-3 垄断竞争条件下厂商的短期均衡

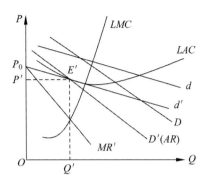
图 4-4 垄断竞争条件下厂商的长期均衡

二、市场结构的测度方法

市场集中度是决定市场结构最基本、最重要的因素,集中体现了市场的竞争和垄断程度,经常使用的集中度计量指标有:产业集中度(CR)、赫芬达尔—赫希曼指数(Herfindahl-Hirschman index,HHI,以下简称赫希曼指数)、洛仑兹曲线(Lorenz curve)、熵指数(entropy index,EI)等,其中产业集中度(CR_n)、赫希曼指数(HHI)和熵指数(EI)三个指标被经常运用在反垄断经济分析之中。

(一)产业集中度(CR_n)

产业集中度是最常用、最简单易行的绝对集中度的衡量指标,它是指行业内规模最大的前几位企业的有关数值 X(可以是产值、产量、销售额、销售量、职工人数、资产总额等)占整个市场或行业的份额。

CR_n 的计算可分为以下两种情况:

(1)已知该行业企业的产值、产量、销售额、销售量、职工人数、资产总额等指标,计算公式为:

$$CR_n = \sum_{i=1}^{n} X_i / \sum_{i=1}^{N} X_i \tag{4-1}$$

(2)已知该行业所占市场份额:

$$CR_n = \sum_{i=1}^{n} S_i \tag{4-2}$$

式(4-2)中:CR_n 为产业中规模最大的前 n 位企业的市场集中度;X_i 为产业中第 i 位企业的产值、产量、销售额、销售量、职工人数或资产总额等指标;n 为样本企业数;N 为产业中的企业总数;S_i 是第 i 个企业所占市场份额,即 $S_i = X_i / X$。一般 n 取 4 或 8,即计算 CR_4、CR_8。例如,同一产业的市场上共有 n 家企业,在此市场上占有率排名前 4 位的企业的市场份额分别为 0.25,0.16,0.13 和 0.09,则这一产业市场的 CR_4 为:

$$CR_4 = 0.25 + 0.16 + 0.13 + 0.09 = 0.63$$

CR_4 是指 4 个最大的企业占有该相关产业的份额之和,CR_8 是指 8 个最大的企业占有该相关产业的份额之和，CR_4和CR_8常用来计算特定产业的集中度。产业集中度的优点是数据容易获得，但是它没有指出这个产业正在运营和竞争的企业的总数。例如，具有同样高达75%的CR_4在两个行业份额可能不相同，因为一个行业可能仅有几个企业而另一个行业可能有许多企业。

如表4-1所示，根据美国经济学家贝恩的划分标准，如果$CR_4<30\%$或$CR_8<40\%$，则该行业为竞争型；如果$CR_4\geqslant30\%$或$CR_8\geqslant40\%$，则该行业为寡占型，其中寡占型又细分为寡占Ⅰ型（$CR_4\geqslant85\%$）、寡占Ⅱ型（$75\%\leqslant CR_4<85\%$或$CR_8\geqslant85\%$）、寡占Ⅲ型（$50\%\leqslant CR_4<75\%$或$75\%\leqslant CR_8<85\%$）、寡占Ⅳ型（$35\%\leqslant CR_4<50\%$或$45\%\leqslant CR_8<75\%$）和寡占Ⅴ型（$30\%\leqslant CR_4<35\%$或$40\%\leqslant CR_8<45\%$）。如表4-2所示，根据日本著名学者植草益的划分标准，寡占型又细分为极高寡占型（$70\%\leqslant CR_8$）和高中寡占型（$40\%\leqslant CR_8<70$），竞争型又细分为低集中竞争型（$20\%\leqslant CR_8<40\%$）和分散竞争型（$CR_8<20$），具体如表4-2所示。

表4-1 美国贝恩对市场结构进行的分类

市场结构	$CR_4(\%)$	$CR_8(\%)$
寡占Ⅰ型	$CR_4\geqslant85$	—
寡占Ⅱ型	$75\leqslant CR_4<85$	$CR_8\geqslant85$
寡占Ⅲ型	$50\leqslant CR_4<75$	$75\leqslant CR_8<85$
寡占Ⅳ型	$35\leqslant CR_4<30$	$45\leqslant CR_8<75$
寡占Ⅴ型	$30\leqslant CR_4<35$	$40\leqslant CR_8<45$
竞争型	$CR_4<30$	$CR_8<45$

表4-2 日本植草益对市场结构进行的分类

市场结构		$CR_8(\%)$
粗分	细分	
寡占型	极高寡占型	$70\leqslant CR_8$
寡占型	高、中寡占型	$40\leqslant CR_8<70$
竞争型	低集中竞争型	$20\leqslant CR_8<40$
竞争型	分散竞争型	$CR_8<20$

资料来源：[日]植草益.产业组织论。

（二）洛伦兹曲线

洛伦兹曲线本身研究的是国民收入在国民之间的分配问题，意大利经济学家基尼在此基础上定义了基尼系数。洛伦兹曲线也可以用来表现集中集，如图4-5所示，纵轴为企业所占份额的累积百分比，而横轴则是企业数目的累积百分比。若市场内所有企业规模都相等，则洛伦兹曲线与对角线完全重合；而当曲线偏离对角线越多，表明市场内企业规模分布不均，离散程度较大。具体数值则通常采用基尼系数表达，基尼系数等于对角线和洛伦兹曲线之间的面积（A）与对角线下的三角形面积（$A+B$）之比，即$A/(A+B)$。基尼系数的值在$[0,1]$。若企业规模分布完全相等即完全竞争市场，则基尼系数等于0；若一家企业垄断整个市场即完全垄断，则基尼系数等于1。

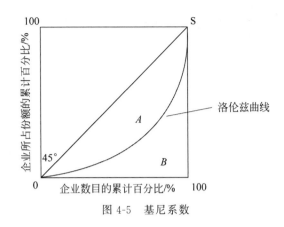

图 4-5 基尼系数

（三）赫芬达尔—赫希曼指数（HHI）

赫芬达尔—赫希曼指数是某特定产业市场中所有企业的市场份额的平方和。

$$HHI = \sum_{i=1}^{N}(X_i/X)^2 = \sum_{i=1}^{N}S_i^2 \tag{4-3}$$

式(4-3)中：X 为产业市场的总规模，X_i 为产业中第 i 位企业的产值、产量、销售额、销售量、职工人数或资产总额等指标，N 为产业中的企业总数，S_i 为产业中第 i 个企业所占市场份额，即 $S_i = X_i/X$。

例如，同一产业的市场上共有 4 家企业，每个企业的市场份额分别为 0.46、0.25、0.22 和 0.07，则这一市场的 HHI 为：

$$HHI = 0.46^2 + 0.25^2 + 0.22^2 + 0.07^2 = 0.3274$$

HHI 指数的优点是能够综合地反映企业的数目和相对规模，能够反映出行业集中度所无法反映的集中度的差别。HHI 值越大，表明市场集中度越高。当市场处于完全垄断时，$HHI = 1$；当市场上有许多企业，且规模都相同时，$HHI = 1/n$，n 趋向无穷大，HHI 就趋近 0。产业内企业的规模越接近，且企业数越多，HHI 指数就越接近 0。因此，HHI 指数可以在一定程度上反映市场结构状况。

同时，HHI 指数对规模较大的企业比规模较小的企业给予更大的权重，因此，HHI 指数对规模较大的前几家企业的市场份额比重的变化反应特别敏感，能真实地反映市场中企业之间规模的差距大小，并在一定程度上可以反映企业支配力的变化。

HHI 指数的缺点是对数据的要求较高，而且含义不直观。

一般而言，HHI 值应该介于 0 和 1 之间，但是通常表示方法是将 HHI 值乘以 10 000 予以放大，因此 HHI 值应该介于 0 和 10 000 之间。美国司法部（Department of Justice）利用 HHI 指数作为评估某一产业集中度的指标，并定出表 4-3 的标准。

表 4-3 以 HHI 值为基准的市场结构分类

市场结构	寡占型				竞争型	
	高寡占Ⅰ型	高寡占Ⅱ型	低寡占Ⅰ型	低寡占Ⅱ型	竞争Ⅰ型	竞争Ⅱ型
HHI 值 0~10 000	$HHI \geq 3000$	$3000 > HHI \geq 1800$	$1800 > HHI \geq 1400$	$1400 > HHI \geq 1000$	$1000 > HHI \geq 500$	$500 > HHI \geq 0$

赫芬达尔—赫希曼指数数学上绝对法和相对法的优点使它成为较理想的市场集中度计量指标，它可以衡量企业的市场份额对市场集中度产生的影响，成为政府审查企业并购的一个重要行政性标准。

（四）熵指数（EI）

熵指数（EI）借用了信息理论中熵的概念，具有平均信息量的含义，其定义公式为：

$$EI = \sum_{i=1}^{N} S_i \log(1/S_i) \tag{4-4}$$

式（4-4）中 EI 为熵指数；S_i 为第 i 企业的市场份额（销售额或增加值等）；n 为该市场中的企业总数。

与 HHI 指数不同，熵指数对每个企业的市场份额赋予一个 $\log(1/S_i)$ 的权数。也就是说，它赋予大企业的权数较小，而赋予小企业的权数较大。其结果是，熵指数的大小与实际情况恰好相反：EI 值越大，表示集中度越低；反之，EI 值越小，则表示集中度越大。

EI 指数与 HHI 指数均属综合指数，即反映市场中所有企业的情况，二者均为企业的市场份额之和。但两者的不同点在于：二者分配给各个企业市场份额的权数不同，HHI 指数的权数是市场份额的平方，而 EI 指数根据的是市场份额的对数；二者都对大企业分配较重的权数，但重要程度有所区别。总的说，HHI 指数和 EI 指数都有较好的理论背景和实用性。

第二节　数字媒体产业市场结构分析

琼·罗宾逊将市场结构分为：完全竞争、完全垄断、寡头垄断和垄断竞争四种类型[①]。威廉·G.谢泼德在上述市场结构分类的基础上，认为厂商拥有的市场份额为100%的市场结构为完全垄断；厂商拥有的市场份额在50%～100%之间，且不存在与之相抗衡的厂商的市场结构为占优厂商[②]。因为这两种市场结构下只有极其有限的"市场的竞争"或潜在的竞争形式，因此可以看作是一种高度垄断条件下的"缝隙"竞争。针对传统媒体而言，巨大的初始投资（或产业管制）构成了很强的进入壁垒，同时媒体企业显著的供给方规模经济（内容产品及相关媒体服务成功后，复制成本很低）和多产品的范围经济支撑了"缝隙"竞争的市场结构。在数字化时代，一方面产业的进入壁垒降低，产业融合催生了更先进的技术与更创新的产品或服务，市场容量在扩大，这一方面削弱了"缝隙"竞争；另一方面基于数字化平台的需求方规模经济与网络效应的作用又会进一步强化"赢者通吃"的垄断态势，因此，对数字媒体而言，市场结构同样具有了一种动态的既竞争又垄断的新市场结构——竞争垄断出现[③]。数字化媒体平台效应取决于双边市场的网络效应与平台用户规模，平台效应越强，越有利于注意力的集中和赢者得多数，并使市场结构趋于单寡头垄断。互联网产业的每一次技术进步和商业模式创新将颠覆原有技术和商业模式，既有垄断结构很容易被打破并形成新的单寡头垄断。

[①] 琼·罗宾逊.不完全竞争经济学[J].北京：商务印书馆，1961.
[②] 谢泼德.产业组织经济学（第五版）[M].北京：中国人民大学出版社，2007.
[③] 金雪涛.基于产业融合的中国传媒产业市场结构特征研究[J].现代传播，2011(3)：106-110.

一、单寡头垄断竞争形成的原因

（一）自由进入

自由进入是高度竞争的基础。数字媒体产业所依赖的互联网是由商业模式和创意驱动的市场，不存在技术壁垒。同时，数字媒体产业也一直受到风险投资的热捧，只要有好的商业模式和创意，就会成为风险投资竞相追逐的对象，并不存在真正的资本壁垒，我国成功上市的互联网公司背后都有多家风险投资推动，风险投资是互联网的"催化剂"。

数字媒体产品的开放性，使得需求方没有地域限制，可扩展至全球市场。自由进入又使供给方也较容易实现国际化，在位企业面临的不仅是本国的竞争者，还有储备更多资金、更多经验和更多创新人才的"国际巨鳄"，现实及潜在的竞争压力都提升到一个新的高度。

（二）创新是高度竞争的原动力，也是垄断的成因

数字媒体产业发展中的创新，本质上是"创意商业模式"的创新，而非技术创新。例如，基于"六度空间"理论所诞生的社交媒体，其技术极易被模仿与复制，这就极易造成数字媒体产品的同质化，形成白热化的竞争。具有先发优势的创新企业容易赢得多数用户，取得垄断地位。但用户对数字媒体产品体验的需求导致产品的生命周期较短，新的创新易于取代旧的创新。

互联网经济是体验型经济，用户对体验的追求是无止境的、喜新厌旧的。相比于传统行业，互联网产品的生命周期变短，产品推陈出新的频率更快。并且互联网市场技术和商业模式创新与市场不相容，基于消费者免费的新产品的推出会完全替代掉旧产品。由此引发的压力会迫使企业不断地创新，保持产品的自我更新，同时要求企业勇于毁灭或替代掉自己的产品，创造出更能满足消费者需求的新产品，要求企业的创造性毁灭。

（三）双边市场的定价模式是高度竞争的加速器

数字媒体产品的生产要素是无形资源，可无穷复制，无资源约束，边际成本趋于零。所以其定价方式已经不再是传统行业基于成本和供求关系的定价，而是基于消费者对产品的价值判断和价格敏感度的定价。在边际成本趋于零的情况下，只有不断扩大产量才能降低平均成本，在增产的同时还必须通过降价来吸引用户，以防止潜在竞争对手进入，这种基于需求方的价格竞争最终将导致基于消费者的定价趋于零。当产品对所有消费者都免费的时候，传统行业的价格竞争已然失效，厂商将通过更加多元化的竞争方式来赢得用户规模。例如，通过游戏、音乐等产品来增加附加值，吸引更多的用户，这种利用间接网络外部性来扩大用户规模的方法被大多数厂商所采用。同时，厂商想要盈利只能通过增值产品进行歧视性定价收费，这对产品的要求更高，如果产品没有很好地满足消费者需求，消费者就不会付费，或转而使用其竞争对手的产品。这种特殊的定价模式加剧了市场的竞争程度。基于用户争夺的需求方价格竞争导致价格为零，厂商只能通过多元化产品扩大间接网络外部性，或者对增值产品的歧视性定价。

同时，不同强度的网络外部性，也会对市场中其他的因素产生影响。虽然数字媒体产业

不存在技术壁垒和真正的资本壁垒,从而使数字媒体市场拥有自由进入机制,但是根据 Economides 和 Flyer 关于网络外部性的讨论,在不同强度的网络外部性下,自由进入机制对于市场结构的影响是不同的。Economides 和 Flyer 设 n 为总生产量,$h(n)$ 表示网络产品的价值方程。

$$h(n) = \alpha + \beta n \qquad (4-5)$$

式(4-5)中,α 表示自有价值;βn 表示产品的协同价值,将该式变形,得

$$h(n) = \gamma + n \qquad (4-6)$$

式(4-6)中,$\gamma = \alpha/\beta$;$1/\gamma$ 衡量边际网络外部性的密度,因此 γ 越小,网络外部性越大,反之亦然。$\gamma = 0$ 表示纯网络产品,产品的价值完全由网络外部性的大小决定,比如电子邮件可以看作该情况特例,当网络规模为 0 时,产品没有任何价值。

在厂商数量、边际网络外部性密度大小不同时,以赫芬达尔指数衡量的市场集中度的情况如表 4-4 所示。

表 4-4　赫芬达尔指数

厂商数量	边际网络外部性密度				
	0.2	0.5	1	2	∞
3	0.334	0.339	0.363	0.415	0.510
5	0.201	0.207	0.248	0.331	0.470
10	0.100	0.106	0.172	0.287	0.464

资料来源:张铭洪.网络经济学(第 2 版)[M].北京:高等教育出版社,2013.

当边际网络外部性密度($1/\gamma$)较小时,产品接近于网络外部性可以忽略不计,新进入企业对在位企业的市场份额、利润、价格都有较大的影响。例如,当 $1/\gamma$ 为 0.2 时,即网络外部性很小的情况下,厂商数量从 3 个增加到 5 个时,赫芬达尔指数则从 0.334 下降到 0.201;当厂商数量再从 5 个增加到 10 个的时候,赫芬达尔指数从 0.201 下降到 0.100。可以看出,在这个过程中赫芬达尔指数发生了很大的变化,市场结构最初的高寡占 I 型变为高寡占 II 型,最后成为低寡占 II 型。

当边际网络外部性密度($1/\gamma$)趋近于无穷大时,即网络外部性非常大的情况下,厂商数量由 3 个增加到 5 个时,赫芬达尔指数则从 0.510 下降到 0.470;当厂商数量再从 5 个增加到 10 个的时候,赫芬达尔指数从 0.470 下降到 0.464。可以看出,在这个过程中,即使厂商数量由 3 个增加到 10 个时,赫芬达尔指数的变化也不大,市场结构一直保持在高寡占 I 型。可以看出在网络外部性显著的市场上,自由进入对市场机构的影响可能会减弱。在双边定价模式下,市场内在位企业会格外重视网络外部性,并通过激烈竞争增强其网络外部性,这有助于在位企业保持其在当前市场内的主导地位,并希望借此减少数字媒体产业内自由进入机制下,不断涌现的新兴企业对其挑战所产生的威胁。

(四)互联网的长尾效应使得竞争体现出包容性

在数字技术的不断创新推动下,创意媒体产业的供给端和需求端都在不断地发生变化。总体而言,学者们关于数字技术变革对市场结构的影响研究可以分为"超级明星效应"和"长尾效应"两类。当增加对最畅销或"优质"产品的质量方向的投资时,或者在市场份额上,这

些最畅销或"优质"产品获得了更高的人均销售额,就会出现"超级明星效应"。换句话说,"超级明星效应"与"大热门"有关。而"长尾效应"是指小众或"基本"产品销售数量的增加,即其销售额上总销售额的比例呈现上升趋势。

一些学者注意到了"长尾"的增长及向小众产品倾斜的趋势。Anderson(2004,2006)发现,在21世纪第一个十年,在线音乐发行商的专辑库存已经比大型的唱片店还要丰富许多,而且即使是相对不受欢迎的曲目每个月也能获得少量下载,顶级音乐专辑的销量却呈现出下降的趋势。其他学者发现的情况则更为复杂,Rosen(1981)发现在"长尾效应"之外,还存在"超级明星效应",即从现场音乐转变到录制音乐后,头部音乐家的收入回报增加了。在对下载在线音乐的研究中,Page和Garland(2009)发现占总音乐库存3/4以上的音频尚未售出,总体呈现"头重脚轻"的销售趋势。类似的,Elberse和Oberholzer-Gee(2007)发现在美国家庭音像品市场中,尽管商家提供了更多种类的产品,但是大部分产品销量很少,最畅销的产品反而高度集中在少数产品上。

基于上述研究,Helen Weeds(2012)通过研究数字技术减少媒体产品的外生和内生固定成本,用供给侧因素对"超级明星效应"和"长尾效应"在何种特定情况下可以同时出现进行探究。其研究结果表明,数字化技术下,基础固定成本减少可以带来小众产品的销售数量和市场份额的增加,以及优质产品的质量和单个产品的销售数量的上升,即"长尾效应"和"超级明星效应"将同时出现在市场中。整体市场规模的下降也将会产生同样的效果。

所以在数字媒体产业中,技术的革新、互联网用户需求的多元化和统一大市场会使互联网市场存在包容性竞争,即"超级明星效应"和"长尾效应"同时存在于市场结构中。在目前互联网市场出现单寡头一家独大并且不断扩张和提高产品质量的情况下,仍然为满足多元需求的其他厂商留有市场空间,可以供其他厂商进入市场并获取一定规模的市场份额从而稳定其市场地位。

二、单寡头垄断竞争的特点

(一)垄断与竞争并存

由于互联网市场中技术的市场不相容性定律,互联网的市场结构中垄断与竞争并存,且二者相互作用、相互促进。我国的互联网平台市场呈现单寡头垄断竞争的市场结构,消费者在面对厂商众多且品质相似的市场时会不自觉地向某几个厂商集中,从而形成市场集中度高的现象。但这种高度集中的市场并不会阻止竞争厂商的进入,消费者多样化的需求使得市场可以同时接纳众多厂商。此时互联网平台企业的本质是竞争,而外在表现出的垄断只是一个表面形式。

(二)垄断地位的不稳定性

在网络外部性的作用下,互联网信息产业中的垄断地位存在不稳定性与可替代性。互联网市场中的技术和商业模式具有很强的创新性,新技术和新商业模式的出现都会打破原有的垄断局面,因此互联网产业的竞争是在新旧技术、新旧商业模式的纵向维度上进行的,是动态变化的,市场中的垄断是显著的,也是暂时性的。

(三) 技术创新活跃

"新熊彼特假设"认为市场结构的垄断程度越高,技术创新就越活跃。首先,该理论以技术创新的外溢性为基础,企业技术创新的积极性会受到竞争性市场结构影响的特点,提出了垄断是创新的基础。其次,该理论表示研究和开发同样具有规模经济,只有大型企业具有雄厚的资金实力,使得创新具有规模经济。最后,熊彼特认为创新具有高风险性,需要高额利润作为强有力后盾。所以垄断程度越高,技术创新就越活跃。在这样高度集中的市场中,更容易看到更多创新成果的涌现①。

马太定律(Matthew's Law)又称马太效应,罗伯特·莫顿将马太定律归纳为:任何个体、群体或地区,一旦在某一个方面(如金钱、名誉、地位等)获得成功和进步,就会产生一种积累优势,就会有更多的机会取得更大的成功和进步。此术语后为经济学界所借用,反映"贫者愈贫、富者愈富、赢家通吃"的经济学现象②。马太定律的原理也反映了企业对于知识产权的投资中的一种自我增强机制,即在一定条件下,优势一旦出现,就会不断地自我强化,出现滚雪球似的积累效果。企业为了争夺市场进行动态的熊彼特式竞争,通过持续不断的"赢家通吃"的竞争来形成突破性的创新,而不是通过市场上静态的价格/产量竞争。

知识经济时代,垄断结构有利于企业技术创新的开展,企业开展技术创新又有利于垄断结构地位的形成,它们之间是双向促进的关系。杜传忠等人(2006)对现实市场结构进行动态的、内生的分析,认为网络经济市场中的寡占型市场是一种松散型的寡占结构,是实现自主创新最有效的市场结构,更有利于企业进行技术创新③。

三、数字媒体市场结构测度

(一) 我国数字平台及应用程序市场结构

1. 我国数字平台市场结构

数字媒体市场结构的竞争性垄断态势从动态发展看,表现在新技术的颠覆性创新会带来全新的消费者偏好,由此彻底改变市场格局并形成新的垄断;从静态看,表现为用各类市场结构测度指标计算,数字媒体市场的寡占程度都很高。比如,从全球市场来看,美国谷歌长期占据全球搜索引擎市场90%以上的市场份额,2019年谷歌也占据数字广告市场主导地位,其数字广告收入高达1 037.3亿美元,全球市场占比高达31.1%,远超排位第二的脸书;而截至2020年2月脸书在全球社交媒体市场占62.11%的份额,远超排名第二的推特的14.4%的份额。

从表4-5中2019年我国主要数字平台市场行业集中度数据可以看出,在线视频网站中,长视频中爱奇艺、腾讯两家合计占市场份额的54.54%,短视频中抖音、快手两家合计占市场份额的64.09%;百度占搜索引擎市场份额的72.70%。

---

① 熊彼特.资本主义,社会主义和民主[M].北京:商务印书馆,1979.
② 张铭洪.网络经济学.第2版[M].北京:高等教育出版社,2013.
③ 杜传忠,等.网络型寡占市场结构与企业技术创新——兼论实现中国企业自主技术创新的市场结构条件[J].中国工业经济,2006(11):14-21.

表 4-5　2019 年我国主要数字平台市场行业集中度

行　业	支配企业(市场份额%)	CR_4
长视频	爱奇艺(27.94%)、腾讯(26.60%)、优酷(24.62%)、咪咕视频(6.36%)	85.52%
短视频	抖音(35.57%)、快手(28.52%)、西瓜视频(9.46%)、抖音火山版(9.46%)	83.02%
搜索引擎	百度(72.70%)、搜狗(13.80%)、神马(5.80%)、好搜(2.60%)	94.90%
数字阅读	阅文集团(25.2%)、掌阅文学(20.6%)、书旗(20.4%)、米读小说(9.6%)	75.80%
数字音乐	QQ 音乐(39.05%)、酷狗音乐(33.07%)、酷我音乐(14.42%)、网易云音乐(9.97%)	96.52%

数据来源：根据相关行业报告及数据发布计算整理。

2. 应用程序市场结构

根据数字应用程序的市场集中度的数据可以看出，相较于上述主要数字平台，数字应用程序市场呈现为中低寡占型结构。在长视频、短视频、数字音乐等已形成单寡头垄断竞争的产业内，数字平台市场集中度已经达到 80% 以上，然而应用程序在相关产业内 2019 年、2020 年的市场集中度虽然有上升趋势，但是仍在 40%~60% 区间内。所以随着技术特别是移动通信技术的不断更迭，既有应用程序市场结构更易被颠覆，其市场中的垄断地位也更易发生更替。

通过表 4-6 中 2019 年我国主要数字应用程序市场占有率数据可以看出，长视频、短视频、数字音乐、数字新闻以及数字文学产业中的应用程序市场集中度相对较高，寡占程度较为明显。其中长视频产业中，爱奇艺和腾讯 App 占有市场的 31.81%，今日头条和腾讯新闻占有数字新闻产业 36.27% 的市场份额，抖音和快手则占据了 36.23% 的短视频市场份额。

表 4-6　2019 年中国主要数字应用程序市场结构

行　业	支配应用程序(市场份额%)	CR_4
长视频	爱奇艺(18.09%)、腾讯(13.72%)、优酷(5.36%)、芒果 TV(2.17%)	39.34%
短视频	抖音(18.35%)、快手(17.88%)、西瓜视频(5.94%)、抖音火山版(5.35%)	47.52%
数字电台	喜马拉雅(7.51%)、蜻蜓 FM(2.23%)、荔枝(1.38%)、企鹅 FM(0.57%)	11.69%
数字文学	掌阅(15.97%)、QQ 文学(13.9%)、咪咕阅读(5.3%)、七猫(4.11%)	39.28%
数字音乐	酷狗音乐(19.51%)、酷我音乐(9.83%)、QQ 音乐(9.04%)、网易云音乐(7.28%)	45.66%
数字漫画	快看漫画(13.94%)、腾讯漫画(5.96%)、看漫画(5.71%)、微博动漫(1.06%)	26.67%
数字新闻	今日头条(28.99%)、腾讯新闻(7.28%)、搜狐新闻(3.15%)、凤凰新闻(2.11%)	41.53%

数据来源：根据相关行业报告及数据发布计算整理。

对比表 4-6 和表 4-7 2020 年我国主要数字应用程序市场占有率数据可以看出，数字文学、数字漫画、数字音乐和短视频产业有着显著的市场集中度上升的趋势。特别是数字漫画产业，从 2019 年的无寡头的竞争型市场到 2020 年快看漫画占有市场 44.55%，市场集中度也一跃从 26.67% 飞升到了 50.96%。短视频产业中，抖音的市场份额也从 2019 年的 18.35% 提高到了 32.94%，进一步加强了短视频应用程序市场的单寡头垄断竞争结构。

表 4-7 2020 年我国主要数字应用程序市场结构

行业	支配应用程序(市场份额)	CR_4
长视频	爱奇艺(20.41%)、腾讯(8.11%)、优酷(2.33%)、芒果 TV(1.69%)	32.54%
短视频	抖音(32.94%)、快手(19.9%)、西瓜视频(5.87%)、抖音火山版(2.89%)	61.6%
数字电台	喜马拉雅(14.19%)、蜻蜓 FM(3.21%)、荔枝(2.34%)、企鹅 FM(0.24%)	19.98%
数字文学	掌阅(18.54%)、QQ 文学(18.12%)、七猫(7.47%)、咪咕阅读(0.43%)	44.56%
数字音乐	酷狗音乐(25.16%)、酷我音乐(12.4%)、QQ 音乐(10.17%)、网易云音乐(6.1%)	53.83%
数字漫画	快看漫画(44.55%)、腾讯漫画(2.88%)、微博动漫(2.76%)、看漫画(0.77%)	50.96%
数字新闻	今日头条(27.85%)、腾讯新闻(11.27%)、搜狐新闻(3.08%)、凤凰新闻(0.5%)	42.7%

数据来源:根据相关行业报告及数据发布计算整理。

(二)美国流媒体影音平台市场结构

2019 年,在 Netflix 的飞速发展下,美国媒体巨头纷纷布局 OTT 平台服务。面对着拥有丰富经典 IP 内容库的新入场竞争者,如拥有着来自 ABC、Fox 等电视网内容的 Disney、Netflix 仍然保持着行业内的绝对垄断地位。如表 4-8,根据订阅人数和销售额统计得出的市场份额数据显示,Netflix 在美国仍然占有着将近 50% 的市场份额。同时,美国基于订阅服务的流媒体影音平台市场整体呈现高度垄断的结构,其根据定于销售额统计得出的市场集中度为 90.2%,而根据订阅人数统计得出的市场集中度略高于销售额的结果为 92.2%。Netflix、Disney(Hulu 和 ESPN)、Amazon Video 以及 CBS All Access & Showtime OTT 分列前四。

表 4-8 2019 年美国基于订阅服务的流媒体影音平台市场结构

公司	市场份额(根据订阅人数)	市场份额(根据销售额)
Netflix	45.1%	49.4%
Disney(Hulu & ESPN)	20.8%	20.2%
Amazon Video	20.1%	10.1%
CBS All Access & Showtime OTT	6.2%	10.5%
HBO(AT&T)	3.9%	5.8%
WWE	1.5%	1.6%
MLB.TV	1.3%	1.3%
YouTube Red(Google)	1.2%	1.2%

数据来源:根据相关行业报告及数据发布计算整理。

如表 4-9 所示,2019 年美国流媒体电视直播服务的市场结构同样呈现出高度垄断的态势,其市场集中度为 87.6%。而与基于订阅服务的流媒体影音平台不同的是,流媒体电视直播服务的市场结构呈现为双寡头垄断结构。Disney 旗下的 Hulu Live TV 和 Dish Network 旗下的 Sling TV 以接近相同的 29.1% 和 29.0% 的市场份额共同占有总市场的

58.1%。而排名第三、第四的 YouTube TV 和 AT&T TV 仅共同占有 29.5%的市场份额。Disney 在流媒体电视直播服务和订阅服务的流媒体影音平台市场中都保持着领先地位离不开其对内容的高额投资。在 2019 年，Disney 的内容成本居所有媒体公司第一约为 278 亿美元，位列第二和第三名的是 Comcast 集团和 Netflix，其内容成本分别为 154 亿美元和 150 亿美元。

表 4-9　2019 年美国流媒体电视直播服务的市场结构

服务方	市场份额	服务方	市场份额
Hulu Live TV	29.1%	PlayStation Vue	8.6%
Sling TV	29.0%	FuboTV	2.7%
YouTube TV	17.3%	Philo	1.1%
AT&T TV	12.2%		

数据来源：根据相关行业报告及数据发布计算整理。

【本章小结】

数字媒体产业的市场结构包括了市场结构的划分及测度、数字媒体产业市场结构分析以及基于我国数字媒体市场的结构测度。产业市场结构主要是指企业（卖方）之间的市场关系的特征，这种特征反映在企业之间在市场资源占有上和市场规模上的差异。罗宾逊在《不完全竞争经济学》中将市场结构分为完全竞争、完全垄断、寡头垄断、垄断竞争四种基本类型。市场集中度是决定市场结构最基本、最重要的因素，集中体现了市场的竞争和垄断程度，经常使用的集中度计量指标有：产业集中率（CR_n 指数）、基尼系数（Gini）、赫芬达尔—赫希曼指数（Herfindahl-Hirschman index，缩写：HHI，以下简称赫希曼指数）、熵指数（entropy index，EI）等。

对数字媒体产业而言，其具有的自由进入、"创意商业模式"、双边市场的定价模式以及互联网的长尾效应四种特性，导致了其市场结构不同于传统媒体"缝隙"竞争的市场结构。对数字媒体而言，市场结构同样具有了一种动态的既竞争又垄断的新市场结构——竞争性垄断出现。数字化媒体平台效应取决于双边市场的网络效应与平台用户规模，平台效应越强，越有利于注意力的集中和赢者得多数，并使市场结构趋于单寡头垄断。由于互联网产业的每一次技术进步和商业模式创新将颠覆原有技术和商业模式，既有垄断结构很容易被打破并形成新的单寡头垄断。数字媒体市场结构测度包含我国数字平台及应用程序市场结构、美国流媒体影音平台市场结构。

【思考题】

1. 分析市场结构的四种基本类型及特点。
2. 阐释市场结构测度的具体计算方法及其优劣。
3. 详细阐述单寡头竞争性垄断的特点。

第五章

数字媒体产业的市场行为

【思政案例】

护航数据安全　助力数字经济发展

近几年,在数字经济为群众生活提供便利的同时,一些机构利用数据损害消费者权益的现象频发,这也引发了针对互联网用户数据安全的关注。2021年4月9日,据广州市市场监管局官网消息称,日前,广州市市场监管局联合广州市商务局召开平台"大数据杀熟"专项调研和规范公平竞争市场秩序行政指导会。会上,唯品会、京东、美团、饿了么、每日优鲜、盒马鲜生、携程、去哪儿网、如祺出行、滴滴出行共10家互联网平台企业代表签署了《平台企业维护公平竞争市场秩序承诺书》,承诺不非法收集、使用消费者个人信息,不利用数据优势"杀熟",不销售假冒伪劣商品等。

在规范公平竞争市场秩序行政指导会上,相关部门肯定互联网平台经济发展的积极意义和重要作用,但严肃指出当前互联网平台存在的涉嫌"大数据杀熟"等突出问题,要求平台企业主动担起社会责任,严格规范经营行为,共同维护公平竞争的市场秩序。

相关平台企业向社会郑重做出承诺:一是严格遵守国家有关法律法规,不低价倾销、不串通定价、不哄抬价格、不价格欺诈。二是不违法实行固定价格,不违法限制商品生产或销售数量,不违法分割市场,不违法实施经营者集中,不排除或限制竞争。三是没有正当理由,不实施掠夺性定价、不拒绝交易、不搭售。四是不进行商业混淆、虚假宣传、商业诋毁。五是不非法收集、使用消费者个人信息,不利用数据优势"杀熟",不销售假冒伪劣商品。六是不利用技术手段损害竞争秩序,不妨碍其他市场主体正常经营,不对平台内经营者进行不合理限制或附加不合理条件。

与此同时,国家也积极推动建立完善制度措施切实保障数据安全,促进数字经济健康发展。随着信息技术和人类生产生活交汇融合,各类数据迅猛增长、海量聚集,对经济发展、人民生活都产生了重大而深刻的影响。数据安全已成为事关国家安全与经济社会发展的重大问题。党中央对此高度重视,就加强数据安全工作和促进数字化发展做出一系列部署。按照党中央决策部署和贯彻总体国家安全观的要求,全国人大常委会积极推动数据安全立法工作。经过三次审议,2021年6月10日,第十三届全国人大常委会第二十九次会议通过了《中华人民共和国数据安全法》。这部法律是数据领域的基础性法律,也是国家安全领域的一部重要法律,将于 2021 年 9 月 1 日起施行。

　　　　资料来源:数据安全法:护航数据安全 助力数字经济发展[N].新华社,2021-06-10.

　　　　　　　　唯品会、京东、美团等 10 家互联网平台承诺:不利用大数据"杀熟"[N].人民网,2021-04-09.

根据上述思政案例内容,思考以下问题:

　　根据上述互联网平台企业承诺不无理由实施掠夺性定价,不非法收集、使用消费者个人信息或利用大数据"杀熟",遵守法律法规进行定价等行为,结合经济学理论分析数据在数字媒体市场中的角色与作用。并进一步思考,《中华人民共和国数字安全法》的制定对于国家以及社会层面,特别是数字经济发展的意义。

【本章知识结构图】

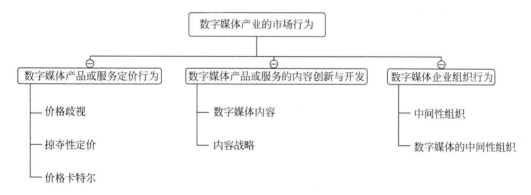

第一节　数字媒体产品或服务定价行为

　　定价是传统市场经济的核心环节,尽管数字媒体产品或服务的竞争是以用户流量为焦点的,但定价策略的作用不容小觑。本节从传统定价策略出发,将数字媒体经济的特征与传统定价理论相结合,重点介绍数字媒体产品或服务的几种主要定价行为。

一、价格歧视

(一)价格歧视的内涵

　　哈尔·范里安认为价格歧视(price discrimination)是对同一消费者或不同消费者以不同价格出售不同单位的同一商品[1]。但此定义并没有考虑到成本差异导致的价格差异,比如不同销售地点的运输成本不同。《新帕尔格雷夫经济学大辞典》将价格歧视定义为:一个商品的两个品种以不同的净价格卖给两个买者,就存在价格歧视[2]。所谓净价格是指纠正

---

[1] 哈尔·R 范里安.微观经济学:现代观点(第七版)[M].上海:格致出版社、上海三联书店、上海人民出版社,2010.

[2] 约翰·伊特韦尔,皮特·纽曼,默里·米尔盖特,等.新帕尔格雷夫经济学大辞典[M].北京:经济科学出版社,1996.

了一个品种不同于另一个品种的成本所产生的差异而索取的价格。上述两种定义都认为价格歧视仅发生在相同商品间。而施蒂格勒认为,当两种或者更多种相近商品在与边际成本有不同比率的价格水平上(即 $P_1/MC_1 \neq P_2/MC_2$)出售就是价格歧视[①]。综上所述,价格歧视就是企业在出售完全一样的或者有差异的同类产品时,对不同的消费者索取不同的价格。价格歧视是一种重要的垄断定价行为,是垄断企业通过差别价格获取超额利润的一种定价策略。价格歧视会导致消费者剩余的无谓损失。如图 5-1 所示,当假设单位成本不随产品产量变化时,即边际成本=单位总成本,边际成本曲线为一条水平直线。在垄断市场的单一价格歧视垄断策略中(图 5-1(a)),价格高于边际成本从而导致无谓损失(dead wight loss),而垄断市场的完全价格歧视策略通常被认为可以消除无谓损失(图图 5-1(b))。

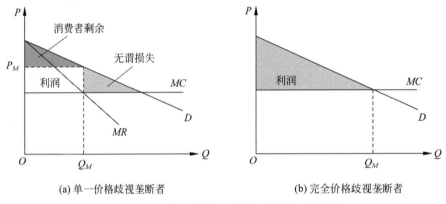

(a) 单一价格歧视垄断者　　　　　　(b) 完全价格歧视垄断者

图 5-1　价格歧视带来的消费者剩余的无谓损失

实施价格歧视策略的企业要满足以下条件:

(1) 当市场不存在竞争,信息不通畅,或者被分割时,就会有垄断企业出现,它们拥有改变价格的能力,能够将价格定在边际成本之上。

(2) 各个分割市场对同种商品的需求价格弹性不同,而企业能够明确或者可以推断出消费者对每一单位产品的支付意愿,这个支付意愿一般会随着消费者或销售量的变化而变化。

(3) 企业能够把不同市场分割开来,即企业可以阻止或限制转售行为,使高价承受市场无法以低价格购买产品。

(二) 价格歧视的分类

1. 一级价格歧视(first-degree price discrimination)

一级价格歧视又称完全价格歧视,是对每个消费者或每个产品单位收取不同的价格,并且都等于消费者的保留价格。因此,完全价格歧视的销售量会和在完全竞争市场中的销售量一致,所以第一类价格歧视没有效率损失,它会使销量达到和完全竞争相同的水平,所有价格等于边际成本及以上的消费需求都能得到满足。在完全竞争情况下,消费者将获得均衡价格以上的经济剩余,而在完全价格歧视下,企业将获得全部经济剩余。如图 5-2 所示,P_M 是统一定价时的垄断价格,P_1 是完全价格歧视下的最高价格,P_E 是完全价格歧视下的

[①]　乔治·J.施蒂格勒.价格理论[M].北京:商务印书馆,1992.

最低价格（等于完全竞争时的均衡价格）。在完全竞争的市场上，消费者得到等于三角形 P_1P_EE 面积的消费者剩余；而在完全价格歧视下，这一消费者剩余变成了垄断企业的利润。这种价格歧视要求企业对每个消费者都十分了解，在现实中很难实现。

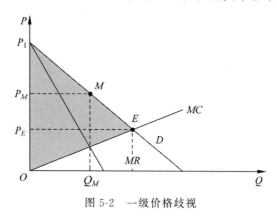

图 5-2　一级价格歧视

2. 二级价格歧视（second-degree price discrimination）

二级价格歧视即所谓的"非线性定价"。在这类价格歧视中，企业提供不同的"价格—产量"或"价格—质量"组合，让消费者进行自主选择。如图 5-3 所示，如果按照线性定价，那么企业的最优定价为 P_0，对应销量为 Y_0，对于意愿支付价格低于 P_0 的消费者，企业不能从他们身上获取利润。但如果企业推出不同分段定价策略，如购买量低于 Y_1 时，价格为 P_1；购买量处于 Y_1 到 Y_2 时，价格为 P_2；购买量处于 Y_2 到 Y_3 时，价格为 P_3，则可以争取更多的消费者，得到更多的利润。

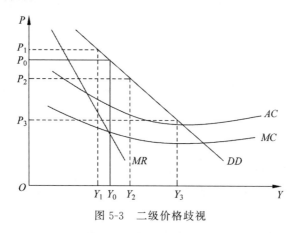

图 5-3　二级价格歧视

3. 三级价格歧视（third-degree price discrimination）

三级价格歧视是针对处于不同市场、需求曲线不同的消费者采取不同的定价。如图 5-4 所示，需求曲线 D_1 和 D_2 分别代表了高需求消费者和低需求消费者。如果企业能够成功地对两类消费者进行区分，那么就能向高需求消费者索取 P_1 的高价格，而对低需求消费者仅索取 P_2 的低价格。

（三）数字媒体产品或服务的价格歧视

数字媒体产品和服务的固定成本占了较大比例，边际成本几乎为零，所以它们的定价不

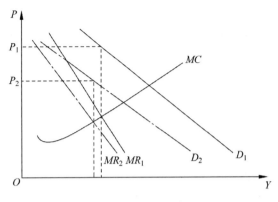

图 5-4　三级价格歧视

以边际成本为基础,而是取决于消费者的全部支付意愿是如何与它们的成本相关联,数字媒体产品和服务的价格歧视具有必然性。不仅如此,常规的价格歧视理论忽略了企业成功进行市场分割所产生的成本,比如信息采集、定价策略分析及建立防止转售机制等,数字经济的兴起为数字媒体产品和服务的价格歧视提供了更加成熟的条件,也大幅度降低了实施价格歧视的成本,主要体现为三个方面:

(1) 互联网相关的信息技术,如人工智能、大数据等新兴技术的发展奠定了价格歧视的基础。依靠大数据技术,企业可以更好地了解消费者;依靠算法,企业可以人为地分割市场,比如不同的人使用同一个数字媒体应用软件,接受的信息和内容可能是完全不同的。

(2) 平台经济的兴起连接着更多的利益主体,如用户、广告主、内容服务提供商、宣发服务商、金融服务商和电子商务服务商等,中间环节的弱化和支付技术的发展实现了生产者与消费者之间"点对点"交易,交易成本大幅下降,交易更便捷和直接,这给生产者定价提供了更大的空间和灵活性。

(3) 数字媒体产品和服务的生产与定制成本降低,可以为不同消费者提供个性化产品,而个性化产品和服务也增加了转售的难度。

传统的价格歧视分类是针对传统经济提出的,在数字经济背景下,数字媒体产品和服务的价格歧视有了新的拓展。

1. 数字媒体产品和服务的一级价格歧视

一级价格歧视需要企业对每个消费者的消费意愿都十分了解。在数字经济背景下,数字媒体企业可以将线上与线下的数据打通,细化分析用户的消费心理和消费行为,建立一个多维度的用户画像。比如,利用消费者浏览历史、点击频次、下载数量了解消费者对数字内容产品的偏好;利用历史消费数据以及售后反馈数据等进行服务质量分析,准确把握消费者需求中的品类要求、价位偏好和消费关注点等。根据数据分析结果,企业可以对数字媒体产品和服务进行个性化定制,以实施完全的价格歧视。

2. 数字媒体产品和服务的二级价格歧视

二级价格歧视中,企业提供不同的"价格—产量"或"价格—质量"组合,让消费者进行自主选择。在数字经济背景下,数字媒体企业支付技术,可以快捷地定制不同"价格—产量"或"价格—质量"组合。比如,腾讯视频会员的每月价格会根据消费者购买的套餐类型不同有所变化,每月30元,连续包月20元,连续包季58元(每月19.3元),连续包年218元(每月18.16元);若是针对电视用户,则是每月50元,连续包月30元,连续包季88元(每月29.3元),连续包年348元(每月29元)。

3. 数字媒体产品和服务的三级价格歧视

三级价格歧视是针对处于不同市场、需求曲线不同的消费者采取不同的定价。在数字经济背景下,数字媒体企业可以突破时间和空间的界限,向不同市场的消费者提供数字媒体产品和服务,不仅如此,它们还能利用技术人为地分割市场。比如,腾讯视频同时有国内版和国际版,前者面向国内,后者面向海外,两个版本的会员价格不同。

【延伸阅读】

大数据杀熟

商家试图对消费者进行差异定价,早在互联网和大数据技术出现之前就广泛地存在着。在经济学中,将同样的服务和产品以不同的价格卖给不同用户的行为叫作价格歧视。在互联网技术和大数据技术兴起并被广泛应用之后,掌握着技术优势的服务应用可以获取用户在使用服务时的信息,如使用时间、使用场景,并综合数据分析用户的收入水平和可接受价格范围等,然后通过利用这些信息在用户根据习惯使用这些服务时收取更高的费用。

视频软件会根据用户所使用的设备是苹果客户端还是安卓客户端进行差异性收费。以爱奇艺的黄金VIP视频为例,在不选择自动续费的情况下,苹果客户端包月、包季、包年的价格分别为25元、68元、248元,安卓客户端上对应价格分别为19.8元、58元、198元,在三档会员套餐中均存在差异定价,价格差额分别为5.2元、10元、50元。在抖音短视频中,同样是充值6元,在安卓客户端中可以得到60个抖音币,在苹果客户端中只得到45个抖音币。相同的情况在30元、108元、518元等充值档位中也出现:充值30元,在安卓和苹果客户端中获得的抖音币分别是300个和210个;充值108元,安卓和苹果客户端中获得的抖音币分别是1 080个和756个;充值518元,安卓和苹果客户端中获得的抖音币分别是5 180个和3 626个。这背后的根本原因是苹果对虚拟产品或服务提供商的交易费用进行15%~30%的抽成,而部分软件则将抽成转嫁给消费者承担,从而产生针对不同客户端用户的价格歧视。

另外,由于服务应用对于新用户没有相应的过往使用信息,所以应用无法通过分析其过往行为进行差别定价,对于新用户应用往往提供最便宜的价格来吸引其使用,并通过收集、处理其信息进行差别定价。《经济学人》杂志(*The Economist*)和《金融时报》(*Financial Times*)就通过低廉的试用价格吸引新用户,并根据其使用期间的用户数据进行市场研究。经济学人杂志为新用户推出一季度25英镑(原价为55英镑)的电子刊订阅服务,和一季度29英镑(原价为65英镑)的电子刊+纸质版本的订阅服务。《金融时报》的试用计划让新用户可以以一美元的价格享受到长达四周原价为68美元的尊享订阅服务。

【延伸阅读】

亚马逊书店失败的价格歧视实验

2000年9月,亚马逊书店(以下简称亚马逊)为了提高销售利润,进行了著名的价格歧视实验。实验中,亚马逊选出 68 种 DVD 碟片,并按潜在客户的人口统计资料、在亚马逊的购物历史、上网行为、上网使用的软件系统等信息进行区分,以此来确定 68 种碟片的报价水平。如碟片 Titus 对新顾客的报价为 22.74 美元,而对老顾客的报价为 26.24 美元。

这种价格歧视策略的确提高了销售毛利率,但很快就被一些细心的消费者发现,并在 DVDtalk(www.dvdtalk.com)的音乐爱好者社区中披露。数以千计的 DVD 消费者知道此事后,那些付出高价的顾客纷纷在网上谴责亚马逊的这种做法,一些人甚至公开表示不会再在亚马逊购买任何物品。为挽回不利影响,亚马逊首席执行官 Bezos 为这次价格歧视实验给消费者造成的困扰向消费者公开道歉,他指出亚马逊这次的价格调整是随机进行的,目的是测试消费者对不同折扣的反应。此外,亚马逊答应给所有在价格测试期间购买这 68 种 DVD 的消费者最大的折扣。亚马逊此次的价格实验以失败告终,这次价格实验不仅使亚马逊在经济上蒙受损失,而且声誉也受到了严重损害。

亚马逊的这次价格实验是管理层在投资人"迅速实现盈利"的要求下进行的一次损害顾客忠诚度的价格歧视实验,从战略制定到具体实施都存在比较严重的问题。在战略制定方面,亚马逊的价格歧视策略同其一贯的价值主张相违背、同其市场地位不相符合;同时,亚马逊的价格歧视策略利用消费者的数据侵害了消费者的隐私以及权益。此外,亚马逊在具体实施方面存在的重大错误是它迅速失败的直接原因。

首先,根据微观经济学理论,价格歧视不是必然导致社会福利损失,有时候甚至可能实现帕累托最优。但可行的价格歧视策略必须同时满足三个条件:企业不是被动的价格接受者;企业可以细分市场并阻止转售(套利);不同的细分市场对商品的需求弹性是不同的。

在此次价格歧视实验中,亚马逊选择的 DVD 市场的分散程度很高,而亚马逊只是众多经销商中的一个,缺少对 DVD 价格的控制能力。消费者的确对 DVD 的需求弹性存在较大差别,亚马逊可以对 DVD 消费者进行细分,但亚马逊的细分方案在防止转售(套利)方面存在严重的缺陷:亚马逊试图通过给新顾客提供低价来吸引新的消费者,但它忽略了一个十分现实的问题:新顾客虽然不能被识别为老顾客,但老顾客可以通过诸如申请新账号等方式伪装成新顾客进而实现套利。

其次,亚马逊的价格歧视方案与关系营销的理论相背离。亚马逊的销售主要依靠老顾客的多次购买,而此次的价格歧视策略实际上"背叛"了对其利润贡献最大的老顾客群体,同时亚马逊没能推出有效的锁定老顾客的方法,这必然会导致老顾客的流失,进而导致利润下降。

最后,亚马逊忽视了虚拟社区对信息交流的巨大促进作用。而消费者恰恰利用了虚拟社交平台,通过在虚拟社区的交流发现了亚马逊的价格歧视行为。

亚马逊的这次价格歧视实验以惨败告终,但并不意味着在信息时代的数字媒体产品或服务价格歧视不可行。相反,亚马逊的失败为后来者的价格歧视策略提供了一些教训:第一,价格歧视策略不仅对产品销售有风险,稍有不慎也会对企业的声誉造成难以消除的负面影响;第二,实施价格歧视的企业要慎重选择价格歧视的方法,比如案例中亚马逊如果选择对新顾客收取较高价格,是否会影响对新顾客的吸引?如果向顾客提供消费优惠券,根据购买数量界定等级给予价格优惠,结果是不是会有所不同?

从亚马逊的案例可以看出,信息技术、海量数据为生产者提供了实施价格歧视的便利条件,但生产者也应注意信息技术为消费者之间信息流通并进行价格检索比较所提供的便利。

二、掠夺性定价

(一) 掠夺性定价的内涵

1. 掠夺性定价的定义

掠夺性定价(predatory pricing)又称驱逐对手定价或劫掠性定价,是指企业为了把对手挤出市场和吓退试图进入市场的潜在对手,而采取的降低价格,甚至低于成本的价格策略。

如图5-5所示,显然在长期生产中,产量为Q_0时平均成本最低,而新进入企业很难在刚进入生产时就将产量控制在Q_0,这使在位企业拥有成本上的优势,也为在位企业实施掠夺性定价创造了条件。

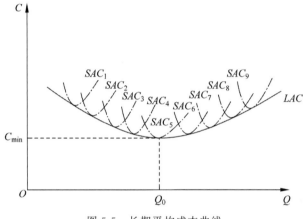

图 5-5 长期平均成本曲线

2. 掠夺性定价的特征

掠夺性定价行为有三个重要特征:

(1) 在掠夺性定价中出现的低价格,一般是暂时性的。如果价格降低到成本以下,发起企业就要承担亏损,所以把竞争对手驱逐出市场之后,发起企业常常会把价格再度提升到可获得经济利润的水平上,这个过程通常是"先亏损后盈利"的,因此掠夺性定价是企业以长期利润最大化为目标的策略性定价行为。

(2) 采用掠夺性定价策略的企业都是市场上实力雄厚的大企业。因为对手可能不相信发起企业发出的"威胁"信号,或者采取"硬拼"对策,发起企业就必须具备比对手更长时间忍受低价造成亏损的能力,这样才可能获得掠夺性定价策略最后的胜利。此外,实施掠夺性定价的企业必须对市场价格具有控制能力,既可以降低价格,也可以提高价格。换言之,发起企业在该市场必须具有一定的垄断性。

(3) 掠夺性定价行为一般发生在大企业和小企业之间。大企业采用这种策略的目的主要在于驱逐或消灭现有的竞争对手,或"教训"不合作的竞争对手,同时也向想要进入市场的新企业发出警告。在实践中,掠夺性定价不是经常发生的,大企业可能更倾向于利用兼并来消灭竞争对手。因为兼并既能使企业免受短期甚至更长时期降低价格造成的利润损失,又有利于增强企业的竞争力。但如果兼并成本太高,企业就可能会采取掠夺性定价的策略。

3. 掠夺性定价的判断标准

掠夺性定价会对市场结构的竞争性产生极为不利的影响。许多国家的法律规定这种行为是非法的,但判断掠夺性定价的标准并不统一。

(1) 成本标准。早期关于掠夺性定价行为的检验是以成本为基础的,即低于短期边际成本的价格是非法的,短期边际成本可以通过平均可变成本近似地估计。后期开始出现新的成本标准,如掠夺方边际成本、掠夺方平均成本、掠夺方平均可变成本、行业平均成本和被掠夺方平均可变成本等。这几种成本标准都曾出现在国内外的法律法规中,成为其判案的依据,但孰优孰劣,至今仍无定论。

(2) 主观意图标准。要把掠夺性定价与开拓市场的正当竞争行为及其他限制性竞争行为相区别开来,必须注意它的另一个特征,即行为主观上出于故意。判定是否以驱除竞争对手为降价动机,是正确裁决掠夺性定价必不可少的。但多数经济学家认为动机是一种不可靠的标准,因为掠夺者的主观动机极少会客观地显示,须借助于推测加以判断,而推测是不可靠的。

(3) 损失补偿标准。要考虑掠夺方将来提价获取高额利润以补偿低价损失的可能性。这一标准将新企业和中小企业为开拓市场而采取的促销等行为排除在掠夺性定价行为之外。这个标准是必要的,并在一定程度上弥补了成本标准和动机标准在判断上的不可靠性,但其缺陷在于被掠夺企业只能在被驱逐出市场以后才能提出诉讼,在竞争过程中无法得到法律的保护;企业调整价格是一种经常性的行为,掠夺方会提出诸如需求增加、成本上升、产品更新换代等理由为自己的提价行为辩解。

(二) 数字媒体产品或服务的掠夺性定价

在数字经济背景下,数字媒体产品或服务的固定成本占了较大比例,边际成本几乎为零。若某个数字媒体平台拥有大量的生产者和消费者,其能够形成供给方规模经济与需求方规模经济,占据一定垄断地位,这为掠夺性定价提供了基础。同时,信息充分性与公开性的提升使得数字媒体产业企业的产品与技术创新、新的运营模式与商议模式、定价方式、广告策略和渠道打造等都是很容易被竞争对手所知并模仿,商业策略高透明度导致的易模仿性增加了在位垄断者的竞争压力,掠夺性定价等激烈的价格博弈策略也会出现。

【延伸阅读】

《征途》的永久免费模式

2000年,网络游戏《万王之王》首次推行了月卡收费模式。此后的几年时间里,大多数的网络游戏都沿用此种收费模式。2005年,《魔兽世界》风靡全球,时间收费模式也随之深入人心。而国产大作《梦幻西游》的出现,也让时间收费更快地代替了原有的月卡收费模式。

2005年8月25日,《征途》首轮技术测试火爆开启,同年11月15日内测开启,《征途》大胆提出"永久免费"的承诺,并将免费游戏模式贯穿于整个游戏进程中,引起行业轰动,同时也收获到玩家们的一致好评。2006年4月21日,《征途》公测,游戏同时在线快速突破30万,创造游戏公测在线人数的一个奇迹。《征途》开创的免费游戏模式迅速蹿红,彻底将时间收费网游模式给予终结。与此同时,《征途》提出创新的道具收费模式,并快速地获得了人民币玩家的青睐。游戏企业也发现免费游戏模式比起月卡收费和点卡收费,利润来得更加直接迅速,道具收费得到了越来越多厂商的追捧。

网络游戏的"永久免费"是典型的掠夺性定价,通过免费提供服务来吸引大量的消费者后,再通过其他盈利模式来获取收益,这是典型的先亏损后盈利的策略。这种模式后来陆续出现在网络音乐、网络电台和网络视频领域,前期烧钱投入,获取大量消费者,形成垄断地位后再实施收费。

三、价格卡特尔

(一)价格卡特尔的概念与分类

卡特尔(cartel)是一种串谋行动,是指若干个企业为达到稳固地垄断市场的目的而结成的联盟。卡特尔以扩大整体利益为主要目标,可以使一个竞争市场变成垄断市场。目前多数国家法律都认定卡特尔是非法垄断行为,但暗中的、策略性的价格合谋依然存在。价格卡特尔(price cartel)是最常见、最基本的形式,其通过联合维持某个价格以获得最大利润。

价格卡特尔主要有两种定价方式:垄断高价、降低价格以维持市场份额。垄断高价会吸引更多的潜在进入者进入市场,降低价格以维持市场份额的方式仅适用于短期。

价格卡特尔可分为横向价格卡特尔和纵向价格卡特尔。横向价格卡特尔是指企业之间通过固定价格协议等方式协调各自的价格行为,达到获取垄断利润、限制公平竞争的目的。常见的横向价格卡特尔有:共同提高或保持某种商品的销售价格、共同建立某些折扣或信用条件、轮流进行低价投标、共同减少或限制进货、共同降低价格等。纵向价格卡特尔是指一方当事人要求另一方当事人只能以固定的价格出售商品的协议及其相应的行为,通常由不同环节的企业签订协议而产生,如生产商与销售商、批发商与零售商。虽然表面看这样的协议并没有共同限制竞争的内容,但该种行为仍然会影响价格竞争机制。

有学者认为成功的卡特尔必须具备两个条件。首先,一个稳定的卡特尔组织必须在其成员对价格和生产水平达成协定并遵守该协定的基础上形成。但卡特尔成员经常受到增加产量以获得更大利润和市场份额的诱惑,可能会背叛卡特尔组织,因此卡特尔组织必须发出某种威胁来阻止成员背叛。其次,垄断势力的潜在可能是卡特尔成功的最重要的条件。如果获取潜在的垄断势力的可能性很大,卡特尔成员将有更大的意愿来解决组织上的问题。

(二)价格卡特尔的问题——囚徒困境

卡特尔组织成员需要合作,但这种合作往往是难以建立和维持的。因此,我们需要关注一个简单的博弈论模型——囚徒困境(prisoners dilemma)。

1. 囚徒困境概念

囚徒困境是一个关于警察抓住的两名罪犯的故事:警察抓住了罪犯张三和李四,并且有足够的证据证明张三和李四犯有轻罪(有期徒刑1年),同时警察怀疑两名罪犯曾经合伙抢劫银行(重罪),但缺少有力的证据。因此警察在分别审问张三和李四时提出了如下方案:"现在我们可以判你1年,但如果你坦白银行抢劫案,并供出同伙,我们将免除你的监禁,你可以获得自由,你的同伙将在狱中度过 20 年。但如果你们两人都承认罪行,我们就不需要你的供词,而且我们可以节省一些审讯成本,这样我们就采取一种折中的方式,给你们每人判 8 年。"

图 5-6 表示的是两名罪犯的选择策略,他们每个人的刑期既取决于自己选择的策略,也取决于同伙所选择的策略。

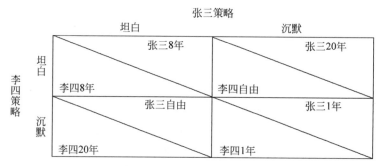

图 5-6　两名罪犯的选择策略

首先考虑张三的决策。他会如此推理:"我不知道李四会怎么做。如果他选择沉默,那么我最好的选择是坦白,这样我就可以获得自由。如果他选择坦白,那么我最好的选择仍然是坦白,这样我将被判 8 年而不是 20 年。所以,无论李四怎么选择,我都应该选择坦白。"

显然在这个例子中,"坦白"是张三的占优策略(dominant strategy),即无论其他参与者选择什么策略,该参与者选择的都是最优的策略。无论李四选择坦白还是沉默,张三选择坦白后被判的刑期都将比较短。

其次考虑李四。李四面临着和张三同样的选择,并且李四的推理过程也与张三相似,即无论张三做出什么选择,"坦白"是李四的占优策略。

最后,张三和李四都选择坦白,两人都将在监狱中度过 8 年。这个结果是一个纳什均衡,即在其他人的策略既定的情况下,每个罪犯都选择了可能的最优策略。但从他们的共同角度看,这是一个糟糕的结果;如果他们都保持沉默,那么两个人都只需要被判 1 年。

2. 囚徒困境下的数字媒体平台的卡特尔

事实证明,卡特尔组织成员在力图获得更多利润时的博弈也会出现类似于囚徒困境的情况。假设一个由两名成员联合形成的卡特尔组织:一个国家里只有甲和乙两个音乐平台,提供内容差不多的音乐和 VIP 订阅服务,居民只能在两个平台上订阅数字音乐服务。表 5-1 表示的是该国音乐平台 VIP 订阅服务的价格和对应的订阅人数。

表 5-1　数字音乐平台的 VIP 价格及订阅人数

VIP 价格(元)	订阅人数(万人)	总利润(万元)
0	120	0
10	110	1 100
20	100	2 000
30	90	2 700
40	80	3 200
50	70	3 500

续表

VIP 价格(元)	订阅人数(万人)	总利润(万元)
60	60	3 600
70	50	3 500
80	40	3 200
90	30	2 700
100	20	2 000
110	10	1 100
120	0	0

现在甲和乙决定联合起来,就 VIP 价格达成一致,以求获取最大的总利润。显然,两者将 VIP 价格定为 60 元时总利润最大。由于两个平台提供的内容差不多,我们假设居民选择甲和乙两个平台人数是对半分的,即每个平台订阅人数是 30 万人,价格是 60 元,这样每个平台都可以获得 1 800 万元利润。但在实践中,这样的合作是不可能产生的。

假设甲知道乙的订阅人数是 30 万人,那么甲会作出推理:"我可以将 VIP 价格定为 60 元,共有 30 万人订阅,我可以获得 1 800 万元的利润。或者,我可以将 VIP 价格定为 50 元,我将获得 40 万人的订阅量,我的利润将是 2 000 万元。"同样,乙也会如此推理。这时,如图 5-7 所示,甲、乙都面临着两个策略:遵守约定,定价 60 元;追求更大的个人利润,定价 50 元。

图 5-7 甲、乙的博弈策略

此时,甲会这样推理:如果乙遵守约定,我将 VIP 价格定为 50 元,就可以获得 2 000 万元利润,而不是 1 800 万元;如果乙不遵守约定,而我遵守约定,便只能获得 1 200 万元利润;如果我也不遵守约定,我可以获得 1 500 万元利润。所以无论乙如何选择,我都应该选择定价 50 元。最终双方都会将 VIP 价格定为 50 元,但结果却是不利的,双方都只得到了较低的利润。这个例子说明了为什么卡特尔组织难以维持,每个卡特尔成员是绝对理性的,利己使卡特尔成员"分裂",难以维持合作。

【延伸阅读】

视频网站的价格卡特尔

在数字经济背景下,数字媒体产品或服务的差异性较大,而消费者具有多重特性,企业很难形成绝对的垄断地位,这为价格卡特尔联盟的建立提供了条件。

2018年8月,优酷、爱奇艺、腾讯就联合六大剧集公司发表声明,"抵制天价片酬、净化行业环境",这可以视作联盟的开始。2019起,长视频平台之间的合作越来越多地出现,年底的热播剧集《庆余年》《从前有座灵剑山》均采用了腾讯视频和爱奇艺联播的形式。被广泛定义为平台"差异竞争点"的综艺内容,曾被认为很难发生合作,但随着2020年11月腾讯视频、爱奇艺联合出品户外真人秀综艺《哈哈哈哈哈》的上线,合作也进入到新的层面。可以看到,相比独播,联播更可以稀释支出,共担风险。联盟已经成为必然趋势,长视频平台由竞争走向竞合。

进入新的阶段,长视频网站需要解决的,仍然是内容、成本和营收三者的平衡的问题。三者的模型当中,内容的水平和成本、营收均存在正相关关系,好的内容往往有着更高的成本,也往往能够迎来更多的付费。当"内容的价值"成为共识,这种压力进一步落在了营收层面的变革上。2018年起,会员收入就已经取代广告收入成为爱奇艺的主要营收手段。未来,这一趋势有机会进一步扩大。在总订阅会员人数增长空间有限的情况下,通过提高平均用户收入和平均付费用户收入,的确是增加营收的有效手段。为此,视频网站开始在会员定价上实施默契的价格卡特尔策略。2020年11月13日零点,爱奇艺视频对VIP会员价格进行调整,新价格为连续包月19元、包季58元、包年218元。2021年4月10日零点,腾讯视频也进行价格调整,新价格为连续包月20元、包季58元、包年218元。两家涨幅达30%左右。这是自视频会员制度产生以来第一次官方提价。

这种"反向价格战"的到来,是长视频网站新竞合状态的又一表现。由于爱奇艺视频和腾讯视频坐拥市场上优质的内容,能够提供差异化且有吸引力的服务,在市场上更具有竞争力。所以,两者敢于设定垄断高价,形成价格卡特尔联盟。

第二节 数字媒体产品或服务的内容创新与开发

一、数字媒体内容

(一)数字媒体内容的定义

内容是指用户能够获得价值的东西,即内容是指通过介质提供的信息、信息呈现的方式,以及传递该信息的介质中包含的附加功能。但是,如果没有构成内容的信息和体验,则该介质无法为最终用户提供任何价值。内容可以通过许多不同的媒体进行传播,如现场表演、电视、广播和互联网等。

计算机的出现帮助人类更有效率地进行信息的检索和创建,也促进了数字内容的创建。尽管数字技术发端于20世纪50年代末到70年代之间,但是那时关于信息和内容的交换并不普及,直到20世纪90年代末互联网普及之后,数字内容的创建、存储和交换才成为主流。借助信息技术,数字内容可以在任何地方被生产、发布和交换,并同时从各个角落瞬时移动到任意节点,通过各种数字内容平台吸引全球用户。而且,内容会在平台的互动中产生新的价值。随着5G、AI、VR等新一代信息技术的兴起,数字内容有了更广泛的内涵,喻国明和耿晓梦认为很难准确定义内容是什么,内容既可以是资讯传达,也可以是一种关系表达和媒介功能。正如麦克卢汉所说:"所谓媒介即讯息只不过是说,任何媒介,除非它是用来打字广告或者拼写姓名。这一切事实说明,任何媒介的'内容'都是另一种媒介。文字的内容是言语,正如文字是印刷的内容,印刷又是电报的内容一样。"在新的传播图景下,内容依然是无法回避的基础要素与战略资源。只是,新媒介场景中的内容已经悄然升级,迭代为"新一代内容"——媒介技术的发展和媒介格局的改变使内容的内涵与外延有了巨大的扩容与延伸。在全媒体时代,内容范式不是"内容为王"的自恋,而是以内容为创新原点,开放协同,走出自己的"一亩三分地",在资讯内容的社会生产、建构多元群体共识凝聚和"线上"新世界的过程中去影响主流、影响主流人群、影响主流人群的决策及社会实践①。

(二) 数字媒体产品或服务的内容创新

创新是指人类为了满足自身需要,不断拓展对客观世界及其自身的认知与行为的过程和结果的活动。或具体讲,创新是指人为了一定的目的,遵循事物发展的规律,对事物的整体或其中的某些部分进行变革,从而使其得以更新与发展的活动。人类的创新可以分解为两个部分,一个部分是思考,想出新主意,另一个部分是行动,根据新主意做出新事物,一般是先有创新的主意,然后有创新的行动。

在经济学领域,创新概念出现在1912年,熊彼特在《经济发展理论》一书中首次提出"创新理论",创新源于必须不断地从内部对经济结构进行革命,即创新者将资源以不同的方式进行组合,创造出新的价值②。这种"新组合"往往是"不连续的",也就是说,现行组织可能产生创新,然而大部分创新产生在现行组织之外。因此,以马克思的对于资本主义市场的经济理论为基础,熊彼特提出了"创造性破坏"的概念,是指通过创新破坏旧的生产体系,建立起新的生产体系,从而通过内部革新创建新的经济结构。熊彼特界定了创新的五种形式:开发新产品、引进新技术、开辟新市场、发掘新的原材料来源、实现新的组织形式和管理模式。

数字媒体企业生产的是以信息和内容为核心的产品或服务,其创新主要表现为内容创新,具体到策略上就是内容的差异化战略和内容的竞争性复制。

二、内容战略

(一) 内容差异化战略

1. 差异化战略的内涵

企业不是简单地为买方提供低价产品,而是提供有价值的独特产品和服务满足买方需求,将自己和竞争对手区分开来。差异化使企业产品能收取高价,在普通价格水平上取得更高的销售额;在周期性或季节性经济低迷期,企业的买方忠诚度更高,可以由此获得与平日或者旺季相同的收益。

---

① 喻国明,耿晓梦.未来传播视野下内容范式的三个价值维度——对于传播学一个元概念的探析[J].新闻大学,2020(3):61-70.
② 熊彼特.经济发展理论[M].北京:中国社会科学出版社,2009.

了解差异化要从企业开展的具体活动出发,分析企业活动对买方的影响。事实上,任何价值活动本身就是企业独创的来源。价值链流程中某几个环节的独特性会影响企业成品的性能,进而影响差异化的成效。但值得注意的是,这种独特性必须对买方具有价值,否则不可能会引发差异化。因此,差异化战略是指企业在形成该企业提供的产品或服务的要素上,或在提供产品或服务过程的诸多条件上,与其他提供同类产品或服务的企业相比,造成足以引诱买者的特殊性,以便买者将之同其他经营同类产品或服务的企业相区别,并以差异化减少同一产业内的其他企业的产品或服务对其的可替代性。

2. 差异化战略的经济学解释

如图 5-8 所示,在一般情况下,企业为了利润最大化,生产边际收益(MR)等于边际成本(MC)的产量 Q^*,产品的价格为 P_E,平均总成本(ATC)低于 P_E。此时企业获得的利润是正常的经济利润(A 区域)。但在差异化条件下,企业面临一条新的向下倾斜的需求曲线(D),使企业拥有将价格提高到高于边际成本的能力(P^*),获得一定的垄断力量。此时企业获得的利润可用图中的总阴影面积(A+B 区域)表示,它代表高于正常的经济利润,并且价格与边际成本差额越大,企业获得的利润就越高。

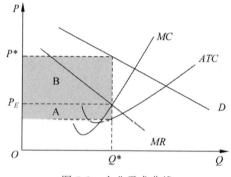

图 5-8 企业需求曲线

3. 数字媒体内容的差异化战略

差异化根据价值链不同环节可分为四个类型:产品差异化战略、服务差异化战略、人事差异化战略和形象差异化战略。在数字媒体产业领域,尽管存在大量的内容,但差异化的内容是比较稀缺的,而消费者需要大量差异化的内容,且他们可以识别这些差异。数字媒体企业的产品或服务具有高沉没成本和低复制成本的特点,不同企业之间不存在成本优势。如果数字媒体企业在内容上成功地进行了差异化,那么它与其替代品之间的交叉弹性缩小,这可能将为其带来超额利润。因此,内容的差异化几乎成为数字媒体企业的必然选择。

内容差异化策略一般分为以下四种:

(1)水平差异化,是指内容的特性改变后,一部分消费者受益,另一部分消费者受损。水平差异化更多地表现为内容的非质量因素方面。在给定价格相同的情况下,消费者的最优选择与特定消费者有关,因为消费者的偏好不尽相同,因而水平差异化反映的是消费者偏好的不一致,不存在"好"与"坏"的评判。

(2)垂直差异化,又称质量差异化,是指内容在质量等级上存在明显差异,在价格水平相等时,消费者关于质量的偏好次序是一致的,认为较高的质量是更好的,因而消费者一直偏好高质量内容。进一步而言,此种差异化是指内容的特性改变后,消费者均受益或受损。

(3) 内容可以同时进行水平和垂直差异化。

(4) 内容个人化。内容个人化是内容差异化的终极表现,是根据消费者要求来提供个性化的定制内容,以满足消费者的需求。借助大数据技术,数字媒体企业可以充分了解消费者偏好,并通过编辑推荐、社交关系、搜索和算法等新型分发工具来为消费者推送个性化的内容。值得注意的是,内容个人化目前只适用于生产成本较低的数字媒体内容,如文字类的信息。但是,随着技术的发展,生产成本越来越低,实现所有数字媒体内容的个人化指日可待。

【延伸阅读】

喜马拉雅平台

2015年之前,由于政策上还未重视对移动平台的版权监管,以喜马拉雅为首的平台都采取了"忽略版权,野蛮生长"的策略。平台鼓励内容创作者上传各种有声版的书籍,除了极少数在有声读物领域已有影响力的内容创作者(获得认证)外,大部分内容创作者的内容都未取得合法授权,属于盗版内容。而平台仅在版权方提出维权要求时,才下架盗版内容。这种模式帮助所有综合音频平台野蛮生长,但也带来了内容同质化的问题。

2015年之后,由于"剑网行动"的实施,平台开始寻求正式的版权合作。2016年6月,喜马拉雅与9家出版企业达成战略合作,获取独家版权授权。同时,喜马拉雅平台还与部分出版企业联合开发有声读物内容,增加自制比例。随着有声读物市场规模的扩大,竞争者数量的增加,内容差异化成为了吸引并留住用户的关键。有声读物内容的差异化取决于文字内容提供者、声音提供者和声音内容形态。为了增加内容差异化的程度,喜马拉雅平台主要采取三个策略。一是发掘优质声音提供者。平台与声音提供者或声音提供者所属的MCN机构完成独家签约,即只允许声音提供者为本平台服务。二是发掘优质文字内容提供者。平台将他们的文字内容直接转换为有声内容,并在线上出版。这种形式不同于与出版社的合作,没有正式的纸质出版环节,直接通过平台以知识付费形式上线,如《好好说话》和《小学问》。三是改变有声内容形态。过去大部分的有声读物多是普通用户的人声阅读。现在平台引入专业声音表演者以广播剧形式对文本内容或影视剧进行有声改编,如广播剧《三体》和《安家》;引入专家学者和行业大咖以趣味形式提供有声读物内容,如《激荡三十年》系列。

内容差异化策略帮助喜马拉雅平台迅速崛起,成为了综合音频领域的"领头羊"。

(二) 内容竞争性复制

1. 竞争性复制的内涵

按照传统的经济学观点,同一市场中企业之间的竞争会促使它们提供多样化的产品或服务来满足不同消费者不同的需求。这种现象还会避免垄断的出现,因为垄断会带来产品的均一性。然而,有些时候,同一市场中的企业会通过模仿其他企业成功的产品或服务的方式来实现竞争,即竞争性复制。

采取竞争性复制的一般具有以下前提:

(1) 企业是大中型企业。采用竞争性复制策略,必须具有比原生企业更大的优势才能成功,如在生产环节拥有规模经济,拥有专业的营销团队、大量的渠道和良好的售后服务等。不仅如此,竞争性复制从实施到盈利需要一个较长的周期,需要大量的前期投入,只有那些已经具有一定规模的大中型企业才能做到。

（2）产品或服务所在的市场具有巨大的发展空间。竞争性复制的实施免去了市场调查环节，较大需求潜力的市场可以帮助企业降低风险。但如果产品或服务所在的市场已经接近饱和，那竞争性复制就很难取得成功。只有当所在市场还处在不饱和状态时，竞争性复制才有意义和价值。

2. 数字媒体内容的竞争性复制

尽管数字媒体企业以中小企业为主，但是它们的竞争性复制行为仍旧比较普遍。究其原因，主要有三个方面：一是数字媒体产品或服务属于准公共品，具有非排他性；二是数字媒体产品或服务的消费具有累积效应，可以养成或改变消费者的消费偏好及习惯，因此消费过同类产品或服务的人可能还愿意继续消费该类产品；三是数字媒体产品或服务具有创造成本高、复制成本极低的特点。因此，数字媒体市场的发展空间较大，且每当一款新的数字媒体产品"爆红"之后，数字媒体企业便会因为巨大的市场需求而对"爆红"产品进行快速复制。

【延伸阅读】

"IP改编＋流量明星"模式的竞争性复制到"IP＋编剧＋优质演员"

2013—2015年期间，《小时代》四部陆续上映，系列总票房突破14亿元。"IP改编＋流量明星"模式雏形初现。此后，以"流量明星＋大IP"为模式的影片开始大规模出现。究其原因，可能是2014年后，互联网资本正式介入影视行业。尽管这些互联网资本不了解传统狠抓剧本、精工细作的电影产业，但是懂得分析数据，而"流量明星"和"大IP"恰好拥有数据证明市场需求，于是促成了这个模式。由于影视产业投资的高风险和不确定性，该模式的成功使得各影视制作企业争相模仿。到2017年，活跃在荧幕上的热门影视剧，几乎全被"IP改编＋流量明星"包揽，典型的作品如《三生三世十里桃花》《择天记》《楚乔传》等。尽管这些影视剧取得了巨大成功，但是其评分普遍偏低，均未超过7分。"IP改编＋流量明星"模式本来具有良好的粉丝基础，深得资本的青睐，往往一经宣传，就能起到快速的吸睛效果。然而，越来越多的企业过度依赖"大IP"和"流量明星"，不注重制作。它们一边利用原著的热度来扩大影响力，一边利用流量明星透支粉丝热情，而真正花在剧作打磨的时间，屈指可数。

随着观众逐渐回归理性，"IP改编＋流量明星"不再像过去那么灵验，观众对于"IP改编＋流量明星"模式的市场偏好及消费习惯被良莠不齐的作品所影响从而发生改变。观众对于精耕细作的优质内容呈现出了强烈的需求和更高的期望，从而市场理性日渐回归，以"IP＋编剧＋优质演员"成为了新的风向标，比如2018年的《大江大河》、2019年的《都挺好》以及2020年的《大江大河2》。

第三节　数字媒体企业组织行为

组织广泛存在于我们社会生活的各个领域，企业组织是一个经济体中最基本的组织单位。从经济学的角度看，市场和企业都是资源配置的机制，二者之间具有替代性，而这一替代性的标准是看哪一方组织经济活动能够节约交易成本。当人类社会进入到工业经济时代,专业化分工日益细分,市场交易也日趋复杂多样,企业组织作为市场的替代机制,对承担各类经济活动尤为重要。

数字经济中的信息零边际生产成本、复制无差异性、及时传播等特点颠覆了传统经济中投入要素的生产的竞争性和消费的排他性;数字经济中的物与物、人与人、人与物之间泛在互联的特性推进传统经济中的"时间—空间"高度融合。可见数字化技术,以及由此而产生的经济形态演变,会引发企业组织模式的变革,这种变革主要体现在:

(1) 信息交互方式的变化打破企业组织的内外部边界。在数字经济环境下,信息量更加丰富,信息沟通越发便利和透明,企业原有的层级化、链条式的信息流动状态改变,企业内外信息的立体网络化结构逐渐形成,这使得企业的内部组织边界、市场边界、竞争者与合作者的边界、生产者与消费者的边界逐渐被打破,跨界融合、跨界打劫、多维竞争、开放发展成为新常态。在数字媒体产业中,内容生产主体从生产者向消费者演进,从生产者制作内容(PGC)到消费者制作内容(UGC),再到生产者与消费者融合(PUGC),这都体现着媒体企业组织边界的模糊化与融合化。

(2) 交易成本的降低带来企业组织模式的变革。在数字经济环境下,随着交易成本的降低,企业通过市场交易来获得产品的比例越来越大,也说明企业组织的内在边界在不断缩小。而我们也会发现在企业内在边界缩小,并非是市场机制直接的替代,而是出现了多种组织模式,跨界式融合、开放式发展成为新常态。企业的运营从强调组织内部的劳动效率、组织效率、个人效率,转向外部视角的协同效率,不再追求规模化效率和单一的高速度,而是强调组织与个人目标的共同实现、个人价值与组织协同价值最大化、组织内外系统的协同效率。

组织变革催生了新的组织形态,如企业集团、企业集群和虚拟企业等,学术界将这些新兴的经济组织统称为中间性组织。

一、中间性组织

(一) 中间性组织内涵

科斯、阿尔钦和德姆塞茨等学者都认为,企业和市场是协调经济活动或组织分工的全部,两者之间界限分明,企业与市场是非此即彼的替代关系。但是,在实践中,企业与市场是相互促进和共同发展的共生关系,两者之间没有明确的界限,且随着经济活动的复杂化和精细化,分工不仅发生在企业内部,也发生在不同企业之间,中间性组织应运而生。

威廉姆森(Olive Williamson)以交易分析为基础,指出纯市场和纯企业之间存在一种"杂交"形式[①]。如果交易的不确定性、交易频率和资产专用性较低,那么协调交易的制度形式就是市场;而当这三个变量较高时,企业就会出现;若三个变量的取值恰好处于中间状态时,一种全新的双边或多边的制度形式就是最有效的。迈克尔·迪屈奇利用交易成本进行了进一步分析,并总结出了几种典型的情况:由市场组织创造的交易,其收益大于成本;而由企业组织创造的收益小于成本,此时,市场更有效;反之,企业更有效。无论是企业还

---

① Williamson O E. Comparative economic organization: The analysis of discrete structural alternatives [J]. Administrative Science Quarterly, 1991: 269-296.

是市场,如果交易成本都大于收益,则没有任何交易会执行①。此外,交易由企业组织的成本小于由市场组织的成本,而且市场组织所得收益大于企业组织的收益,但是,企业组织的收益小于其管理成本,市场组织的收益也小于交易成本。此时,交易必须由一种兼具企业和市场优势的制度来组织。

(二) 中间性组织的优势

如表 5-2 所示,企业、市场和中间性组织在资源配置、调节、合作稳定性和交易频率上存在差别。中间性组织兼具企业的权威机制优势和市场的价格机制优势:一方面克服了市场失灵,降低交易成本;另一方面克服了企业失灵,降低管理成本。因此,中间性组织在对市场的反应速度、研发、协同效应、规模经济四个方面具有优势。

表 5-2 企业、市场、中间性组织的比较

制度形式	市场	中间性组织	企业
配置资源方式	价格机制	价格机制与权威机制的联合	科层组织权威机制
调节方式	自动调节	联合调节	强制调节
调节参考点	价格	契约	权威
调节的力量来源	供求	谈判	计划
合作稳定性	弱	较强	强
交易频率	一次性交易(企业间)	重复性交易(企业间)	重复性交易(企业内)

1. 速度优势

中间性组织的速度优势是指其能够迅速且准确地适应外部市场需求的变化。与传统企业组织相比,中间性组织是由多个网络成员组成的,每个网络成员均是彼此独立的实体,拥有一定数量的市场信息"收集员"。因此,中间性组织获取信息的渠道更多,获取信息的范围更广,能快速获取市场信息。此外,不同网络成员之间具有一定的开放性,信息会在它们之间流通,并在传递过程中获得纠正。每经过一次传递,信息的准确性就会更高。

中间性组织不仅能够迅速且准确地获知市场信息,还能够快速地对市场变化做出反应。这主要源于中间性组织以任务或项目为导向的运作模式和网络成员的差异性。只要市场有新的需求产生,中间性组织就会组织最有效率的成员进行合作,高效配置资源,快速实现对需求的满足。

2. 研发优势

中间性组织存在两种形式的合作关系,为知识的溢出创造了有利条件。一种是正式的合作关系,企业与其他企业和研发机构之间建立了长期的研发合作关系,通用性知识由此实现扩散与溢出。另一种则是非正式的合作关系,网络成员中的员工基于共同的社会文化背景基础建立人与人之间的社会关系,专用性、默会性强的知识通过非正式的沟通实现传递和扩散。不仅如此,网络成员间合作的目的是优势互补,即增强自己的优势而不是内部化别人的优势,竞争关系就变成了竞合关系,中间性组织具有的交叉网络外部性使得网络成员的效用取决于其他成员的数量,即获得的收益不是竞争企业的损失,且别人收益的增加也会给自

---

① Dietrich M. Transaction cost economics and beyond: Toward a new economics of the firm[M]. Routledge, 2008.

己的收益带来更大程度的增加。

3. 协同优势

网络内各成员企业相互依存、优势互补,通过资源整合,合作者将会比独立行动获得更多的效益。企业间能力的联合所产生的价值大于企业各自独立利用这些能力所产生的价值之和就是协同效应。

企业是否选择合作取决于合作是否具有效益,当且仅当合作效益大于不合作效益时,选择合作才是合理的。而合作的实现以及后续协同效应的产生则以这些企业的信用情况为基础。网络内的信任机制使企业间能够相互理解。通过合作,不同企业的资源和能力在网络内的自由流动,降低搜寻和交易成本,使得企业从网络内资源更有效率。此外,通过合作,企业与客户之间的中间环节减少,进而降低了流动成本。因此,企业在合作中追求协同优势的同时必然带来成本的节约,从而使中间性组织比传统企业更具优势。

4. 规模经济

规模经济存在的前提是专业化经济和广大的市场。专业化经济是分工的结果,分工的发展导致经济主体聚焦于越来越专业化的活动,专业化减少了经济主体的学习时间,并使其较快地达到熟练水平。当分工发生在企业内部时,企业内部就会实现单一产品和工厂水平的规模经济。当分工发生在企业之间,每个企业从事专业化活动将实现多工厂水平的规模经济。换言之,中间性组织网络内的分工,降低了网络内部单位产品的长期平均成本,实现了规模经济。

(三)中间性组织的主要形态

中间性组织是一种介于企业和市场之间,用于协调经济活动或交易、组织分工的制度形式。如果以市场和企业分别为一条直线的两个端点,则两端点间的全部区域都是中间性组织,直线上的任意一点都是一定比例的企业和一定比例的市场的结合。所以,不同比例的企业与市场相结合就会形成不同的中间性组织的组织形态。一般而言,比较具有代表性的中间性组织的组织形态包括:虚拟企业、企业集群、战略联盟、企业集团、特许经营和企业网络等。

1. 虚拟企业

虚拟企业是指在现代信息技术的支持下,当新的市场机遇出现时,具有不同核心能力或资源,并且相互独立的企业结成的动态联盟。其特点是:

(1)虚拟企业以商业机遇中的项目、产品和服务为中心,各个专业化企业以互联网的连接为基础进行合作。所以,特定企业间的合作与市场机会共生共灭。

(2)虚拟企业的成员具有较高专业化水平,在企业内部只保留最关键的功能组织,所有资源集中于核心业务,其他功能组织以各种形式借用外力将其虚拟化。

虚拟企业的实质是在企业内部引进市场机制,其优势体现在:

(1)层次少,易于形成高效率的经营管理决策。

(2)投入少,适应性强,管理灵活。

(3)专业性强,主业突出,具有创造高附加值产品和服务的潜力。

虚拟企业分两种形式:一种是功能虚拟,即将研发、生产、营销等环节委托给其他企业;另一种是形式虚拟,即完全依赖互联网,突破原有的企业实体形式,如各种网上商店和网上公司。

2. 企业集群

企业集群是在某一特定领域内相互联系的、在地理位置上集中的企业和机构的集合。一个集群一般包括一批对竞争起重要作用的相互联系的企业和其他实体,如零部件、机器设备和服务等专业化投入的供应商,下游销售渠道和客户,以及与研发技术相关的企业。

根据企业间合作关系的不同,企业集群可以分为水平型、垂直型、水平与垂直共存型三种形式。水平型的企业集群是指一定范围内的企业规模相对较小,市场价格机制在企业间合作的协调上发挥主要作用,而权威机制的作用较弱。垂直型的企业集群是指一定范围内大量中小企业围绕着一个或几个大型企业进行配套协作,以权威机制为主导,价格机制为辅助,集群中的大企业与中小企业往往采取承包制进行合作。水平与垂直共存型的企业集群是指几家或十几家大中型企业利用垂直一体化关系与其他小企业进行合作生产经营,而中小企业之间存在着水平关系上的相互合作。

3. 战略联盟

战略联盟强调的是企业间以提高竞争力为目的的战略合作,是两个或两个以上拥有不同关键资源的企业,为了彼此的利益而组建的合作关系。企业通过组建战略联盟,一方面可以简化重复性交易,降低市场风险,节省交易费用;另一方面也可以避免负担高额的一体化企业的组织费用。

从产权角度看,战略联盟可分为合资式合作、股权参与式合作和契约式合作三种。合资式合作是指由两家或多家企业共同设立的一家新的独立组织。合资企业的优势是可以同时获得独立企业的规模、范围经济及联盟带来的协同效应。股权参与式合作是指持有合作伙伴少量股份,以维系和确保双方的合作关系。持股的目的不是为了控制对方,而是为了形成一种可以置信的承诺。契约式合作是指合作伙伴以契约形式建立联盟,它在经营的灵活性、自主性和经济效益等方面更具优势。联盟内部各成员彼此依赖、相互依存,各企业既是委托人又是代理人,享有平等地位,在经营中保持相对独立。在联盟期间,三种合作形式的参与企业共享战略性资源,但是联盟解散后,战略性资源仍归原企业所有。在利益分配上,合资式合作和股权参与式合作须按照出资比例进行分配,而契约式合作则是按照契约规定进行分配。

4. 企业集团

企业集团是由母公司、子公司和关联企业等多个法人企业(有时也包含有部分非法人企业)组成的企业联合体,集团内各成员企业具有法人身份,产权关系是形成企业集团的最核心的纽带。关联企业不仅包括参股企业,而且还包括下包企业和分销商等。企业集团内部一般分为核心层、紧密层和松散层,其中母子公司控股关系构成企业集团的核心层,参股关系构成企业集团的紧密层,而关联企业则构成企业集团的松散层。从核心层到紧密层再到松散层,集团内部的企业属性逐渐减弱,市场属性逐渐增强。

企业集团一般具有三个特征:

(1)多法人。企业集团是由多个法人组织组成的企业联合体,各成员有各自的经济利益,又有共同的利益目标。

(2)多层次。企业集团各成员之间可以是横向联合,也可以是纵向联合或混合式联合,按股权参与分为核心层、紧密层、松散层。

(3)产权纽带。企业集团各成员以控股、参股形成资产产权纽带。

5. 特许经营

特许经营是一种以特许经营权的转让为核心的经营方式。特许者对受许者提供许可，使其进行经营，在组织、培训、商品和管理方面给予协助，并收取一定管理费用。

特许经营的特征有四个方面：

（1）特许经营是技术和品牌价值的扩张而不是资本的扩张，特许者转让自己的技术和品牌价值的经营权，受许者自行投资成立受许企业。

（2）特许经营是经营管理权对所有权的控制，受许者拥有受许企业的所有权，但受许企业的最终管理权由特许者掌握。

（3）受许者在经营过程中可以使用特许者或其所属公司的商标、商号、徽记、广告或商业象征。但是，受许者只能依据特许者规定的营销方案提供商品或服务。

（4）成功的特许经营是双赢的，特许者获得利润增长，受许者获得比单体经营更多的利益。

6. 企业网络

企业网络是指由契约、协议等非产权方式连接的企业联合体，是由一组自主独立且相互关联的企业，为了共同的目标，依据专业化分工和协作建立的，一种长期性的联合体。网络内各成员企业之间尽管实力上存在差异，但彼此之间不存在隶属关系。理解企业网络要把握：①企业网络是由一定数量规模的成员企业或组织构成，一般要 3 家以上。②联合体内的企业之间围绕某一共同的目标进行合作，是有指向的、长期性的契约联合。

企业网络具有如下特征：

（1）弹性生产联合体。一方面，企业网络中单个企业的生产总是集中于有限的产品，其生产过程具有专业化的特点；另一方面，企业网络内的企业在相互竞争中互补，网络作为一个整体其生产是相当灵活和多样的。

（2）企业网络长期交易的特征会弥补交易合同中信息不完全的缺陷。企业网络的基本功能就是挖掘综合优势，发挥协同效应，既提高企业网络化后的整体利益和维持企业的可持续发展，又使企业网络中的成员企业获得比以前单个企业更大的利益。企业通过以网络为纽带形成的资源、品牌、信息等优势可增强与竞争对手的竞争能力。

二、数字媒体的中间性组织

（一）数字媒体中间性组织的特征

事实上，伴随着先进信息技术在中间性组织网络中的广泛应用，不仅使获取、传递市场信息变得越来越快捷，同时也使选择、组织合适网络成员进行生产的速度大大提高。中间性组织特征发生了变化，具体来说：

1. 组织边界：向延伸融合的生态体系转变

在数字经济背景下，中间性组织不仅摆脱了只依靠内部资源的传统模式，实现了对外部资源的有效整合，还使得企业的内部组织边界、市场边界、竞争者与合作者的边界、生产者与消费者的边界逐渐被打破，跨界融合和开放发展成为新常态，组织生态体系发生了根本性转变。例如，浙江日报报业集团提出了"新闻＋服务"的发展战略，在其平台上探索"新闻免费，服务收费"的增值服务模式,通过免费新闻吸引用户,再通过多元化和个性化服务(政务、电商和网络游戏等)来获取收益,这种方式将新闻媒体行业同其他行业融合在一起,形成了"新闻+"的新型生态体系。

2. 管理机制:向层级缩减的扁平化转变

在数字经济背景下,产品和技术高速更新迭代,新兴业态也以指数倍增长,组织需要充分整合内部和外部的能力和资源,避免重复投资与积累,快速形成较强的市场竞争力,以适应外部市场的变化。为了保持这种灵活性,组织层级会降低,提高沟通效率,所以扁平化成为其主要发展趋势。

3. 组织方式:向"平台+个人"的分工协作方式转变

在数字经济背景下,组织以"平台"的形式来创造和传递价值,生产者、消费者及平台本身都进入了一个多变的关系网中。以平台为核心,生产者、消费者和产消者之间发生交换,有时共同创造了价值,形成了"平台+个人"的分工协作方式。不仅如此,在大数据和人工智能等新兴技术支持下,以平台为中心的网络关系更加紧密,价值创造和价值传递更加高效。例如,传统媒体行业,单向地向受众提供筛选过的信息,受众被动接受;但在媒体融合背景下,受众不仅能够主动选择信息,还能够转变为信息生产者,加入到组织的信息生产中。

【延伸阅读】

数字媒体中间性组织 MCN

MCN(Multi-Channel Network,多频道网络)机构最早起源于美国 YouTube,是内容创作者和平台之间的中介机构。它不生产内容,只将内容创作者聚合起来建立频道,为创作者提供广告代理、合作伙伴管理、版权管理、粉丝运营等服务。从产业链来看,MCN 机构处于整个产业的中游,扮演着链接创作者、平台、商家的角色。一方面,签约众多内容创作者,是各种 PGC、UGC、KOL 的提供方。对于红人、KOL 等内容创作者,MCN 机构协助他们实现持续优质内容的输出,实现规模化的同时又是定制化的内容生产者,创作者需要 MCN 机构在选题策划、内容创作、制作拍摄等各阶段提供专业化支持、团队协作和流程化管理。创作者还需要依赖 MCN 机构为他们进行广告资源对接、流量获取和商业变现拓展。另一方面,它同时对接社交、电商等各类平台及商家、品牌方,帮助它们建立自身内容生态,以及利用内容进行流量转化。对于平台,MCN 已经成为平台方构建自身内容生态的重要渠道。与逐步吸引单个用户进驻平台相比,平台直接对接拥有批量作者的 MCN 机构,无疑是最高效的做法。对于商家或者企业,在网红营销、内容营销、社群营销逐渐超越传统营销的今天,它们自然要积极寻求与那些拥有内容、流量资源的 MCN 机构合作,帮助它们实现商品或者品牌的多平台曝光,实现从流量到购买的转化。

复杂的媒介环境使得渠道更为分散,作为中介方的 MCN 有了更大的产业价值。相比于海外 Facebook、YouTube、Instagram 的几家独大,国内的内容平台不仅囊括了社交、资讯、短视频、直播、垂直、电商等众多种类,每个种类也存在多个竞争激烈的平台。多元平台为各年龄段、各阶层消费者提供了丰富的选择,拓宽了网红市场空间,为 MCN 公司和内容创作者提供了机会。多元平台、分散渠道减弱了 MCN 机构对于特定平台的依赖,提升其议价能力;有助于 MCN 机构精准触达特定消费群体;使得内容生产进化出多重业态,变现通路更加丰富。多元平台竞争背景下,为了吸引流量,并保证平台内容的丰富度,国内平台大多给予MCN机构相应扶持政策,如现金补贴和资源、流量倾斜的方式给予激励。网红为了获取流量和资源支持,会更倾向选择与MCN签约,进一步促进了MCN机构的发展。随着直播带货成为全民热点,我国MCN机构迎来爆发增长,除了新兴的MCN机构之外,还有许多传统影视公司、营销公司、艺人经纪公司等。近年来,伴随着融合转型的战略升级,央视、湖南广电等数十家传统电视台也开始布局MCN业务。据统计,全国已有28家广电媒体成立了36家MCN机构,重新整合优化媒体资源,通过栏目以长化短、主持人IP打造等轻量化转型促进融媒体改革,重新激发广电机构的商业活力[1]。国内MCN机构从2015年的160家迅速发展到2019年末的6700家[2]。从网红培育方式来看,国内MCN机构大体上可以分为孵化型和签约型。从商业模式来看,国内MCN变现方式包括广告、电商、直播打赏、知识付费、IP授权、版权业态、平台补贴等,其中广告、打赏、电商是其变现的主要方式。电商又可进一步划分为以李子柒、张大奕为代表的内容电商和以李佳琦等为代表的直播电商。

【本章小结】

数字媒体产品或服务定价行为主要分为价格歧视、掠夺性定价以及价格卡特尔三种形式。

价格歧视就是企业在出售完全一样的或者有差异的同类产品时,对不同的消费者索取不同的价格。掠夺性定价(predatory pricing)又称驱逐对手定价或劫掠性定价,是指企业为了把对手挤出市场和吓退试图进入市场的潜在对手,而采取的降低价格,甚至低于成本的策略。价格卡特尔主要有两种定价方式:垄断高价或降低价格以排挤非卡特尔企业。垄断高价会吸引更多的潜在进入者进入市场;降低价格以维持市场份额的方式仅适用于短期。

数字媒体企业生产的是以信息和内容为核心的产品或服务,其创新主要表现为内容创新,具体到策略上就是内容的差异化战略和内容的竞争性复制。

在数字化技术下,信息交互方式的变化打破企业组织的内外部边界,交易成本的降低也带来企业组织模式的变革,催生了新的组织形态,如企业集团、企业集群和虚拟企业等,学术界将这些新兴的经济组织统称为中间性组织。

中间性组织,是一种介于企业和市场之间,用于协调经济活动或交易、组织分工的制度形式。中间性组织兼具企业的权威机制和市场的价格机制优势:一方面克服了市场失灵,降低交易成本;另一方面它又克服了企业失灵,降低管理成本。因此,中间性组织在对市场的反应速度、研发、协同效应、规模经济等四个方面具有优势。

在数字经济背景下,中间性组织特征也发生了变化,具体表现为向延伸融合的生态体系转变、向层级缩减的扁平化转变以及向"平台+个人"的分工协作方式转变。

---

[1] 2020年主流媒体融合传播效果年度报告[EB/OL]. https://mp.weixin.qq.com/s/DgspZMsC1-ksjBT6e2nBOw.
[2] Fastdata极数. 2019年中国短视频行业发展趋势报告[EB/OL]. http://www.199it.com/archives/1007147.html.

【思考题】

1. 画出三种价格歧视的图,结合图谈一谈三种价格歧视的优劣。
2. 什么是内容差异化战略,其一般分为哪几种?
3. 比较企业、市场、中间性组织。
4. 阐释中间性组织的六种主要形式。

第六章
数字媒体产业的市场绩效

【思政案例】

如何拯救困在"算法"里的孩子？
应该让用户有"关闭算法"的选择权

互联网平台企业在追求市场绩效的同时,也应重视其生产的数字媒体产品对于社会所产生的影响力,不应在双边市场下,单纯地追求将受众注意力进行二次销售从而收益最大化。

"原本把手机留给孩子是想方便联系、开阔孩子视野,没想到她沉迷于刷短视频。""连续滑动几个视频全与游戏相关,不想看都不行。""孩子抱着手机刷个不停像是中了毒……"

这是来自许多家长的困扰,更是青少年们目前所面临的难题:当他们埋头在自己喜欢的信息上不亦乐乎的时候,殊不知,已经不知不觉中成为了被困在"算法"里的孩子。

近年来,互联网平台的内容推荐方式屡屡引发争议。有些短视频平台、新闻客户端和社交媒体以"算法"为核心进行内容推荐,表面是为迎合观众喜好,实际却被资本操纵,遵循"流量为王"的利益逻辑,向观众推荐获利最大化的内容产品。甚至有些App平台传播的内容不乏低俗、恶趣味信息,这些价值观导向错误的内容严重污染网络生态,并且误导用户心理和社会风气。

青少年作为特殊的用户群体,价值观尚未健全,缺乏识别正确价值观的能力,极易掉进互联网平台设置的"算法陷阱"里。而这些困在"算法"里的孩子,对信息的选择范围越来越窄,不仅难以靠自己走出来,久而久之,易形成扭曲的价值观,成为资本逐利的牺牲品。

让孩子走出"算法困境"已成为当下社会的重大课题,需要社会各界合力破解。首先,互联网平台应对系统进行更新升级,设置"关闭算法推荐"的选项,给用户自主选择观看内容的权利。在"算法"设置上面,除了资本利益以外,也应考虑社会公益,承担社会责任,向用户传播正确价值观导向的信息。

面对"算法"产生的社会问题,相关政府部门应引起高度重视,尽快完善管理制度和相关法律法规,对互联网平台进行精准监管。针对负面信息的恶意传播,应形成惩罚机制,严厉打击相关责任人,起到有效的警示作用。

对青少年来说,提升网络素养是互联网时代的重要一课。学校可以设置网络素养相关课程,普及网络生态知识,让学生了解互联网的利与弊,避免被负面内容带偏、误入歧途。家长在日常生活中要加强对孩子的陪伴和关注,引导青少年形成正确的上网习惯。

资料来源:张婉祎.如何拯救困在"算法"里的孩子?应该让用户有"关闭算法"的选择权[J].半月谈,2020(5).

根据上述思政案例内容,思考以下问题:

根据上述新华社《半月谈》关于互联网平台"算法"推荐对青少年儿童产生的负面影响的讨论,结合本章经济学内容分析案例中互联网平台采用"算法"所产生的市场绩效,并结合有关政策,对于案例中的现象提出两条具体整改措施。

【本章知识结构图】

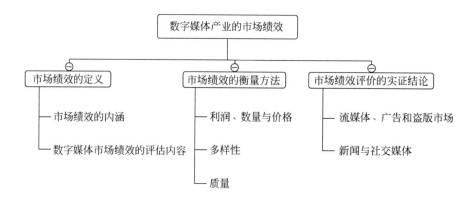

第一节 市场绩效的定义

一、市场绩效的内涵

传统产业组织理论定义下的市场绩效是指在一定的市场结构下,通过一定的企业行为,使某一企业在价格、产量、成本、利润、产品质量、产品多样性及技术进步等方面所达到的状态。研究市场绩效问题,就是探讨企业的经营是否增加了社会福利,是否满足了消费者的需求。也就是说,市场绩效关注的是企业是否提高了生产效率、是否实现了资源配置效率、是否生产了满足社会需要的产品,是否生产了满足社会需要的数量。

评价数字媒体市场绩效可以根据四个基本变量:价格、数量、质量和多样性。广义媒体市场中,公司效益和公众效益是市场绩效的主要内容。媒体市场绩效的主要构成部分包括:技术方面和分配方面的效率、公平和进步。在公司层面上,主要考察利润衡量绩效;在市场层面上,企业所提供产品的数量、质量、多样性是衡量的重点。以上四个变量都与社会福利相关,但传媒经济学家也常根据经济满意度来对绩效进行定义。

二、数字媒体市场绩效的评估内容

(一) 数量与价格

1. 媒体产品消费的低价格与高数量

与传统研究广义的(包含数字媒体产品和非数字媒体产品)的经济学相比,数字媒体经济学对价格和数量的讨论是类似的。经济学家会好奇付费的电影、MP3、电子游戏等数字媒体产品的定价和销售数量。特别地,传媒经济学常会根据购买某种特定商品或某类产品的买家、观众、听众或读者的数量来定义媒体产品的销售数量。

大多数数字媒体平台不仅向产品的直接消费者提供服务,他们同时也将所有的(或部分)消费者的注意力资源打包向广告主销售,这是传媒经济学研究中的一个复杂的方面。概括地说,平台上存在两组网络外部性——一组参与者的数量增加将提高另一组参与者购买商品或服务的效用,形成双边市场。Rochet 和 Tirole(2003)认为,双边市场的一个特征是两个最终用户群体间的不对称定价,因此对价格与数量的绩效指标衡量需要更多的斟酌[①]。在数字媒体市场中,常见的例子有:一个节目的观众越多,广告主愿意为登载广告支付的价格就越高,而相对地,观众可能甚至不必为观看付费。尽管广告可能也会产生其他负面的社会影响,但从经济福利的观点来看,双边市场下消费者面临的低价格与高消费数量一般是有效率的。

2. 竞争媒体企业的数量

除了消费数量,数字媒体市场上的企业数量也是市场绩效评价的重要标准之一。市场上是否存在足够多的媒体数量以提供更为多样化的内容,是衡量媒体市场绩效的重要标准。媒介经济学家形成了以下理论来解释媒体数量。

(1) 密度依赖模型。密度依赖是指产业中的组织数量(密度)对企业在进入市场、退出市场或存活过程中产生的影响。这些影响由于企业的存活年龄不同,在其合法化和竞争的过程中,其进入市场率及退出市场率会发生系统化的改变。根据密度依赖模型,进入市场的传媒企业在数量上呈现倒"U"形曲线函数。在新的传媒产业引进阶段,企业数量少,进入市场率也低,因为组织的形式还没有被充分固定下来。当公司的形式固定下来,公司数量的增长激发进入市场率的上升。当既有的企业数量多,竞争的抑制效应强,进入市场率开始降低。

特殊的环境资源同时影响企业数量的扩增及企业间的竞争程度。竞争与环境资源的改变,决定了企业数量的上限,这个上限由产业承载容量所决定(Hannan & Freeman, 1977)[②]。当传媒公司的数量接近承载容量上限,新公司的进入门槛将大大提高。

(2) 资源划分模型。资源划分模型主要考察大型多元化经营的传媒公司之间的竞争。竞争程度取决于经济规模,经济规模主要体现在多元化经营的公司中。当市场高度集中,并

---

① Rochet J C, Tirole J. Two-sided markets: a progress report[J]. The RAND Journal of Economics, 2006, 37(3): 645-667.

② Hannan M T, Freeman J. The population ecology of organizations[J]. American Journal of Sociology, 1977, 82(5): 929-964.

被几家多元化经营的企业寡占时,特定的媒介公司的机会就增多了。更多的资源空间来源于经济规模的增长,给细分参与者留下了市场空间。一个特定的传媒产业有越多的资源空间,就有越高的市场进入和退出的比例。企业在规模逐渐成长的趋势下,在多数丰裕的媒介细分市场中激烈竞争,能存活的传媒公司成为大公司,差异化程度降低。建立在特殊细分市场的公司能躲过强大的竞争并增加存活机会。

以 MCN 市场为例,MCN(Multi-Channel Network)是一种多频道网络的产品形态,将专业生产内容(PGC)联合起来,在资本的有力支持下,保障内容的持续输出,从而最终实现商业的稳定变现。随着直播、短视频、电商等网红经济产业渠道不断扩展,国内的 MCN 机构在各大平台的助力下迅速扩张版图,并衍生出了头部 IP 型 MCN、电商型 MCN 等不同类型的 MCN 机构。MCN 机构作为内容生产方的资源面覆盖更广泛,工作流程更专业,可控性更强。近年来,越来越多的广告、代理资源方青睐与 MCN 机构合作。如表 6-1 所示,我国 MCN 机构数量增长迅速,2016 年尚不足 500 家,到 2017 年飞速增至 1 700 家,2018 年更是一举突破 5 000 家,到 2019 年,我国 MCN 机构数量达到 6 500 家,比 2018 年增加 700 家。

表 6-1 2015—2019 年中国 MCN 机构数量变化

年份	数量(家)	增长率
2015	510	—
2016	980	92.1%
2017	2 300	134.7%
2018	5 800	152.2%
2019	6 500	12%

(二)多样性

人们对媒体产品的消费"十分缺乏耐心",媒体产品的生产者面对的是一群多变的消费者。极端情况下,一旦一个人觉得一部某一类型的电影无聊,之后可能不仅这一部电影,该类型的其他电影也不会出现在他未来的观影计划中。媒体产品多样性的市场绩效是数字媒体经济学的一个核心问题,产品的多样性影响消费者的满意度。如上所述,与"单一"相比,观众更渴望媒体产品的多样性。比如,新闻媒体的受众不仅需要国际的、国家的新闻,也需要本地的新闻;对某些他们关心的议题,仅仅单方面的陈述可能也不能满足他们的需要,对立观点的补充思辨能够提升他们的阅读体验。

(三)质量

由于数字媒体产品边际成本低的特性,数字媒体经济学中产品质量的含义某种程度上更为苛刻。对这一类产品质量的定义可能需要从美学、传统习俗等非经济学、不可量化的维度进行评估。但幸运地,数字媒体产品质量至少存在一个维度可以量化:一个数字媒体产品初版的生产成本。一首歌曲的创造需要付给编曲者、作曲者、演唱者相应的酬劳,也要付给录音棚一定的租金……所有这些费用加在一起,就作为这一首歌曲初版的生产成本,而它的复制几乎不耗费任何资源。一般来说,一个媒体产品初期投入资源越多,对观众就会更有吸引力,虽然这也并非绝对。产品本身蕴含的技术也可以用来衡量产品质量,如 2K 分辨率的视频与仅仅480p分辨率的视频相比,前者使观众获得的视觉体验会明显优于后者。在大多数情况下,本章所述媒体产品质量最重要的维度是初版生产成本。

数字媒体产品的质量评价主要基于三个方面:
(1) 客观品质特征,如成本、类型或渠道等方面。
(2) 主观品质特征,如基于受众满意度、参与度的评价。
(3) 社会品质特征,如媒介产品满足文化、政治和社会目标的能力。

(四)社会福利

四个描述数字媒体市场绩效维度的度量最终都要汇集在我们对社会福利的关注中。社会福利是对绩效最基本的评价指标,福利经济学通常认为,评价政策或技术上的外生冲击带来的社会福利改变,最重要的标准是是否使最大多数人的福利得到最大限度地提高。但社会福利的计算需要许多严苛的假设条件。一个简单而失真的例子是,假设媒体市场上只存在一个消费者和一个生产者,生产者只生产一个产品,这个产品的成本是8元,售价为10元,消费者对这个产品的支付意愿(最高愿意付给的价格)是11元,产生的3元的总剩余(1元的消费者剩余+2元的生产者剩余)即最终的社会福利。

显然,这个例子忽视了现实经济活动中存在的种种干扰因素。计算媒体市场中社会福利会面临较大的限制。第一个原因是上文所述的双边市场和广告,由此获得的成本无法反映真实的机会成本。第二个原因是消费者的支付意愿难以获知,了解每个消费者对所购买的东西的支付意愿是十分困难的。第三个原因来自媒体产品本身的外部性,媒体产品形式上是承载信息的媒介,其价值不只来自对它们的消费,还受到使用条件与特定使用属性的影响。比如,普及、易得的优质教育资源能够提高社会平均素质,带有特定倾向的信息能够改变受众的偏好等。社会中的绝大多数人相信媒体能够对它的受众或整个社会产生重大的社会、政治、文化的影响,所有这些影响都可以归为经济外部性。因为难以衡量这些影响的价值,又引出了另一种重要的市场外部性——不确定性,信息的价值在其被消费之前并不确定。

四个维度之间的权衡造成了难以解决的基本的社会福利的权衡取舍问题:四者在社会福利中的组成结构如何?同时,即使假设四个维度对媒体市场社会福利的影响都是线性的,四者对经济福利变动的贡献率也难以测算。比如,我们很难判断程度更高的多样性、更高价格的组合与较低程度多样性、较低价格的组合哪种更加合意。

第二节 市场绩效的衡量方法

一、利润、数量与价格

三种不同衡量方法被普遍地用于估量利润或反应价格与成本之间的关系,以竞争为基准进行比较,得到市场绩效的评价。三种衡量方法分别为:收益率、价格—成本加成、托宾q值。

(一) 收益率

收益率是一种衡量每单位投资获利多少的方法。收益率的计算可能很难,有时必须进行不同程度的折中,但折中会使最终结果发生偏差。收益率的计算使用的是经济利润(收入减去机会成本),而非会计利润(使用标准会计准则计算的利润)。研究者必须在计算任何收益率之前调整会计利润以反映经济利润。

经济利润与会计利润之间存在着几个重要的区分。主要的区分是关于长期资本资产,如房产、设备等。经济利润等于收入减去劳动力、原材料和资本使用的成本(租金)。收入、劳动力成本和原材料成本的衡量一般来说是比较容易的,问题在于资本使用的成本。如果所有的资产是租赁得来,那么资本使用的成本就等于资本租赁的总费用,总的租赁费用=每单位的租金率×资本单位数。恰当的资本成本衡量方法是流量(一段时期内资本租赁的价格),而非存量(机器、设备的购买费用)。如果存在发展良好的租赁市场,那么计算资本的租金率和经济利润就相对容易;当租金率不是现成可得时,经济学家就必须在计算经济利润前明确算出租金率。

在计算决定长期经济利润的资本租金率的过程中,资本资产应以重置成本估价,重置成本是购买可比质量资产的长期成本。如果资本以重置成本估计,那么低的收益率就是新的资本不应该进入产业的信号,而高的收益率是新资本应该进入产业的信号。

我们用经济利润除以企业的资本价值代表资本的收益率。经济利润、资本的收益率和资本的租金率之间存在密切的关系。资本在使用过程中会发生折旧,折旧是资本在使用期间经济价值的降低。在资本提取折旧后,租金率必须能够向资本的拥有者提供一定的收益率。对投资者关系重要的是减去折旧率后的收益率。因此,租金率可表示成资本的收益率 r 加上折旧率 δ。最终,收益率可以由下式计算:

$$\pi = R - C_L - C_M - (r+\delta)P_K K \tag{6-1}$$

式(6-1)中,π 表示获得的利润;R 表示收入;C_L 表示劳动力成本;C_M 表示材料成本;$(r+\delta)P_K K$ 表示资本成本,$(r+\delta)$ 为租金率,$P_K K$ 为资本价值。

令 $\pi=0$,解出收益率 r,如式(6-2):

$$r = \frac{R - C_L - C_M - \delta P_K K}{P_K K} \tag{6-2}$$

由于会计定义代替了经济定义,资本很难被恰当地估计,折旧、长期投资(广告、R&D)、货币价值、税收等因素的干扰,让收益率的估算存在很多困难。如果研究使用了不同的方法系统,那对不同研究中收益率绝对水平的比较也是危险的。另外,与传统行业相比,数字媒体企业拥有大量的虚拟资本,这也影响了数字媒体市场中经济利润的估算,现有研究中较多的是知识产权(工业产权和著作权)使用成本的计算。同样,如果我们将人们的注意力资源也看作一种资本,这种资本每年的折旧率是多少?更现实的,如果一个广告主需要委托一名人气主播进行推广,广告主对不同粉丝量、粉丝结构的主播支付价格的策略应该如何?这些问题都会影响到数字媒体经济学意义上的收益率估算。

(二) 价格-成本加成

为了避免收益率计算中存在的诸多问题,经济学家们使用"价格-成本加成"(又称勒纳指数)衡量企业的绩效。"价格－成本加成"是将价格和边际成本的差额作为价格的分子得到的,即$(p-MC)/p$。在一个以利润最大化为目标的企业中,价格－成本加成等于企业面临的需求弹性ε的负倒数。

"价格－成本加成"的使用比收益率的使用要简单许多。但由于边际成本的数据较难获得,许多研究者使用平均成本代替边际成本进行计算,他们对"价格－平均成本加成"的近似方法一般是用销售收入减去工资,再减去以销售额平均的原料成本,也就是说,倾向于忽略资本、R&D和广告成本。这种方法可能会导致偏差,它与真实值的差距等于资本的租金价值除以产出的价值。

(三)托宾q值

托宾q值是一家企业的市场价值(通过公开市场的股票、债务价值计算)与这家企业资产的重置成本的比率。这种方法相较前两者更加容易,它避免了估计收益率和边际成本的困难。但另一方面,为了使q值具有意义,企业资产的市场价值与重置成本都需要精确地计算。

资产的市场价值衡量可以通过加总企业在公开市场上发行的证券的价值。获得企业资产的重置成本则要困难得多,除非存在一个二手市场。广告、R&D等虚拟资产,包括互联网时代出现的更多新形式的资产,其价值难以估计,因此托宾q值通常大于1。托宾q值应该更多用于衡量市场力量,即拥有市场势力的企业超额索价的程度。

在数字媒体市场中,以上方法都存在一定漏洞,因为对利润、数量与价格的估算潜藏了一个不现实的假设:消费者所消费的商品是完全替代品(同质商品),但这与数字媒体市场的特征相悖,现实情况十分复杂,市场中商品大多不能完全替代,消费者可能偏好一种商品的同时厌恶另一种商品。因此,除了对利润、价格和数量的讨论,我们也需要放松商品同质的假设,加入数字媒体产品质量与多样性的讨论,进一步地探究数字媒体市场绩效的衡量。

二、多样性

数字媒体市场的多样性可以从两个方面进行定义:第一种方法是计算某个时点或时间段内可以得到的不同产品的数量;第二种方法是计算可得到的媒体产品相互之间有多大的不同,或它们是否吸引不同的人群。媒体产品之间的差异很多是主观的、难以定义的。本质上,对差异的衡量是在验证不同的"爱好"是否得到满足,我们对多样性的聚焦主要在上述的产品数量或"典型"数量。

数字媒体产品生产的一个的特别重要特征是数字媒体产品较高的初版生产成本和较低的甚至为零的边际销售成本,产品的平均成本随着受众的不断增多都趋于减少。这带来了产品价格和多样性之间的一种权衡:生产越多存在差异性的产品,社会总体需要支付的成本越高,终端用户(消费者和广告商)需要付给更高的价格。也就是说,初版生产成本越高,相同程度的数字媒体产品多样性的实现也就越昂贵。

理论上,社会存在一个多样性供给的最优水平。一方面,随着规模经济效应的提升,数字化媒体市场的结构存在集中化的趋势;另一方面,消费者对多样性的需求会限制集中化趋势,如果某些消费者有十分强烈的偏好,他们的支付意愿也能覆盖所偏好的媒体产品的生产,那么尽管市场规模较小,相应的产品也能够被生产出,在利润的激励下,各个生产者之间会在不同偏好消费者群体中进行竞争。需要说明的是,低边际成本的假设不能推导出市场多样性需求的完全满足,从社会福利角度上,满足极其小众的品位是得不偿失的。

传统媒体也存在"高初版成本、低复制成本"的特征。与传统媒体时代相比,数字媒体的传播更接近"零边际成本"的假设,作为信息媒介的电子比特的复制几乎没有任何成本。同时,互联网的普及使消费者能够更便捷地表达自己的喜好,技术上的进步使创作的成本(初版生产的成本)显著降低。与传统媒体相比,数字媒体的多样性能够触及消费者需求"长尾"的更远端。

多样性的测算还与确定市场范围有关。我们将通过几个模型来在特定条件(特定的频道容量、成本支持系统和市场结构)下探究最优的多样性水平。之后也将加入对质量的分析,探究数字媒体市场绩效数个维度之间的权衡关系。

代表性消费者模型由张伯伦提出,用于检查生产同质或异质商品的垄断竞争行业。我们首先从同质商品出发,将假设扩展到异质性商品。分析表明,一般来说,在商品存在异质性的市场上,垄断竞争均衡的均衡价格和多样性程度不是社会最优的。

在最基础的模型中,不同品牌产品是同质的,所有品牌产品具有相同的特征。利润最大化行为决定了每家企业的产出和厂商数目,即每家企业选择它的产出使与它面临剩余需求曲线相对应的边际收入 MR 等于它的边际成本 MC。企业间也是同质的,生产存在正的固定成本 F,单个企业的最小有效规模小于市场规模。

在垄断竞争模型中,企业能够自由进出市场,这一条件决定了行业内部的企业数目(也就是多样性程度)。行业外的其他企业一直进入某个行业,直到下一个进入企业获得利润为负后,则停止进入,也就是说企业的平均成本曲线将与企业面临的剩余需求曲线相切或相交,但下一个企业进入后平均成本曲线将在剩余需求曲线上方,因此行业内的企业数 n 是内生的,如图 6-1 所示。

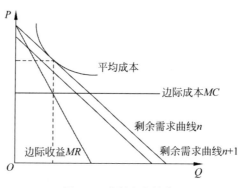

图 6-1 垄断竞争均衡

与福利最大化的社会最优解相比,在同质商品的简单模型中得到的均衡解存在两个福利或效率问题:第一,由于价格高于边际成本,企业总产出太少,新增一单位产品对消费者增加的效用高于企业生产的成本;第二,当边际成本不增长(不变或随产量下降)时,企业数会过多,每一家新进入的企业必须支付额外的固定成本。在同质商品模型中,社会的最优解为:向企业补贴,促使生产所有的产出,并要求价格等于边际成本。

我们放松假设。如果所有企业都生产异质性的商品,以上垄断竞争模型的实质保持不变。企业的利润最大化行为仍然要求 $MR_r = MC$,只要利润为正,仍会有新厂商进入。放松假设对以上模型的唯一修改,使厂商的剩余需求曲线取决于它的每一个竞争对手各自的产量,而非仅取决于总的产量。

加入产品差异使模型变得复杂了,每家企业的需求曲线可能不同于另一家企业的需求曲线,因此研究一家代表性企业或许不够。但是,尽管产品存在差别,每家企业面临的需求曲线的一般形式可能是相同的。假设所有企业都面临线性的剩余需求曲线,由于其他企业生产的产品是关系不密切的替代品,每家企业对自己产品的产量变化要比对它的竞争者们的产量变化更加敏感,更加陡峭的剩余需求曲线赋予了企业更强的市场力量。

在异质产品市场上,福利的最优解法会改变。一般来说,异质产品的垄断竞争均衡解存在两个问题:①价格与多样性水平都不是最优的。②与同质产品模型相同,价格仍然高于边际成本。但当产品存在差别时,多样性可能太多或太少。

在垄断竞争均衡中产品的多样性由两个因素决定。

(1) 固定成本。如果固定成本高到使企业亏损,那么即使价格高于企业的可变成本,存在高度需求的产品也可能不被生产出来。如果这些产品能够生产,那么消费者剩余增加的绝对值将高于生产者剩余减少的绝对值,也即多样性低于最优水平。

(2) 一家企业对其他企业的影响。当一家企业引进一个新品牌时,它会忽略它增长的竞争力量对其他厂商利润的影响,类似于"公地悲剧",当它生产的产品是其他品牌产品的替代品时,它的一部分利润来自其他的品牌。由于企业存在忽略对其他企业影响的倾向,它们具有引入过多品牌的趋势。

因为两种因素以相反的方向产生作用,与社会最优相比,市场自发形成的结果可能会存在过多或过少的品牌。

在考虑品牌数目(多样性)和每一品牌生产数量之间权衡的最优均衡中,后者由价格决定。为简单起见,假设品牌数 N 完全反映了多样性的价值;品牌越多,消费者境况越好,其他不变。如果所有商品按成本函数被生产,并面临相同的需求曲线,那么均衡时每一品牌的产出单位数也都相同。此时,均衡可由品牌数 N 和每一品牌产出量 Q 的组合概括。

为说明多样性和产量之间的权衡,假设经济中存在总量为 C 的投入,每单位产出的边际成本恒定为 MC,固定成本为 FC。由此能够推导出一条生产可能性边界(PPF):社会总投入产出的每一品牌产量与品牌数可行的组合。

社会关于产量和多样性水平的偏好由无差异曲线概括如图 6-2 所示。E 点是生产可能

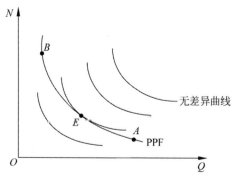

图 6-2 最优多样性水平与产量

性边界与一条无差异曲线的切点,它代表了社会最优选择。在经过 E 点的无差异曲线之下的任何一点,其代表社会福利水平都更低;而在这条无差异曲线之上的任何一点都高于 PPF 曲线,因此不可能实现。在 PPF 上的 A 点代表一种可能的垄断竞争均衡,但与最优水平相比,市场内生产的产品品牌数太少,每一品牌产出更多;在 PPF 的 B 点上,市场内生产的品牌数太多,但每一品牌的产出太少。

三、质量

经济学上,媒体产品质量最重要的评价指标是初版生产成本,这是由媒体产品生产普遍存在的规律导致的。在之前对多样性分析的各种模型中,我们把多样性过分简化了。我们假设媒体产品的初版生产成本对消费者需求的影响是中性的,初版生产成本的变动不会影响消费者需求,只会由不同的成本水平影响边际利润,进而影响可以实现的多样性水平。在另一类模型中,研究者们加入了产品质量的讨论,他们认识到媒体产品质量体现于初版成本。因此频道的运营者可以通过增减初版投资来增减产品的质量,从而吸引更多或更少的消费者。也就是说,初版生产成本现在是非中性的。

内部产品质量模型的理论由 Shaked 和 Sutton(1983)于 1983 年提出。该理论认为,在产品质量体现在生产准备成本的行业内,如果边际成本足够低,那么随着市场规模增大(例如需求量增大),产业集中程度并不一定会降低[1]。对这种结果的直觉产生于经济规模,随着需求上升,一个制作者可以通过提高产品质量来设置进入壁垒,阻止、挤压潜在的新进入者。与提供差异性产品的新进入者相比,制作者能够给更大范围的消费者提供价值更高的产品。

对产品质量的研究通常和产品多样性结合。在 Wildman 和 Lee 提出的模型中,随着频道数量增加,节目制作将越来越廉价,竞争性复制的现象更加普遍[2]。这个结论可以用一个简单的例子说明:如果频道数量增加后,市场规模持平或缩小,那么每个频道预期得到的利润就会减少,从而促使它们选择初版生产成本更低的产品品类。

Waterman 使用了塞洛普圆周模型,并在其中加入了可变的初版生产成本的讨论。他发现,在竞争市场中从广告支持转向付费电视支持并不一定会带来产品多样化,其结果可能只是更高成本的节目,降低制作成本的技术进步也导向类似的结果。我们用一个简化的例子来说明他的观点[3]。

如表 6-2 所示,我们假设有两种节目成本选项,一种是低成本节目,需要 5 单位的投资,另一种是高成本节目,需要 10 单位的投资。在最初的市场上,这两种成本各自能产生 6 单位和 9 单位的最初市场需求。注意,从低成本到高成本制作投资从 5 单位翻倍为 10 单位,但市场需求并没有同步,这个假设合理地反映了投资的边际回报递减的规律。在这种条件下,提供高成本节目的垄断制片人将会亏本,因此垄断制片人倾向提供低成本节目。

---

[1] Shaked A, Sutton J. Natural oligopolies[J]. Econometrica: journal of the Econometric Society, 1983: 1469-1483.
[2] Wildman S S, Lee N Y. Program competition in a broadband environment[D]. Columbia University, 1989.
[3] Waterman D. Diversity and quality of information products in a monopolistically competitive industry[J]. Information Economics & Policy, 1989, 4(4): 291-303.

表 6-2　产品质量与市场规模

节目成本选择	最初市场需求
低(5)	6
高(10)	9

而如果市场规模扩大为从前的两倍,制片人制作高成本节目能够赚取更多的利润。制片人增加制作成本的动机可以追溯到媒体产品供给的极端规模经济(极低的边际复制成本)。当市场规模翻倍,再多投资 1 单位货币的边际生产率就会自动翻倍,引导制片人扩大投资,直到该投入的边际回报跌回 1 单位货币。换言之,当制作产品从一个质量水平提升到一个更高的水平的时候,随着潜在观众增加,每个观众对应的一次性付清的成本就会下降。

Bourreau(2003)利用线性双寡头模型说明,由于存在缓解价格竞争的动机,一般与广告支持相比,付费支持系统能够产生更多的多样性。[①] 假设广告商为每个观众的付费率是固定的,在广告支持系统下,两个频道倾向于相互模仿对方的内容,因为他们无法利用价格来缓解竞争。为弥补价格的刚性,双方将进入激烈的质量竞争。在广告支持系统下,节目质量和差异化结果会随着广告商的付费率变化而变化;如果广告价格较低,那么与付费支持相比,节目的质量较差,差异性也较小;如果广告的价格足够高,节目质量将比付费系统下的质量更高。尽管这一模型的结果与斯特纳模型相似,但它内在经济运行的机理更加复杂。

Mangáni(2003)也研究了存在固定节目制作成本的双头垄断电视广播模型中广告的影响,但却得出了不同的结论。[②] 该模型假设,对观众而言,广告是一种厌恶品,但该模型证明了,受众规模最大化战略下,广告商支持的追求实际上也能够促使节目的多样化。其内在机理为,广告量类似于价格,节目之间差异性越大,观众更有可能获得满意的内容,因此每个观众愿意忍受的平均广告时间就越长。作为回报,广告收入越高,就有越多的高质量节目被制作出来,这进一步吸引了观众。与以往的论文不同,Mangáni 确定了一种新的机理,这种机理中,广告不会减损,反而会增加节目的多样性。

理论模型只给我们提供了关于市场结果或消费者福利很少的明确的预测,这主要是因为这些模型建立在关于观众偏好的大量无法证实的假设上。但这些模型也给我们提供了描述价格、观众规模、多样性、质量、广告量、节目内容,以及其他方面的经济权衡的有效的工具,阐明了在特定的频道容量、成本支持系统和市场结构下,这些权衡是如何发生变化的。这些模型暗示了不同的有利结果,这些结果很可能得益于鼓励扩大频道容量、实行付费支持系统的公共政策。在数字媒体市场上应用以上结论时,必须足够谨慎,技术进步使传统媒体中的某些限制消失,但也出现了一些新的限制。比如,锁定和转移成本在传统的媒体研究中很少涉及,而在更新的研究或商业应用中已经十分普遍。

[①] Bourreau,M. Mimicking vs counter-programming strategies for television programs[J]. Information Economics and Policy,2003,15(1):35-53.

[②] Mangáni,A. Profit and audience maximization in broadcasting markets[J]. Information Economics and Policy,2003,15(3):305-315.

第三节　数字媒体产业市场绩效评价的实证结论

本节简单描述了传媒经济学近年来的一些发展,特别在数字媒体产业市场上的应用。我们讨论几个具有代表性的数字媒体产品市场。

一、流媒体、广告和盗版市场

流媒体是指将一连串的媒体数据压缩后,以流的方式在网络中分段传送,实现在网络中实时传输影音以供观赏的一种技术。国际国内著名的流媒体平台如 YouTube、Netflix、腾讯视频、优酷及爱奇艺。流媒体平台从创作者处获取内容,并且为广告商提供商业空间。用户重视内容的多样性和服务的质量,广告作为用户的一种负效用存在。流媒体平台通常向用户提供两种付费方案:一种是用户付费,付费的用户能够得到更高质量的服务和更多开放的影音资源;另一种是免费访问(由广告商支持),但只能获得基本质量的服务。iTunes 提供了付费订阅,YouTube 遵循基于广告的商业模式,Spotify 以及国内的长视频平台提供了一种混合模式,用户可以自行选择其订阅方式(实质上,这是一种二级价格歧视)。

作为数字媒体平台的一种,流媒体平台具有双边市场的特征。当内容的种类(商业广告的数量)增加时,用户享受更好(更差)的平台服务。内容提供者和广告商具有更强的动机去加入一个他们可以满足更广泛受众的平台。因此,公司需要找到最有利可图的方式来吸引不同类型消费者群体中的关键人物。

以音乐流媒体为例,Spotify 和 iTunes 都为其用户提供至少 3 000 万首歌曲库。这使它们对用户非常有吸引力。内容制作者会希望将他们的内容提供给拥有大量用户的流媒体平台,以使他们的作品能够接触到尽可能多的观众。另外,平台提供服务的质量还体现在除内容多样性外的其他功能上,比如播放列表的创建、共享和多设备同步等。不同的流媒体平台存在不同的订阅解决方案。考虑各个长视频平台,一般来说,会存在会员专属视频和免费视频两种类型,免费访问的用户(非会员)在观看会员专属视频数分钟后即会出现中断,而观看免费视频必须要先忍受 1~3 分钟的广告时间。Elias 和 Dimitri(2020)的研究发现,更大的受众规模会激励平台增加对会员宣传的广告强度,提高会员能够享受的服务质量[1]。Yusuke(2019)通过对由广告商支持的免费平台进行研究,发现平台对不同服务质量结构的制定战略取决于引入优质服务的固定成本的大小。如果固定成本处于中间水平,那么市场上可能会出现不对称均衡,即只有一个平台引入优质的服务,而这种不对称的市场结构可能对消费者和广告商都有害[2]。

理解技术变化和数字化如何影响音乐市场是进一步理解音乐市场的绩效的基础。在音乐市场上,Luis 和 Bertin(2016)提供了互补性的证据,表明用户使用流媒体发现高价值的音

---

[1] Carroni E, Paolini D. Business models for streaming platforms: Content acquisition, advertising and users[J]. Information Economics and Policy, 2020(52): 100877.

[2] Zennyo Y. Freemium competition among ad-sponsored platforms[J]. Information Economics and Policy, 2020(50): 100848.

乐并与之进行匹配,进而增加了音乐消费量①。

  为了促进创新并且最大限度地提高福利,版权保护要在限制获取创意产品的成本与提供激励以激发创新的利益间进行权衡。削弱版权保护可能会通过音乐的盗版行为阻碍社会福利最大化的目标。盗版指那些未经授权的下载或传播。与传统媒体时代相比,流媒体的复制没有任何门槛。Joshua(2015)对音乐市场上盗版影响的实证分析发现,盗版会导致了音乐收入的下降,但并没有导致创作者进入和高质量音乐供应的减少②。Ruben(2020)将法国反盗版法律引入作为自然实验,发现盗版的抑制对音乐销售产生了积极影响,但减少了音乐市场产品的多样性③。

二、新闻与社交媒体

  互联网已经成为人们获取信息的主要来源,互联网作为新闻平台的普及程度已经超过报纸和电视。Pew研究中心2010年的互联网调查报告发现,33%的手机用户在手机上阅读报纸,37%的互联网用户通过脸书、推特等社交媒体网站发布新闻内容。许多新闻机构已经意识到社交媒体作为新闻传播载体的潜力,为了应对不断变化的商业环境和快速增加的互联网新闻受众数量,新闻机构不得不增加使用社交媒体来吸引在线的受众。

  Hong(2012)对社交媒体使用对新闻机构的影响进行了研究。证据表明,新闻机构对社交媒体的使用与其在线读者数量的增加呈正相关关系,而且这种关联会增加新闻社交媒体的规模(以社交媒体的粉丝量体现)④。Lisa和Christian(2019)研究了社区组成、社交网络和新闻需求之间的关系,发现数字化可能加剧新闻消费中的不平等现象,而扩大宽带访问的政策可能会缩小差距⑤。

【本章小结】

  数字媒体产业的市场绩效包含定义、评估内容及具体的衡量方法。评价数字媒体市场绩效可以根据四个基本变量:价格、数量、质量和多样性。

  与传统研究广义的经济学相比,数字媒体经济学对价格和数量的讨论是类似的,但在数字媒体平台的网络外部性下,双边市场中消费者面临的低价格与高消费数量一般是有效率的。除了消费数量,数字媒体市场上的企业数量也是市场绩效评价的重要问题之一。市场上是否存在足够多的媒体数量以提供更为多样化的内容,是衡量媒体市场绩效的重要标准。

  媒体产品多样性的市场绩效是数字媒体经济学的一个核心问题,产品的多样性影响消

---

  ① Aguiar L,Martens B. Digital music consumption on the internet: evidence from clickstream data[J]. Information Economics and Policy,2016(34): 27-43.

  ② Gans J S. "Selling Out" and the impact of music piracy on artist entry[J]. Information Economics and Policy,2015(32): 58-64.

  ③ Savelkoul R. Superstars vs the long tail: How does music piracy affect digital song sales for different segments of the industry? [J]. Information Economics and Policy,2020(50): 100847.

  ④ Hong S. Online news on Twitter: Newspapers'social media adoption and their online readership[J]. Information Economics and Policy,2012,24(1): 69-74.

  ⑤ George L M,Peukert C. Social networks and the demand for news[J]. Information Economics and Policy,2019(49): 100833.

费者的满意度。数字媒体产品的质量评价主要基于三个方面：一是客观品质特征，如成本、类型或渠道等方面；二是主观品质特征，如基于受众满意度、参与度的评价；三是社会品质特征，如媒介产品满足文化、政治和社会目标的能力。

四个描述数字媒体市场绩效维度的度量最终都要汇集在我们对社会福利的关注中，社会福利是对绩效最基本的评价指标。

市场绩效的衡量主要有利润、数量与价格、多样性和质量三个方面。收益率、价格－成本加成和托宾 q 值被普遍地用于估量利润或反应价格与成本之间的关系，以竞争为基准进行比较，得到市场绩效的评价。最优的多样性水平将通过几个模型来在特定条件（特定的频道容量、成本支持系统和市场结构）下进行探究。并加入对质量的分析，探究数字媒体市场绩效数个维度之间的权衡关系。当初版生产成本是非中性的情况下，学者们采用了不同的理论模型得出了关于多样性的差异结论。

数字媒体产业市场绩效评价的实证结论部分分别对流媒体、广告和盗版市场，以及新闻与社交媒体市场进行了分析。

【思考题】

1. 计算媒体社会中的社会福利会面临哪些限制？
2. 收益率、价格－成本加成和托宾 q 值分别如何计算？这三种方法存在的漏洞是什么？
3. 阐述同质产品假设下的代表性消费者模型。加入产品差异后，模型又发生了什么变化？

第七章

数字媒体产业规制

【思政案例】

中央网信办启动"清朗·'饭圈'乱象整治"专项行动

一段时间以来,"饭圈"粉丝群体在网上"互撕"谩骂、"应援打榜"、造谣攻击等问题屡见不鲜,破坏清朗网络生态,对未成年人身心健康造成不利影响,人民群众反映强烈。对此,中央网信办决定2021年6月15日起在全国范围内开展为期2个月的·"清朗·'饭圈'乱象整治"专项行动。

此次专项行动将针对网上"饭圈"突出问题,重点围绕明星榜单、热门话题、粉丝社群、互动评论等重点环节,全面清理"饭圈"粉丝"互撕"谩骂、"拉踩引战"、挑动对立、侮辱诽谤、造谣攻击、恶意营销等各类有害信息,重点打击以下5类"饭圈"乱象行为:一是诱导未成年人应援集资、高额消费、投票打榜等行为;二是"饭圈"粉丝"互撕"谩骂、"拉踩引战"、造谣攻击、人肉搜索、侵犯隐私等行为;三是鼓动"饭圈"粉丝攀比炫富、奢靡享乐等行为;四是以号召粉丝、雇用网络水军、"养号"形式刷量控评等行为;五是通过"蹭热点"、制造话题等形式干扰舆论,影响传播秩序行为。专项行动期间,将关闭解散一批诱导集资、造谣攻击、侵犯隐私等影响恶劣的账号、群组,从严处置"饭圈"职业黑粉、恶意营销、网络水军等违法违规账号,从重处置纵容乱象、屡教不改的网站平台。

中央网信办有关负责人表示,专项行动将坚持问题导向,强化综合施策和分类管理,督促网站平台切实履行主体责任,进一步完善社区规则和用户公约,着力规范"饭圈"各参与主体的网上行为,合理优化"饭圈"粉丝活跃产品的相关功能,强化明星经纪公司、粉丝团规范管理,在引导青少年理性追星上协同发力,探索形成规范"饭圈"管理的长效工作机制,推动"饭圈"文化实现良性发展,共同营造文明健康的网上精神家园。

资料来源:中央网信办启动"清朗·'饭圈'乱象整治"专项行动[EB/OL].中国网信,2021-06-15.

要求:根据上述思政案例内容,思考以下问题。

为什么中央网信办决定开展"饭圈"乱象整治专项行动?除"饭圈"乱象,平台发展过程中还存在哪些不良现象和问题?网络平台发展过程中为什么会存在这些乱象和问题,如何监管?在纠正这些问题的过程中,平台扮演怎样的角色,应该承担什么样的责任?政府扮演怎样的角色,应该发挥什么样的功能?除了平台和用户以外,还有哪些主体可以参与纠正这些不良现象？如何建立多元主体参与协同、长效规制机制？

【本章知识结构图】

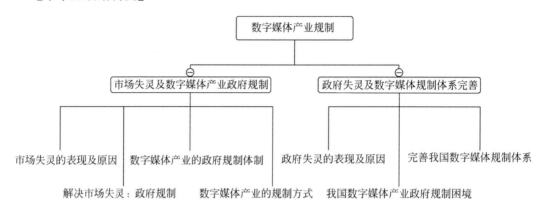

第一节　市场失灵及数字媒体产业政府规制

一、市场失灵的表现及原因

在完全竞争市场下，经济运行是最有效率的。但是完全竞争的假设推定——充分的竞争、对称的信息和零交易成本是不现实的，无法达到帕累托最优状态和经济效率，这种现象被称作市场失灵。导致市场失灵有多种因素，包括垄断、负外部性以及公共物品的"搭便车"现象等。在数字媒体产业中，这些因素也普遍存在，会产生"平台垄断""内容低俗化和娱乐化""流量崇拜"和"个人信息泄露"等不良现象，损害消费者利益和公共利益。下面我们来具体分析这些因素。

（一）垄断与市场失灵

数字媒体产业同时具有规模经济和范围经济的特性，容易产生垄断，具体表现为平台垄断。在交叉网络效应的作用下，平台两边甚至多边的用户都对平台具有较强的依赖性，这使得平台在市场竞争中处于垄断地位，而用户基本不具有议价能力。因此，具有垄断地位的数字媒体平台会滥用其市场势力。例如，通过搜索结果排序、流量引导和广告促销等方法区别对待自制内容和第三方内容，长此以往会导致平台内产品多样性减少、行业进入壁垒提高和创新动机减弱等不良后果，最终损害消费者福利。同时，平台可能以海量数据为基础，通过算法实现"大数据杀熟"，损害消费者的利益。

（二）外部性与市场失灵

在经济活动中，个人或企业的行为对他人带来收益或损害，却没能获得报酬或支付成本的现象，叫作外部性。外部性是指在产品和服务的生产或消费过程中，买卖双方的经济交易中产生的由他人承担的成本或收益。根据外部影响的"好与坏"，外部性分为正外部性和负外部性。

在数字媒体市场中,同时存在正外部性和负外部性。优秀的内容能提升公民的文化素养和道德水准,产生的社会利益大于私人利益;劣质的内容虽然给生产者带来了私人经济利益,但会对消费者产生误导,损害整体的社会道德水平和公民鉴赏能力,产生的社会成本要高于私人成本。在自由市场条件下,如果完全让消费者自由选择,他们往往会倾向于选择不太"好"的节目,这将直接导致内容泛娱乐化和低俗化的问题。

(三)公共物品与市场失灵

市场中的商品通常是私人物品,具有竞争性和排他性的特点;公共物品具有非竞争性和非排他性的特点;准公共物品具有非竞争性或非排他性两个特点之一。在数字媒体市场中,数字媒体产品或服务都属于公共物品或准公共物品,不可避免会出现"搭便车"现象,它们仅靠市场机制的作用难以产生有效而充分的内容产品供给。在实践中,供给者依靠广告和内容付费来实现盈利,虽然解决了公共品供给的资金问题,但公共品供给的社会福利不能达到最优。因为在盈利压力下,供给者永远最关心的是能够吸引多少消费者,由此便会产生"内容低俗化"和"流量崇拜"等伤害消费者和公众的行为。

二、解决市场失灵——政府规制

政府规制(regulation)又称政府干预、政府监管,是指为弥补市场失灵,政府的行政机构依据一定的法规、标准对企业行为的约束和规范。政府规制的理论依据包含两种相互对立的理论:公共利益理论和俘获理论。

(1)政府规制的公共利益理论。公共利益理论认为现代经济并不存在纯粹的市场经济,自由竞争的市场机制并不能带来资源的最优配置,甚至会造成资源的浪费和社会福利损失。为此,市场参与者就会要求政府在不同程度上介入经济过程,通过实施管制以纠正或消除市场缺陷,从而改善一般福利和增进资源配置效率。

(2)政府规制的俘获理论。斯蒂格勒在1971年发表的《经济规制论》一文中提出,规制主要不是政府对社会公共需要的有效和仁慈的反应,而是产业中的部分厂商利用政府权力为自己谋取利益的一种努力,规制过程被个人和利益集团利用来实现自己的欲望,政府规制是为适应利益集团实现收益最大化的产物[1]。1976年,佩尔兹曼进一步发展了规制俘获理论。他认为,无论规制者是否获得利益,被规制产业的产量和价格并没有多大差异,其主要差别只是收入在各利益集团之间的分配[2]。"规制机构生命周期理论"认为,公共利益理论是天真的,规制机构起初能独立运用规制权力,但逐渐被垄断企业所俘虏。"合谋理论"则认为初始的规制政策本来就受被规制者与其他利益集团的影响,即政府规制者一开始就被俘虏。

到底哪种理论更好,我们认为需要根据各国国情以及产业的特性来决定。自然垄断行业,如电力、天然气行业的规制可以看作是符合公共利益理论的。但对另外一些行业,如货物运输、出租车运输、航空运输的规制似乎更符合俘获理论。

---

[1] 斯蒂格利茨.经济学[M].北京:中国人民大学出版社,1997.
[2] Peltzman S. Toward a more general theory of regulation[J]. The Journal of Law and Economics,1976,19(2):211-240.

数字媒体产业既涉及传统的新闻出版等传媒机构,也涉及新兴的互联网平台企业;既有意识形态属性,也有产业属性。一方面,政府需要加强内容监管、垄断治理和强化个人数据保护,需要强化对互联网平台企业的监管;另一方面,对传统数字新闻、数字期刊等传统出版机构要加快监管体制改革,建立更适应平台型媒体发展的政府管理体制和机制。

三、数字媒体产业的政府规制体制

根据前文数字媒体产业的定义和分类我们可以看出,政府规制既涉及传统新闻出版媒体机构,也涉及互联网平台企业,其规制体制既有传统的传媒规制体制也有互联网相关的规制体制,因此我们从两个方面分别进行梳理。

(一)传统的传媒规制体制

传统的传媒规制体制包括传统媒体监管主体机构的设置及其监管职责和权限的划分。中华人民共和国成立后,全面借鉴苏联模式,形成了"国家所有"与"党管媒体"的体制框架,对传统媒体实施科层式管理。国家依法拥有媒体所有权,按"条块结合,以块为主"原则分配规制权,"条"是指中央政府针对不同类型的媒介自上而下地设置行业管理体系,负责业务协调和意识形态安全,"块"是指地方政府通过人事和财政直接管理媒体。"党管媒体"原则主要通过党委部门和政府部门进行贯彻。宣传部管宣传纪律和方向,政府部门负责传媒业务和内容管理,组织人事部门管传媒事业的干部人事,国资委等资产管理部门负责管理传媒相关的国有资产。

改革开放后根据媒体的情况进行了分类和分步的市场化改革,实行"条块结合,以块为主"的领导分工原则。从"条"来看,下级党委听从上级党委指挥,下级宣传部要对上级宣传部负责,下级新闻出版广电部门服从上级新闻出版广电部门的业务主管。从"块"上看,地方政府听从同级党委的领导和指挥,地方政府负责传媒监管的部门也要对同级党委宣传部负责。通过"双轨制"监管体制,执政党和政府能够有效控制传媒业务发展和传媒内容传播,使其服务于执政党和政府的意志主张。传统媒体的监管手段主要有行政许可、属地管理、宣传引导、内容把关、行政指令、自我审查等。

(二)网络规制体制

随着网络的发展,互联网监管在借鉴传媒监管手段和监管技术的同时,结合互联网的特点和实际进行了改良。初期,互联网媒体属性尚不明确,国家直接照搬针对传统媒体的规制模式。按分类规制的惯例,出版、广电、电影、文艺表演、电信等媒介分别由新闻出版总署、广电总局、文化部和工业和信息化部等部委及地方部门专管。以"许可证+备案"准入制为核心实施行业监管,所从事的网络信息服务与传统媒体属性近似的经营性结构,须获得注册所在地主管部门的许可牌照,非经营性服务则须登记备案。然而,新媒体是媒介数字化和网络化后的产物,具有多元融合的属性,无法按传统标准精确归类,相关分管部门遵循旧制均有权介入,这就形成了"九龙治水"的局面。主管部门的分散尽管有助于专业分工,但政出多门的现象将导致法规碎片化,缺乏权威性,并让被规制者无所适从。加之具体实施的协调成本过高,令监管部门畏而不前,导致在规制实践中普遍存在"重准入、轻监管"的问题。因此,国家开始建立互联网相关的规制体制。

1. 网络规制的政府主体及其发展脉络

我国政府对互联网的管理始于1996年。1996年10月,国务院信息化工作领导小组办公室(简称国务院信息办)正式成立。1997年6月,我国互联网管理的核心机构——中国互联网络信息中心(CNNIC)成立。1998年3月,第九届全国人民代表大会批准成立信息产业部,主管全国电子信息产品制造业、通信业和软件业。1998年8月,公安部成立公共信息网络安全监察局,负责组织测试计算机网络安全,打击网上犯罪等。2000年4月,国务院新闻办公室成立网络新闻管理局,负责统筹协调全国的互联网新闻宣传工作,随后各省、自治区、直辖市也陆续设立了相应的管理机构。2008年3月,国务院机构改革,成立工业和信息化部,将原信息产业部和国务院信息化工作办公室的职责加以整合划入工业和信息化部。2011年5月,国家互联网信息办公室(简称国家互联网信息办)正式挂牌。国家互联网信息办公室不另设新的机构,在国务院新闻办公室加挂国家互联网信息办公室的牌子。2014年2月,中央网络安全和信息化领导小组正式成立,并设中央网络安全和信息化领导小组办公室为常设办事机构。中央网络安全和信息化领导小组的成立,具有非常重要的意义。之后,各省级地方网络安全和信息化领导小组跟进成立,开始了包括政治安全、意识形态安全、网络运行安全以及国家安全等在内的网络安全治理新时期。

2016年11月,第十二届全国人民代表大会常务委员会第二十四次会议通过《中华人民共和国网络安全法》。由此,互联网领域的规制体制与规制政策进入了一个重要的变革期。2018年党的十九届三中全会进一步做出了全面深化党和国家机构改革的决定与改革方案,决定将网络安全和信息化领导小组等改为委员会,委员会为中央决策议事协调机构,强化决策和统筹协调职责。优化中央网络安全和信息化委员会办公室职责,将国家计算机网络与信息安全管理中心由工业和信息化部管理调整为由中央网络安全和信息化委员会办公室管理。工业和信息化部继续负责协调电信网、互联网、专用通信网的建设,组织、指导通信行业技术创新和技术进步,为国家计算机网络与信息安全管理中心基础设施建设、技术创新提供保障,在各省(自治区、直辖市)设置的通信管理局管理体制、主要职责、人员编制维持不变。国家互联网信息办公室与中央网络安全和信息化委员会办公室是"一个机构,两块牌子",列入中共中央直属机构序列。我国互联网政府规制机构如表7-1所示。

表7-1 我国互联网政府规制机构历史沿革表

成立时间	部门名称	主管部门
1996年10月	国务院信息化工作领导小组办公室	国务院信息化工作领导小组
1997年6月	中国互联网络信息中心(CNNIC)	国务院信息化工作领导小组
1998年3月	信息产业部	国务院
1998年8月	公共信息网络安全监察局	公安部
2000年4月	网络新闻管理局	国务院新闻办公室
2008年3月	工业和信息化部	国务院
2011年5月	国家互联网信息办公室	国家信息化领导小组
2014年2月	中央网络安全和信息化领导小组办公室(国家互联网信息办公室)	中共中央网络安全和信息化领导小组
2018年3月	中央网络安全和信息化委员会办公室(国家互联网信息办公室)	中共中央网络安全和信息化委员会

2. 网络规制主体的机构组成与职责分工

《中华人民共和国网络安全法》第八条规定：国家网信部门负责统筹协调网络安全工作和相关监督管理工作。国务院电信主管部门、公安部门和其他有关机关依照本法和有关法律、行政法规的规定，在各自职责范围内负责网络安全保护和监督管理工作。县级以上地方人民政府有关部门的网络安全保护和监督管理职责，按照国家有关规定确定。互联网规制体制中，负责对互联网意识形态工作的宏观协调和指导职责的主要是中共中央宣传部和中央网络安全和信息化领导小组办公室，具体承担互联网行业规制主要职责的是工业和信息化部。此外，公安部、国家安全部、原文化部、原新闻出版广电总局、国家保密局等部门都承担着一定的互联网专项管理的职责。在已形成的中国互联网规制格局中，中央政府居于绝对的主导地位，地方政府接受中央政府的领导，是中央政府规制政策的主要执行者。我国互联网规制主体的职责分工如图7-1所示。

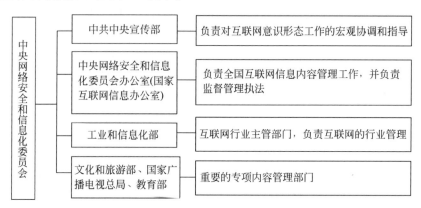

图 7-1　我国互联网规制主体的职责分工

四、数字媒体产业政府规制的方式

政府规制可以分为间接规制和直接规制，直接规制可以分为经济性直接规制和社会性直接规制，如表7-2所示。间接规制主要是针对垄断造成的市场失灵，其形式是政府通过法律对垄断等不公平竞争行为进行间接制约，其目的是为了维护市场机制的基本框架并尊重市场主体的自由决策。经济性直接规制主要针对自然垄断和信息不对称问题，通过政府以认可和许可等各种手段，对企业的进入、退出、价格、服务质量以及投资、财务和会计等方面的活动进行制约，主要目的是防止资源配置的无效率和保证消费者的公平待遇。社会性直接规制主要针对外部性、公共物品等领域，由政府对企业的产品和服务以及围绕着产品和服务的提供而产生的各种活动设立标准和规则加以限制。

表 7-2　规制方式与市场失灵对应关系

	垄　断	外　部　性	公共物品
间接规制	√		
经济性直接规制	√	√	√
社会性直接规制		√	√

在数字媒体产业中,存在着平台垄断、内容泛娱乐化和低俗化,以及数据隐私和安全侵犯等问题。为此,将从垄断规制、内容规制和数据规制三个方面探讨数字媒体产业政府规制方式。

(一) 垄断规制

1. 反平台垄断

在数字媒体产业中,平台垄断是比较突出的问题。近年来,为了应对平台垄断,各国纷纷提出反平台垄断的设想。英国财政部数字竞争专家组(2019)发布了《解锁数字竞争》,报告强调,平台的反竞争行为、并购策略以及基于网络和数据驱动的平台商业模式都会导致出现垄断市场结构,现行的并购控制政策和反垄断执法等传统竞争政策工具无法满足数字经济的反垄断需要,为此建议设立专门的数字经济监管机构、强化市场研究和创新反垄断政策工具来强化反垄断监管[1]。美国芝加哥大学斯蒂格勒中心(2019)发布了《数字委员会关于数字平台的研究报告》,报告指出,由于数字经济中市场难以进行快速的自我修正,强化对大型数字平台反垄断执法和政府监管就非常有必要,提出应设立专门监管机构负责数字经济监管,并强化结构性救济[2]。欧盟委员会(2019)发布了《数字时代的竞争政策》报告,指出数字经济反垄断应重点关注阻碍平台间竞争的市场封锁行为、拒绝数据接入行为和"杀手并购",构建更协调一致的欧盟竞争政策执法体制[3]。德国经济事务和能源部"竞争法4.0"委员会(2019)发布《数字经济新竞争框架》报告,提出为了防止平台市场势力滥用,竞争政策重心应该是赋予消费者个人数据控制权,明确平台行为规则,确保数据开放接入,并加强国际和国内执法合作等[4]。在中国,2020年11月,国家市场监管总局出台了《关于平台经济领域的反垄断指南(征求意见稿)》,强化了对互联网平台的反垄断监管,并对阿里和美团等进行了反垄断调查。2021年2月7日,国务院反垄断委员会制定发布《国务院反垄断委员会关于平台经济领域的反垄断指南》,旨在预防和制止平台经济领域垄断行为,促进平台经济规范有序创新健康发展。

2. 价格规制

价格规制也是一种较为常用的反对垄断规制方式。政府通过规定数字媒体的产品或服务价格审批等方式进行规制。通常情况下,垄断厂商在长期均衡下其市场的销售价格必定会大于其生产最后一单位的边际成本,即 $P > LMC$。这对于无外部性的社会而言,无疑是一项损失。因为市场价格可被视为消费者对其所购买的最后一单位产品所认定的价值,而 LMC 可被视为生产者生产最后一单位产品所付出的成本。这样,对整个社会而言,生产一

---

[1] Furman J, Coyle D, Fletcher A, et al. Unlocking digital competition: report of the digital competition expert panel [J]. UK Government Publication, HM Treasury, 2019.

[2] Stigler Center for the Study of the Economy and the State. Report of the Committee for the Study of Digital Platforms: Markets Structure and Antitrust Subcommittee[R]. Yale School of Management, 2019.

[3] Crémer J, de Montjoye Y A, Schweitzer H. Competition policy for the digital era[J]. Report for the European Commission, 2019.

[4] COMMISSION COMPETITION LAW 4.0. A New Competition Framework for the Digital Economy[R]. Federal Ministry for Economic Affairs and Energy, 2019.

单位产品的价值大于其成本,表示垄断厂商未能有效利用社会资源,可再增加生产,以提高社会福利,直到 $P=LMC$ 为止。

图 7-2 显示了对一个自然垄断厂商的价格规制情况。垄断者如果没有受到价格规制,会把价格定在 P_0、产量定在 Q_0 点,这里 $MR=LMC$。

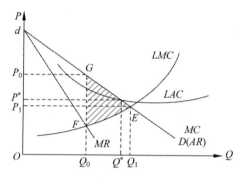

图 7-2 自然垄断下的价格规制

社会福利最大化的必要条件为 $P=LMC$,政府为达此目标,可采取最高限价。在政府规制 $P=LMC$ 的情况下,垄断厂商的市场价格将降至 P_1,产量增加至 Q_1,则生产者的成本增加图中面积 Q_0FEQ_1,而消费者愿意多支付面积 Q_0GEQ_1,因此面积 EFG 为社会净收益。这比没有规制下的社会福利要大。不过,垄断厂商在 $P=LMC$ 的规制下,是否能够继续经营,要考虑长期平均成本 LAC。如图 7-2 所示,在一些自然垄断厂商那里,当价格满足 $P=LMC$ 时,价格往往低于 LAC。换言之,政府采取 $P=LMC$ 的规制措施将使厂商长期有经济损失存在,除非政府能长期给予补贴,否则厂商将停止生产。对于一些公共事业的垄断厂商,政府为维持其长久持续的经营,不得不给予补贴。这种长期补贴,对政府而言是一种财政负担,但这样能避免垄断厂商的经济损失,使之可以继续经营下去。

价格规制除了规制边际成本价格外,也可以选择规制平均成本价格,即采用 $P=LAC$ 的政策,要求将价格定在 P^* 点。这里 LAC 曲线与需求曲线相交得出在价格为 P^*,产量为 Q^* 的需求量。平均成本价格规制有一个缺点:产量低于配置效率水平产量 Q_1,尽管这比不加规制的产量 Q_0 要更接近于这一水平。不过这种规制也有优点:垄断厂商的经济利润为零,因而无须政府补贴。事实上,政府在实施价格规制时通常会规制平均成本价格而不是边际成本价格。

(二)内容规制

内容规制包括内容机构准入规制、内容制作规制和内容传播规制。内容机构准入规制和内容制作规制是通过准入许可证制度来实现的,它会对数字媒体组织的设立条件和程序以及制作内容等进行限制。内容传播规制是指通过立法手段禁止传播某些非法内容,通过内容审查与分级制度等行政手段对网络内容进行筛选与控制,依靠技术管制手段对信息传输通道与传输内容进行技术过滤。我国针对不同数字媒体细分行业的主要规制条例如表 7-3 所示。

表 7-3 针对不同数字媒体细分行业的主要规制条例

媒体行业	内容机构准入规制	内容制作规制	内容传播规制
总体	《互联网信息服务管理办法》《网络信息内容生态治理规定》《中华人民共和国未成年人保护法》		
数字新闻	《互联网新闻信息服务管理规定》		
数字文学	《网络出版服务管理规定》		
数字漫画	《网络文学出版服务单位社会效益评估试行办法》		
数字游戏	《关于防止未成年人沉迷网络游戏的通知》		
数字音频、视频	《互联网视听节目服务管理规定》《网络直播营销管理办法(试行)》		
	《电影企业经营资格准入暂行规定》	《电影剧本(梗概)备案、电影片管理规定》	《网络短视频内容审核标准细则》《数字电影发行放映管理办法(试行)》

(三)数据隐私与安全规制

政府在个人数据保护方面的规制尚在起步阶段。根据国家标准化管理委员会等部门实施的《信息安全技术个人信息安全规范》,除了身份证信息和电话号码之外,个人指纹、声纹等生物识别信息,以及邮箱地址、网页浏览记录、精准定位信息等都属于个人敏感信息范畴。2019 年 5 月,国家网信办发布了《数据安全管理办法(征求意见稿)》(以下简称《办法》),对个人信息与重要数据的安全进行具体的规定与约束。《办法》第十五条规定:网络运营者以经营为目的收集重要数据或个人敏感信息的,应向所在地网信部门备案。备案内容包括收集使用规则,收集使用的目的、规模、方式、范围、类型、期限等,不包括数据内容本身。针对利用用户浏览痕迹进行精准画像,并定向推送广告的行为,《办法》第二十三条规定:网络运营者利用用户数据和算法推送新闻信息、商业广告等,应当以明显方式标明"定推"字样,为用户提供停止接收定向推送信息的功能;用户选择停止接收定向推送信息时,应当停止推送,并删除已经收集的设备识别码等用户数据和个人信息。2021 年 3 月国家互联网信息办公室等部门联合印发《常见类型移动互联网应用程序必要个人信息范围规定》(以下简称《规定》),明确移动互联网应用程序(App)运营者不得因用户不同意收集非必要个人信息,而拒绝用户使用 App 基本功能服务。2021 年 4 月,工业和信息化部会同公安部、市场监管总局起草了《移动互联网应用程序个人信息保护管理暂行规定(征求意见稿)》明确指出,App 个人信息处理活动应当采用合法、正当的方式,遵循诚信原则,不得通过欺骗、误导等方式处理个人信息,切实保障用户同意权、知情权、选择权和个人信息安全,对个人信息处理活动负责。

【延伸阅读】

《中华人民共和国未成年人保护法》及未成年人网络保护

2020 年 10 月 17 日,第十三届全国人大常委会第二十二次会议表决通过修订后的《中华人民共和国未成年人保护法》(以下简称《未成年人保护法》),增设"网络保护"专章,对近年来社会各界高度关注的未成年人网络保护问题做出专门规定,为我国未成年人网络保护工作提供了坚实的法律保障,也推动未成年人网络保护法治建设进入新的发展阶段。

近年来,随着互联网技术的快速发展应用和移动智能终端设备的广泛普及,未成年人网民队伍不断扩大,逐渐成为网络用户的主力军,网络空间已经成为未成年人保护的新领域。

根据中国互联网络信息中心的统计,2019年我国未成年网民规模为1.75亿,未成年人互联网普及率达到93.1%,远高于同期全国人口互联网普及率(67.0%)[①]。互联网的快速发展给未成年人学习和生活提供了无限可能性,但与此同时,未成年人在网络空间的正常活动还没有得到充分的保护,其面临的网络环境更加严峻复杂,超过3/4的未成年网民拥有属于自己的上网设备,46%的未成年网民曾在上网过程中遭遇暴力血腥、淫秽色情等各类违法不良内容。未成年人的身心发育尚未成熟,生理和心理特征较为特殊,很容易受到外界的影响,加强未成年人网络保护刻不容缓,已经成为经济社会发展的时代命题[②]。随着互联网产业高速发展,我国重视未成年人网络保护工作,逐步完善相关法律法规。2016年11月通过的《中华人民共和国网络安全法》中增加了关于未成年人网络保护的专门规定;2017年1月,原国务院法制办公室就《未成年人网络保护条例(送审稿)》公开征求意见;2018年9月,《未成年人保护法(修改)》被列入十三届全国人大常委会立法规划,并正式启动修订工作;2019年10月《未成年人保护法(修订草案)》首次审议并向社会公开征求意见,新增加的"网络保护"专章引起社会各界广泛关注;2020年10月17日,全国人大常委会表决通过修订后的《未成年人保护法》。

《未成年人保护法》"网络保护"专章共计十七条,此外总则、社会保护、司法保护章节中也有相关条款,涵盖了未成年人网络保护的诸多方面,主要包括以下十大制度:

一是完善了未成年人网络保护监管体制。明确要求网信部门及其他有关部门应当加强对未成年人网络保护工作的监督检查,并规定了公安、新闻出版、教育、卫生健康、文化和旅游、电影、广播电视等部门在未成年人沉迷网络干预、网络信息内容管理等方面的具体职责。

二是依法保护未成年人网络权益和上网安全。《未成年人保护法》在加强未成年人网络保护的同时,也明确提出保障未成年人在网络空间的合法权益,以引导各方形成对互联网问题的理性态度,并规定国家鼓励和支持有利于未成年人健康成长的网络内容的创作与传播。

三是明确规定未成年人网络素养培育和提升。《未成年人保护法》首次提出了"网络素养"的概念,明确规定国家、社会、学校和家庭应当加强未成年人网络素养宣传教育,培养和提高未成年人的网络素养,增强未成年人科学、文明、安全、合理地使用网络的意识和能力。除培养未成年人自身网络素养外,全面提升监护人和学校等主体的网络素养水平也十分重要,要求学校应当合理使用网络开展教学活动,未成年人的父母或者其他监护人应当提高网络素养,规范自身使用网络的行为,加强对未成年人使用网络行为的引导和监督。

四是高度重视未成年人沉迷网络预防和干预。"网络保护"专章对未成年人沉迷网络的预防和干预做了重点规定。首先,《未成年人保护法》规定了政府有关部门干预未成年人沉迷网络的共管机制,要求新闻出版、教育、卫生健康、文化和旅游、网信等部门应当定期开展预防未成年人沉迷网络的宣传教育,监督网络产品和服务提供者履行预防未成年人沉迷网络的义务。其次,明确了学校预防沉迷网络的职责,学校发现未成年学生沉迷网络的,应当及时告知其父母或者其他监护人,共同对未成年学生进行教育和引导,帮助其恢复正常的学习生活。再次,强化了监护人的监护责任,由家长做好自我表率,要求未成年人的父母或者

[①] 2019年我国未成年网民规模为1.75亿[EB/OL].[2020-5-14].[2021-06-16]. https://baijiahao.baidu.com/s?id=1666339499377368018&wfr=spider&for=pc.
[②] 何波.《未成年人保护法》修订:十大制度亮点推动未成年人网络保护进入新阶段[EB/OL].(2020-10-22).[2021-5-16]. http://www.cac.gov.cn/2020-10/21/c_1604847750404918.htm.

其他监护人提高网络素养，规范自身使用网络的行为，加强对未成年人使用网络行为的引导和监督。最后，规定了网络产品和服务提供者预防未成年人沉迷网络的义务，并明确规定任何组织或者个人不得以侵害未成年人身心健康的方式对未成年人沉迷网络进行干预。

五是创设可能影响未成年人身心健康信息提示管理制度。《未成年人保护法》提出了"可能影响未成年人身心健康的信息"的概念，并规定了相应的提示制度。一方面，任何组织或者个人出版、发布、传播的网络信息包含可能影响未成年人身心健康内容的，应当以显著方式做出提示；另一方面，网络服务提供者发现用户发布、传播可能影响未成年人身心健康的信息且未做显著提示的，应当做出提示或者通知用户予以提示，未做出提示的，不得传输相关信息。

六是要求预装上网保护软件并做出选择性规定。《未成年人保护法》也首次在法律层面对预装未成年人上网保护软件做出了规定，要求学校、社区、图书馆、文化馆、青少年宫等场所为未成年人提供的互联网上网服务设施，应当安装未成年人网络保护软件或者采取其他安全保护技术措施。同时明确了智能终端产品的制造者、销售者应当安装未成年人网络保护软件，或者以显著方式告知用户安装渠道和方法的选择性规定。

七是进一步强化未成年人个人信息保护。一方面，完善了处理环节的要求，规定处理不满十四周岁未成年人个人信息的，应当征得未成年人的父母或者其他监护人同意；另一方面，强化了未成年人个人信息的删除权，规定未成年人、父母或者其他监护人要求信息处理者更正、删除未成年人个人信息的，信息处理者应当及时采取措施予以更正、删除。与此同时，结合《中华人民共和国民法典》人格权编有关规定，还规定网络服务提供者发现未成年人通过网络发布私密信息的，应当及时提示并采取必要的保护措施。

八是对未成年人易于沉迷的内容进行重点监管。随着互联网新技术新业态的快速发展，未成年人在网络空间中接触的产品和服务越来越丰富，其中不乏导致其沉迷的内容，立法对此高度关注并做了相应监管要求。首先，明确要求网络游戏、网络直播、网络音视频、网络社交等服务提供者应当设置相应的时间管理、权限管理、消费管理等功能，以便监护人行使监护职责干预未成年人沉迷网络。其次，对于网络游戏进行重点监管，规定了未成年人注册和使用网络游戏实名验证要求，要求网络游戏服务提供者应当按照国家有关规定和标准，对游戏产品进行分类，做出适龄提示，并禁止在每日22时至次日8时向未成年人提供网络游戏服务。最后，对网络直播乱象进行了规范管理，规定不得为未满十六周岁的未成年人提供网络直播发布者账号注册服务；为年满十六周岁的未成年人提供网络直播发布者账号注册服务时，应当进行身份认证并征得其父母或者其他监护人同意。

九是针对网络欺凌问题做出专门规定。《未成年人保护法》第七十七条明确强调，任何组织或者个人不得通过网络以文字、图片、音视频等形式，对未成年人实施侮辱、诽谤、威胁或者恶意损害形象等网络欺凌行为。与此同时，法律还授权未成年人及其父母或者其他监护人有权通知网络服务提供者采取删除、屏蔽、断开链接等措施，网络服务提供者接到通知后，应当及时采取必要的措施制止网络欺凌行为，防止信息扩散。

十是建立未成年人网络保护投诉举报机制。《未成年人保护法》明确要求网络产品和服务提供者应当建立便捷、合理、有效的投诉和举报渠道，公开投诉、举报方式等信息，及时受理并处理涉及未成年人的投诉、举报。此外，任何组织或者个人发现网络产品、服务含有危害未成年人身心健康的信息，也有权向网络产品和服务提供者或者网信、公安等部门投诉、举报。

第二节 政府失灵与数字媒体规制体系完善

一、政府失灵的表现及原因

尽管政府规制能够解决市场失灵的问题,但政府也不是必然有效的,即政府失灵。政府失灵是指政府在弥补市场失灵而进行干预的过程中,由于自身局限和其他客观因素的制约导致无法使资源配置效率达到最佳的现象。

(一)政府失灵的表现

政府失灵有三种具体表现,政府决策失效、政府机构和公共预算的扩张、公共物品供给的低效率。

(1)政府决策失效。政府主要通过政府决策的方式去弥补市场的缺陷,而政府决策可能会失效,可能出现三种情况:政府决策没有达到预期的社会公共目标;政府决策达成预期目标,但花费的成本远大于收益;政府决策达成预期目标,收益大于成本,但带来了负面影响。

(2)政府机构和公共预算的扩张。由于官僚主义的存在,部分政府官员为了使自己的利益最大化,他们希望不断扩大机构规模,提高机构的级别和个人待遇。在这种情况下,公共预算增长,但利益分配却集中在少部分人手上,最终导致资源配置效率低下和社会福利减少。

(3)公共物品供给的低效率。对于政府机构来说,提供公共物品不需要竞争,也不需要追求利润。天然垄断使得消费者无法对公共物品供给低效率表达不满,而公共机构在低效率操作下也能生存。

以具体行业为例,虚假广告的规制则存在政府失灵现象。我国很早就对广告进行规范,但小广告和虚假医疗保健品广告仍然是屡禁不止。这一方面是由于《中华人民共和国广告法》很难对广告真实和虚假广告做出标准的判定,给了违法广告主打法律"擦边球"的空间;另一方面,由于"规制俘获""政企同盟"现象的存在,在地方利益、个人利益的驱使下,虚假广告主有时甚至不会受到严厉的惩罚。网络直播的规制也存在政府失灵的问题,针对网络视频发展中存在的色情、暴力、低俗、侵权、未成年人保护等诸多行业乱象,相关部门出台了一系列规范性文件,多部门屡次联合开展整治净化网络直播空间的行动,但无论是传统"控制+命令"式的垂直化监管,还是短期"问题+响应"式的突击整顿,均存在管理成本高、效果不够稳定的弊端。

(二)政府失灵的原因

政府失灵的原因在于:一方面,政府并非是无所不知的;另一方面,政府规制的成本并非为零。

(1)由于政府规制存在成本,如果政府规制成本高于预期收益,则存在政府替代市场的行为,即可能出现政府失灵。如果对数字媒体产业实施某项补贴、规制条例或其他干预措施所付出的代价过于昂贵,这种情况下政府规制的资源比未纠正的市场失灵情况下浪费的资源更多。此外,根据规制的"俘获"理论,规制的执法者可能会被产业所俘获,形成"合谋"。

(2)政府干预本身可能是不完善的,对纠正市场失灵无能为力。政府并非无所不能,在数字媒体时代,传统意义上条块分割式的科层制监管体制很难适应数字媒体平台这种跨地域和跨部门的套叠生态体系。比如,随着平台和人工智能的发展,人工智能与数字媒体平台深度嵌入后给用户、公众、政府部门等带来了负外部性、虚假信息和数据泄露等老问题,也有隐私保护、算法歧视和责任分担等新问题,条块分割的科层制监管体制,难以适应以无地域边界特征的网络经济,条块分割式的监管体制不能适应平台这种跨地域和跨部门的生态体系。此外,政府在规制过程中还会遇到各种困难,政府对人工智能等新的数字媒体平台业态存在理念、人员、技术能力上的欠缺,在监管过程中往往存在滞后决策和滞后监管,如对"大数据杀熟"现象,政府迄今为止仍不能形成有效的监管办法。

二、我国数字媒体政府规制困境

数字媒体产业既涉及传统主流媒体平台也涉及互联网平台企业,从数字媒体所属机构属性来看,可以分为公有数字媒体和私有数字媒体。公有数字媒体主要为传统媒体机构所创办,具有公有制的属性;而私有数字媒体主要为企业所创办或拥有,大多由技术性企业逐渐发展而来,具有私有性质。公有数字媒体规制体制与制度框架建立于传统工业时代,不适应媒体融合和网络平台发展的实际,一定程度上存在"管不好"现象,媒体缺乏创新的活动和动力,规制成本过高,而预期收益较低存在政府失灵;而对私有平台的监管由于理念、技术及政府能力方面的制约,政府监管存在一定的滞后性和监管漏洞,存在"管不住"现象。

(一)主流数字媒体政府规制困境

习近平总书记在对《中共中央关于全面深化改革若干重大问题的决定》的说明中指出:"面对互联网技术和应用飞速发展,现行管理体制存在明显弊端。"中国主流数字媒体政府规制主要存在以下困境:

(1)在数字媒体领域,政府职能定位宽泛,传统传媒机构的行业管理和规制权力主要集中于新闻出版总署、广电总局、工业和信息化部以及各级地方政府相关机构等。

(2)规制权限设置中的职责交叉与模糊。任何行政机关都有可能存在与其他职能部门的相互联系,职能的交叉衔接问题在现代政府治理过程中普遍存在。相关规制主体规制权限设置中的交叉性使部门之间的合作与协调变得越来越重要。职能定位的不准确与职责设置中的交叉与模糊加大了规制权力运行的难度,也使得部门间政策执行中存在冲突的可能性大大增加,限制了规制的成果和规制效力的实现。究其背后原因,除了各部门的利益争夺之外,规制权限配置不够明确或规范也是其中重要的原因之一。

(3)行政垄断所造成的发展困境。行政性垄断主要是指"地方行政机关和国家经济部门,凭借其经济管理权力对经济活动排他性控制、排斥和限制竞争的行为"。在公有的数字媒体机构,竞争的格局和最后结果并不取决于市场,而是取决于政府在利益分配上的偏向和倾斜。公有数字媒体机构中,行政垄断已暴露出很大的弊端,主要表现在:①属地原则和行政壁垒阻碍了业内资源的自由流动。媒介竞争格局与行政区域的分布格局基本一致,这在某种意义上加强了地方行政对传媒资源的集中和垄断,由此导致行政壁垒森严,难以形成全国范围的、统一的、公平竞争的传媒市场。报业集团、新闻出版集团以及广电集团的发展乃至电视台内部的制播分离等,严重制约了媒体规模经济和范围经济的实现,不适应媒体深度融合的现实要求。媒体融合的本质要跨界发展,需要打破行业和区域的边界进行融合发展,目前条块分割规制体系和规制格局,严重限制了主流媒体的深度融合发展。②行政垄断影响了市场主体的平等竞争,严格的准入制度带来的投融资体制障碍。

(4) 竞争不充分,主流媒体市场意识不强,现行的体制机制极大地制约了员工的积极性,发展效率不高。

(二) 私有数字媒体平台政府监管困境

在数字经济时代,得益于庞大的用户群体与市场规模,我国孕育了一大批具有强平台特征的巨型企业与独角兽企业,如百度、阿里巴巴、腾讯和字节跳动等。平台型媒体拥有数据、算力和资本,在国民经济体系中进行要素集成和资源配置的作用愈加凸显,平台成为人民生产生活的重要基础设施,为社会各方带来了诸多便利,但同时也带来了一系列冲突,如负外部性、虚假信息、数据泄露、算法歧视等。平台型媒体的出现意味着监管部门要承担更大的监管责任,不但要监管传统媒体,还要监管平台型媒体。一方面,监管力量的分散必然带来监督效果的弱化;另一方面,平台型媒体内容的海量性也使监管部门的监督行为不可能全面覆盖到每一条信息,互联网的无限性与监管有限性存在较为严重的冲突,给监管带来了很大的难度。

平台媒体监管存在一系列困境:一是在当前数字媒体平台治理实践中,政府部门作为传统意义上的监管主体仍旧占据主导地位,平台、行业组织和用户参与积极性不足,经常性缺位,无法发挥其优势能力和治理责任。二是规制制度规划和设计存在碎片化和滞后性特点。数字媒体平台是基于现代通信技术发展起来的,而数字媒体规制的法律法规体系是基于工业经济时代的相关法律法规而建立的框架,其完全不能适应数字时代的平台治理实际,基于职能与属地的传统行政管理体制在治理数字媒体平台容易出现"真空区"。尽管国家已经颁布了《中华人民共和国网络安全法》《中华人民共和国侵权责任法》《中华人民共和国消费者权益保护法》等法律法规,以及《关于做好引导和规范共享经济健康良性发展有关工作的通知》等规范性文件。但是,这些法律法规等也是对原有制度的修补,且这些行政法规的出台往往滞后于平台实践的发展,常常是出现问题之后才紧急出台相关规制文件,存在"头痛医头,脚痛医脚"的碎片化的特点。对于平台治理,尚没有形成基于现代网络技术的全新的、系统的、有效的治理方式和治理框架。

三、完善我国数字媒体规制体系

(一) 完善私有数字媒体平台规制体系

1. 从政府规制向多主体共治转型

规制和治理是两个不同的概念。规制源自经济学,规制的主体主要是指政府,规制一般通过法律或行政命令等方式进行,规制的目的是解决市场失灵、维持市场经济秩序。治理是社会学领域的概念,也蕴含约束、规范的意思,但它更多地关注政府、市场、社会在处理公共事物过程中的互动关系,普遍认为其更具包容性。

在互联网时代,随着信息的生产和传播从集中走向分散,治理的权力也在从集中走向分散。这种新的形势要求无论是政府在制定管控网络平台的法律、法规的时候,还是网络平台的经营者在制定有关平台政策和用户协议的时候,都应当主动地倾听利益相关方的声音,而不是被动应对网络舆论。2021年3月1日,国家互联网信息办公室发布的《网络信息内容生态治理规定》(以下简称《规定》)正式施行。与以往的管理规定不同,此次文件以"治理规定"命名,体现出由"管理"到"治理"的理念的飞跃,突出了网络信息内容生态治理主体的多元性,强调政府、企业、社会、网民这四大主体在网络生态治理中发挥的功能和作用。他们已经不是主体支配和被支配的关系,而是基于共同利益和目标的伙伴式关系。在与网络平台有关的管理规则的制定过程中,多方共治原则的核心在于赋予不同的利益主体一定的发言权和参与权。该原则与传统的纵向的社会治理模式有着显著的不同。多方共治原则强调规则不应由单方制定,而应由多方参与。

互联网环境下的多方共治与传统的民主参与制度亦是有差异的。网络环境下,分散的个体有可能借助信息网络而非某种固定的组织直接影响规则的制定。互联网平台的经营者在制定平台政策时,亦会遇到类似的问题。例如,2017年6月,蚂蚁金服旗下"花呗"发布了《花呗用户服务合同》条款调整公告,在收集用户的个人信息方面赋予了网络服务商极其广泛的权利,从而引发了广大网络用户的关注,许多用户都在网络上发表了否定性的评价。2017年7月,在网络舆论的压力下,蚂蚁金服修改了《花呗用户服务合同》,限缩了收集个人信息的范围。不仅在规则的制定过程中应坚持多方利益主体协同共治原则,在规则的实施过程中,亦应坚持。我国目前的网络平台治理机制中,大致形成了这样一种制度安排:政府监管网络平台,网络平台监管平台上的用户,从而最终实现政府通过网络平台对分散的网络用户进行间接监管的目的。在此制度框架下,网络平台成为规则实施过程中处于中心地位的责任主体,但是这样一种角色安排往往与网络平台作为一个私营企业所追求的利益目标、所采用的商业模式和技术架构并不完全兼容,因而会影响到治理规则实施的效果。在网络平台治理规则的实施过程中,亦应坚持多方利益主体协同共治原则,政府、网络平台、用户和相关利益主体均应各司其职、各担其责,实施侵权的用户不可将自身责任转移给平台,网络平台亦不可将其商业活动所带来的社会治理成本全部转移给政府,政府更不可将本应由其承担的公共管理和服务的职责转移给网络平台。

2. 从行政手段向多种手段并用

规则治理、技术治理和市场约束机制是对网络平台进行治理的三种手段。

(1)规则治理包括法律治理和私人自律两种方式,前者包括政府通过法律、法规、规章各种规范性文件对数字媒体平台的治理;后者包括平台企业和行业协会的自律规范。首先,网络平台治理应当坚持法治原则。互联网不是法外之地,人在网络世界中的行为亦需要遵循一定的规则,用户与用户之间、用户与网络平台经营者之间时常会发生争议,其对规则的需要是现实存在的。对此,没有必要也不可能"另起炉灶"制定一部与现实世界的法律完全脱轨的准则,即使网络平台会制定一些政策或用户行为规范,其亦是在法律的规制下制定的。坚持法治原则,不仅意味着网络平台和平台上的用户都应接受法律的约束,还意味着政府在对网络平台进行立法和监管时亦应遵循法治原则,不应当侵犯公民权利,也不得损害网络平台的经营企业依照法律所享有的营业的权利,政府在对平台企业和用户的权利进行限制时,应当遵循比例原则,并且在做出不利于相对人的决定时,应当遵循正当程序的原则。其次,平台经营者应当将自律规则置于重要位置。网络平台现象是近些年来新出现的一种社会现象,涉及新的信息技术的应用和新的商业模式的产生,网络平台的经营企业则处于各种矛盾冲突的最前沿;他们既是和网络用户直接接触的机构,也是政府的网络监管命令的执行者;他们是最先接受各类投诉的主体,最了解各种矛盾冲突的形成原因和具体内容,同时也是网络争议解决方案的最初设计者和执行者。因此,应督促网络平台行业采取自律措施,尊重网络平台企业及其行业的经过实践证明的行之有效的治理规则。

(2) 应当重视技术规制在网络平台治理中的作用。网络平台的经营者运用了大量的信息技术手段对平台上的信息内容和用户行为进行自律监管,如何保障技术治理的内容与法律规则的要求相一致是一个值得关注的问题。

(3) 应当充分发挥市场约束机制对平台的激励与约束作用。

各种治理手段之间是相互补充、相互制约的:①就规则治理与技术治理的关系而言,技术治理应该在规则治理的框架下进行,平台企业所采取的技术措施应当接受有关执法部门的监管,技术措施的选择与应用以不突破法律强制性规定为底线,同时,立法机构在制定有关规则时,应当考虑其在技术上的可行性。②就规则治理与市场约束机制而言,应当坚持凡是市场和网络平台企业自身能够解决的问题,政府机构不宜强行介入,政府的作用在于营造有利于各网络平台企业公平竞争的法制环境。③就技术治理与市场约束机制的关系而言,一方面,应当禁止网络平台企业以技术治理的名义从事不正当竞争;另一方面,也应防止具有市场支配地位的企业滥用其市场优势阻碍技术的革新。

3. 内容监管中充分发挥平台和用户作用

内容监管方面,一方面,要细化平台的"把关人"责任;另一方面,要发挥用户的评价和监督责任。数字媒体平台企业控制着各种软件、硬件、协议和算法,为用户提供信息服务,反过来也可以支配用户。平台是离内容最近的数字化中介,各类社交、短视频、资讯和直播平台均属此类,直接为用户提供内容储存、编辑、分发和连接等服务。用户生成内容被储存在后台服务器中,平台掌控并了解这些内容的具体信息,可以借助技术有针对性地过滤和删除,操作成本相对低廉。事实上,平台掌控着巨量的数据、技术和人力资源,具备强大的规制能力,尤其在信息辨识和行为纠正方面远胜监管部门,如将其纳入治理体系,可弥补科层规制的缺陷。

与政府主导的科层规制不同,平台综合运用由自己主导创制的协议和软件管理用户。依据法律法规,平台结合自身实际拟定各种规章和条约,置于用户界面以使周知,成为后续监管的依据。在信息搜集和识别环节,平台综合运用"软件+人工"手段进行实时监管,发现违法违规信息即刻进行过滤和移除,使之在平台上不可见或在短暂呈现,并通过管理账户对特定违规者实施相应处罚,如警告、定期禁言或永久封号等。

用户评价和举报是内容监管的重要方式。用户作为公共利益的代理人规范他者的传播行为。平台内容治理的关键是能够识别违法违规信息,平台通过"软件+人工"的审核办法,虽然具有一定的优势,但是仍然跟不上信息流的复杂多变,用户则不同,其熟悉所处信息环境,尽管单个用户的信息识别价值有限,但群众的力量则不可小觑。以微信为例,首页、群组、公众号和私聊等所有界面都设有投诉按钮,信息收集很全面,包括投诉类别、原因和证据等,使用便捷。中央网信办建立了网站"违法和不良信息举报中心",几乎汇聚所有相关部门公布的举报渠道,用户可选择投诉,也可在该平台直接操作。网站入口依次设置"政治""暴恐""谣言""色情""低俗""赌博""诈骗""侵权""其他""涉疫情防控有害信息"等十类信息,接受实名或匿名举报。用户向监管部门投诉具有群众动员性质,国家借助社群控制强化对平台和用户的双重管理,成为科层控制的有效补充。

4. 平台垄断治理和个人数据保护成为治理的重要议题

除了内容监管以外,平台垄断治理和个人数据隐私保护成为近年来平台治理的重要议题。

在平台垄断治理方面,2021年2月,国务院反垄断委员会正式发布《关于平台经济领域的反垄断指南》,明确提出了针对互联网平台领域的具体监管原则——"保护市场公平竞争,依法科学高效监管,激发创新创造活力,维护各方合法利益",其核心指导思想是规范与发展。规范是为了更好地促进其发展,监管部门要规制的是个别平台企业的个别有害行为。

在数据保护方面,要明确数据权属,建立数据保护规则,形成政府、企业和用户等联合行动。完善数据共享的机制,打通"数据孤岛",平衡数据开放、利用与保护。加快数据分类,明确哪些数据在何种情况下可以进行共享,制定相应的保护和惩罚措施。充分利用人工智能、区块链、物联网等新的技术成果,为平台搭建更好的架构,从而让整个平台的运作变得更为高效。在一些由新兴技术所引发的问题上,用"技术"去监管"技术"的效率相对较高,应当成为推动平台治理科学化、现代化的重点。首先,重视顶层设计,从全局出发,通过统一立法的方式确定数字媒体平台治理的法律义务和一般准则,加快推进完善数据领域立法、严格平台企业的数据存储和使用安全规范,从而实现在宏观层面树立制度监管规划和框架,为平台治理提供原则性指导。根据平台发展的新变化以及出现的新问题,及时梳理现有政策与法律法规,适时完善或出台相关的政策和法律法规,做到有法可依,与行政监管体系相配合。其次,加快数字政府建设,实现跨部门统一规划、力量整合、共同协作,考虑整体性、通盘性、全局性,强化中央整体统筹规划能力。

(二) 加快新型主流媒体平台监管体系改革探索

移动终端的社交媒体爆发,给传统主流媒体带来了巨大冲击和挑战。传统主流媒体在顶层决策机制、人财物资源配置手段与方式、外部供应链与价值链系统、内部组织架构与流程等各个方面,都暴露出了与网络时代日益不匹配。可以说,目前的媒体改革几乎还是在工业时代传统媒体框架下进行的,仍未探索出网络时代新型主流媒体的体制机制,特别是符合全媒体发展的体制架构与规制体系。为此,需要明确如下两个方面的问题。

(1) 新型主流媒体的属性界定,是公益一类还是公益二类,这将导致不同的政策边界与规制要求,也会给主流媒体平台发展提出不同的使命、功能、职责,提出不同的发展道路与模式。从对主流媒体监管上存在层级化管理的横向结构和行业化的纵向结构,二者相互交叉、混合。而媒体深度融合必然要求打破地域和行业边界,进行跨区域横向融合,或者从央媒到基层的垂直融合,同行业、同领域的垂直融合,从而真正搭建有影响力的新型全媒体综合平台和全媒体垂直平台。

(2) 适应媒体深度融合发展的需要,深化主流媒体体制机制改革,建立适应全媒体生产传播的一体化组织架构,构建新型采编流程,形成集约高效的内容生产体系和传播链条。要发挥市场机制作用,增强主流媒体的市场竞争意识和能力,探索建立"新闻＋政务服务商务"的运营模式,创新媒体投融资政策,增强自我造血机能。

【延伸阅读】

网络直播平台的自律与他律

低门槛的网络直播让普通人具有快速蹿红的可能,但直播平台上出现的诸多问题,如泛娱乐化、内容杂乱、虚假营销等乱象,也让其成为众矢之的。据艾媒咨询一项调查显示,中国网民对在线直播平台的内容评价普遍较低,77.1%的网民认为直播平台存在低俗内容,90.2%的网民认为直播平台的整体价值观导向为一般或偏低。疫情期间,虎牙推出"一起学"栏目,其网课视频下方含有大量游戏广告,可直接跳转游戏页面;斗鱼在教育板块中,同样存在醒目的游戏广告。2020年6月10日,国家网信办指导各属地网信办依法约谈处置虎牙、斗鱼等10家网络直播平台,直指部分游戏类和秀场类直播平台存在低俗内容,借助网课渠道推广网游等问题,要求相关平台分别采取停止主要频道内容更新、暂停新用户注册、限期整改、责成平台处理相关责任人等处置措施,并将部分违规网络主播纳入跨平台禁播黑名单。有的直播平台利用疫情期间网民上网时长增加的时机,通过低俗表演等方式吸引用户高额打赏,甚至诱导未成年人充值打赏。北京朝阳法院曾披露,有未成年人一个月打赏7000余元,更有甚者,一年内打赏65万余元。短视频的节奏极快,如果前3秒不够吸引人,用户可能就会划走。和普通的歌舞才艺相比,恶搞、低俗、炒作等内容,似乎更容易吸引粉丝,一些创作者因此极力追求带来强冲击的感官刺激,只为让人多停留几秒钟。在资本的推动下,部分视频平台信奉"流量就是收益",在内容审核上降低要求,对低俗内容"睁一只眼闭一只眼",甚至暗中鼓励。用户浏览中,注意力大多被哪些视频吸引,停留时长多久,点赞评论了哪些内容,都会被平台系统算法记录下来。为了"投其所好",算法会尽量多地给用户推送同类型的作品。网络直播乱象危害匪浅。从内容看,一些直播平台出于逐利目的,对内容缺乏有效监管,使一些不宜公开的内容公之于众,破坏了健康的网络环境。从主播与受众的关系看,为完成平台分配任务,一些主播挖空心思迎合受众趣味,打赏机制促使他们使尽浑身解数怂恿粉丝"刷礼物",不少受众付出大量金钱。一些网络直播展示低俗、恶搞等不良内容,部分受众沉迷于此、无法自拔,特别是对正处于价值观形成阶段、缺乏鉴别力的青少年而言,更让人忧心①。

平台治理同时包含自律与他律双重含义。在网络监管和治理中,自律和他律从来都是"两种并行的规约方式"。网络传播中的自律主体有三种,分别为网民个体、网络服务与内容提供者、网络传播行业组织,而网络服务与内容提供者的自律发挥着"中控"作用,最为关键。网络视频直播平台所制定的各类管理规范,内生于平台对较高内容品质、良好传播秩序的追求,对于平台自身,以及栖息、游弋在平台上的各类主播及用户均具有约束作用,是平台自律和他律要求的集中体现。有学者通过对直播平台的用户协议进行研究,发现其具有以下特点:一是对于隐私保护、知识产权保护、免责等问题,各平台均给予了不同程度的重视,相关内容在不少平台的用户协议之中反复出现;二是基于互联网的开放性及技术的快速更新,

---

① 给直播乱象敲响警钟.[EB/OL].[2021-01-09].[2021-06-16]. https://www.ccdi.gov.cn/toutiao/202101/t20210109_233569.html.

协议表述留有一定余地,体现出适合网络特点的动态前瞻性;三是围绕互联网信息服务管理的基本原则,对用户使用直播平台网络服务过程中的"禁止行为"进行了明确规定,与现阶段政府对网络直播加强治理的要求契合。

同时,用户协议也存在一些问题:一是就协议内容的完备性而言,部分平台条款不够完整,或避重就轻。比如,多数平台未详细说明如何收集和使用用户信息,用户也就无法充分获悉使用过程中可能存在的隐私风险。部分平台对于知识产权保护、未成年人保护等重要问题规定不够明确,全民直播和虎牙甚至基本未涉及未成年人保护问题。二是在权利义务的分配方面,作为协议制定方的平台向自身利益倾斜,平台"权力"挤压用户权利。一方面,直播平台过于强调平台权利,对自身义务的设定则明显不足,甚至连基本的通知、告知义务都不能保证履行。对于平台所提供的内容、技术、服务等可能造成的损害及引发的责任,往往通过事先声明的方式来积极免责。目前屡屡出现的未成年人不当直播和巨额打赏女主播事件反映出直播平台对未成年人监管的薄弱。从用户协议中可以发现,大多数直播平台都有推卸责任的表现,如花椒直播声明"未成年人在花椒进行充值视为已取得监护人的同意"。另一方面,在强加给用户过多义务的同时,对用户权利的说明却不够完善,造成了平台与用户之间权责的失衡。三是从合同缔结的角度来看,直播平台以简单的注册点击过程来认定平台与用户双方形成合意还有待商榷。直播平台用户协议少则三千多字,多至近两万字,内容涉及广泛,偶见较为晦涩的专业名词。用户协议"需要另外点开链接才能显示,内容复杂,一般用户不会注意,不会主动点击打开,即使打开后也不容易理解。因此,虽然披着协议、合同的外衣,但在很大意义上丧失了双方合意的本质"。对于用户而言,要么拒绝协议而不使用直播平台的应用或服务,要么点击接受,凡是使用直播平台服务的用户都被推定为接受了这一协议,这也得到包括我国在内的大多数国家法院判决的认可。由此,直播平台等网络中介基于用户条款获得了管理用户的实际"权力",而目前的合同法并不能有效限制网络中介滥用这一"权力"。同时网络中介还在不断根据司法判决完善其用户条款或修改条款以规避此前的判例,使用户很难通过《中华人民共和国民法典》来改变用户条款带来的不公平境况。

我国网络直播的监管基本遵循"政府监管平台,平台监管用户,政府一般不直接监管用户"的网络平台一般监管模式,政府承担的主要是网络直播事前或事后指导性的监管职责和对网络直播平台定期或不定期的监督检查,基本上不直接监管网络直播中用户和主播的行为,网络直播监管存在的问题中,除了政府监管部门的职权划分模糊、现有规定位阶普遍较低、缺乏统一的标准外,最重要的是将对网络直播平台用户和主播的主要监管责任归给网络直播平台。有学者认为,网络直播平台乱象,政府监管应具有预见性和超前性,但随着流媒体直播等技术的发展,政府在网络直播监管中由于信息滞后和技术短板等因素限制处于被动地位。

【本章小结】

数字媒体产业发展中也会产生"平台垄断""内容低俗化和娱乐化"和"个人信息泄露"等市场失灵现象。基于公共利益理论,为弥补市场失灵,需要政府进行规制。我国数字媒体产业既涉及传统新闻出版媒体机构,也涉及互联网平台企业,因此规制体制既涉及传统的传媒规制体制,也涉及互联网相关的规制体制,数字媒体产业政府规制的方式主要有:垄断规制、内容规制、数据隐私与安全规制等。

政府在规制过程中,也存在政府失灵现象,主要表现为政府决策失效、政府机构和公共预算的扩张以及公共物品供给的低效率。政府失灵的原因主要在于政府并非是无所不知,且规制成本并非为零。当前,我国数字媒体政府规制存在失灵现象。我国公有数字媒体规制体制与制度框架不适应媒体融合和网络平台发展的实际,一定程度上存在"管不好"的现象,媒体缺乏创新的活动和动力,规制成本过高,而预期收益较低,存在政府失灵的现象;而对私有平台的监管由于理念、技术及政府能力方面的制约,政府监管存在一定的滞后性和监管漏洞,存在"管不住"的现象。因此,完善我国数字媒体规制体系要从上述两个方面着手,治理主体上要从政府向多元主体参与转型,充分发挥平台和用户作用;规制方式从行政手段向多种手段并用转型;治理内容上,要将垄断治理和个人数据保护纳入。

【思考题】

1. 什么是市场失灵?数字媒体产业发展过程中存在哪些市场失灵现象?
2. 我国数字媒体产业政府规制体制和方式有哪些?
3. 什么是政府失灵?政府失灵的表现和原因有哪些?我国政府在规制数字媒体过程中存在哪些困境?
4. 如何完善我国数字媒体政府规制体系?

第八章
数字媒体时代的版权保护

【思政案例】

技术创新助版权保护"再上一层楼"

2021年6月举行的中国网络版权保护与发展大会"技术创新与版权保护"分论坛上,中国版权协会正式发布区块链版权服务平台——中国版权链。该平台其融合了云计算、人工智能和大数据等新技术,旨在提供作品存证、侵权监测、在线取证、纠纷调解、诉讼维权等全流程版权保护方案,受到了业界的广泛关注。

2020年,虽然经历了疫情考验,但在政策引导和技术创新驱动之下,网络版权产业的内容生态、商业生态、行业生态依旧不断优化,走向开放多元、规范有序的新局面。大会发布的《2020年中国网络版权产业发展报告》显示,2020年,我国版权登记总量达到503.95万余件;网络版权产业市场规模达到1.184万亿元,首次突破1万亿元。然而,我国网络版权保护仍旧面临不小挑战,比如一些网站未经授权直播、转播体育赛事,影视剧等正版资源成为短视频制作的"免费午餐"等现象依然存在。对此,不少人提出,受益于技术创新的网络版权产业,应通过技术的进步和创新获得更有力的保护。

面临侵权挑战

2020年是"十三五"收官之年,上述报告显示,我国网络版权产业守正创新,不断提升内容质量,传播正向能量,加速业态升级,市场体量增长超过1倍,年复合增长率近25%,新业态占比显著提升。其中,短视频市场普及率大幅提升,占比为12.71%,较2019年提高2.19%;VR与AR受益于技术进步与消费级应用增长,占比提升则超过1倍。

产业的长足进步提振了从业者的信心,然而,他们也深刻感受到新技术给版权保护带来的挑战。以视频产业为例,2019年1月至2020年10月,12426版权监测中心针对电影、电视剧、综艺节目、体育赛事、动漫等类型的4 894件作品,共监测到短视频疑似侵权链接1 406.82万条,其中,涉及电影、电视剧、综艺节目的短视频疑似侵权链接就高达1 278.52万条。

对此,中央广播电视总台总经理室版权运营中心副主任严波表示,数字化、网络化高速发展对视频产业版权生态产生冲击与影响,导致视频产业版权生态的保护处于失衡的状态。以短视频为例,用户生成内容(UGC)作品大多是原创的"生活随拍",一般不构成版权侵权,但是大量的混剪、卡段、合辑、速看、解说的短视频并未获得权利人许可，以长视频为代表的正版资源则成了短视频制作的"免费午餐"。

不仅电视台，在线视频网站同样深受侵权盗版的困扰。在腾讯公司视频维权总监刘政操看来，如今侵权盗版呈现出科技化、碎片化、国际化的特征，以当今热议的短视频侵权为例，很多自媒体在未经版权方授权的情况下，对影视作品进行剪辑、拆条、搬运、速看、合集剧透，用户看完这种短视频往往不会去看完整的作品，严重侵犯了权利人的合法权益。然而，部分短视频平台针对权利人播前预警的作品不能有效屏蔽，缺少版权过滤机制和对侵权账号的处罚机制。相关短视频平台应该承担更多的注意义务，在用户上传内容时对相关内容进行主动屏蔽和过滤，防止侵权内容被上传和反复侵权。

对此，北京爱奇艺科技有限公司高级法务总监胡荟集深有感触，在他看来，投入重金创作、购置版权作品的公司在版权保护方面的需求非常迫切，如果侵权情况得不到有效缓解，大量优质影视剧长期没有资本回报，会造成影视剧人才的流失、高质量作品的匮乏。

发挥技术优势

不少与会人员提出，既然网络版权产业面临的一些保护问题由新技术而生，那么也可以通过技术的创新予以解决。

对此，中国版权协会对27家版权行业头部企业进行了深度调查。据中国版权协会副理事长兼秘书长孙悦介绍，参与调查的上述27家企业全部在版权创造、运用、保护和管理中运用了新技术手段，其中，55.6%的企业运用了多种技术手段，73%的企业在版权管理和保护科技化的投入超过200万元。"这表明，很多版权企业已经意识到区块链、大数据、人工智能、云计算等新技术在版权保护和推动产业发展中的重要作用，并开始逐步运用到版权存证、版权维权和版权交易等场景中。"孙悦认为。

严波同样看好新技术对构建版权新生态带来的积极影响。以区块链技术为例，其实现了发布即存证功能，将版权信息上传到证据固化的时间缩短到1分钟以内，费用则降低至数十元。此外，区块链还通过将原创者、内容提供商、内容服务平台、终端硬件服务商有效链接起来，打造一个跨链互联平台，形成一个透明可信、多方参与、安全可靠、高效运行的全新版权治理体系。

对此，刘政操表示认同。他进一步补充到，在版权维权过程中，版权确权、维权存在成本高、周期长、效率低等多个痛点，但通过大数据、云计算、人工智能、区块链等现代信息技术手段，可以实现版权存证、侵权监测、在线取证、发函下架、版权调解、维权诉讼等多项功能，进而有效推动版权保护。

科技是一种能力，向善是一种选择，希望业界携起手来通过全面的版权保护措施激励创新、引领创新，积极推动网络版权管理和保护，充分发挥科技进步向上和向善的力量。

资料来源：技术创新助版权保护再上一层楼[N].中国知识产权报，2021-06-18.

要求：根据上述思政案例内容，思考以下问题。

什么是版权保护？为什么要进行版权保护？随着数字化、网络化的高速发展，版权保护面临哪些新的挑战？面对视频产业版权生态的保护处于失衡的状态，大数据、云计算、人工智能、区块链等现代信息技术手段，在数字版权保护中能够发挥怎样的作用？

【本章知识结构图】

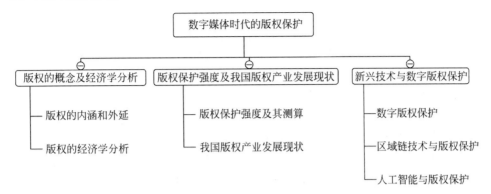

第一节　版权的概念及其经济学分析

一、版权的内涵和外延

在我国，版权又称著作权。版权是保护文学、艺术和科学作品的创作者对其作品享有的包括人身权和财产权的总称，是知识产权的重要组成部分。版权是基于作品而产生的一项法定权利，通常有广义和狭义之分：狭义的版权仅指作者享有的权利；广义的著作权还包括作品的传播者（如表演者、音像录制者、广播电视节目制作者）基于传播行为而依法享有的权利，即"领接权"。

（一）版权客体

版权保护的对象即是版权客体——作品。通常情况下，作品必须具有三个特点：

(1) 属于文学、艺术和科学领域的智力成果。

(2) 具有独创性，即作者创作时没有抄袭剽窃他人的成果。

(3) 具有可复制性，即能够将作品固定在一定的载体上，通过印刷、复印、临摹、拓印、录音、录像、翻录、翻拍等方式将作品制成一份或多份。

因此，依据作品表现形式的不同，版权客体通常分为以下几种：文字作品；口述作品；音乐、戏剧、曲艺、舞蹈、杂技艺术作品；美术、建筑作品；摄影作品；视听作品；工程设计图样、产品设计图样、地图、示意图等图形作品和模型作品；计算机软件；符合作品特征的其他智力成果。

（二）版权主体

1. 人身权

著作权中的人身权，又称精神权利，是指作者因创作活动而产生的与人身利益紧密联系的权利，主要包括四项：发表权、署名权、修改权、保护作品完整权。发表权，即决定作品是否公之于众的权利；署名权，即表明作者身份，在作品上署名的权利；修改权，即修改或者授权他人修改作品的权利;保护作品完整权,即保护作品不受歪曲、篡改的权利。

2. 财产权

著作权中的财产权,又称经济权利,是指作者自己使用或许可他人使用其作品而获取报酬的权利。在2020年修订的《中华人民共和国著作权法》(以下简称《著作权法》)中财产权包括13项:复制权、发行权、出租权、展览权、表演权、放映权、广播权、信息网络传播权、摄制权、改编权、翻译权、汇编权及其他。

复制权,即以印刷、复印、拓印、录音、录像、翻录、翻拍、数字化等方式将作品制作成一份或者多份的权利;发行权,即以出售或者赠与方式向公众提供作品的原件或者复制件的权利;出租权,即有偿许可他人临时使用视听作品、计算机软件的原件或者复制件的权利,计算机软件不是出租的主要标的的除外;展览权,即公开陈列美术作品、摄影作品的原件或者复制件的权利;表演权,即公开表演作品,以及用各种手段公开播送作品的表演的权利;放映权,即通过放映机、幻灯机等技术设备公开再现美术、摄影、视听作品等的权利;广播权,即以有线或者无线方式公开传播或者转播作品,以及通过扩音器或者其他传送符号、声音、图像的类似工具向公众传播广播的作品的权利;信息网络传播权,即以有线或者无线方式向公众提供,使公众可以在其选定的时间和地点获得作品的权利;摄制权,即以摄制视听作品的方法将作品固定在载体上的权利;改编权,即改编作品,创作出具有独创性的新作品的权利;翻译权,即将作品从一种语言文字转换成另一种语言文字的权利;汇编权,即将作品或者作品的片段通过选择或者编排,汇集成新作品的权利;其他是指应当由著作权人享有的其他权利。

(三)版权的特征

版权具有四个特征,分别是:

(1)版权是产权。尽管版权包括人身权和财产权两个部分,但从历史沿革和立法现实来考虑版权制度,它的出发点和最终目的都是为了界定和保护作者的财产权,而不是人身权。

(2)版权是专有产权。只有作者或者法律认可的对象才能享有版权,它只授予民事主体中具有特定身份的人。

(3)版权具有人格属性。版权既包括表明作者身份的权利,也包括表明作者人格的权利,因为任何一部作品都是作者品味、气质和修养的体现。

(4)版权具有可分割性。可分割性体现在内容的可分割性和整体的可分割性,前者是指不同主体可分享对同一客体不同方面的权利;后者是指一部作品不同部分可以是由不同作者完成的,不同作者可同时享有该作品的版权。

二、版权的经济学分析

版权是文化资源配置过程中产权的具体表现形式,或者说,版权是产权在版权经济中的延伸,是内容产品外部表现的内核。版权存在的最根本经济学原理是,版权保护的对象具有公共物品的非排他性和非竞争性,这些特性会导致市场失灵,而版权可以解决市场失灵问题。但是,所有产权制度都涉及制度的成本和收益问题,版权也不例外。

（一）版权保护的成本—收益分析

1. 版权保护的收益

版权保护的收益体现在两个方面：一是它解决了市场失灵的问题，可以为内容产品的生产提供激励。如果没有版权保护，一旦作品公开，作者就很难防止他人使用和复制作品，不仅如此，复制作品的人没有创作成本，可以以较低价格出售，它们在市场上具有比原作者更大的优势。预见到这个情况的作者，出于保护自己的利益需求，可能会选择少创作或不创作。如果有版权保护，作者便有足够动力进行创作。二是它降低了交易费用。如果没有版权机制，作者就必须和每一个想获得他作品拷贝的人签订合同，这将使交易成本增加。但是，版权机制把权利分配给作者，再由作者和小部分关键的人群签订合同，便可以以较小的交易成本就把作品出售给更多的人。

2. 版权保护的成本

版权会产生成本，主要有四个类别：垄断定价成本、遏制未来的创造性、许可的交易费用、管理费用和执行费用。

垄断定价成本包括使用不足的沉没损失和过多生产的效率损失，前者是指版权机制存在使作品拥有了不可替代性，版权持有人一般会以高于边际成本的价格出售商品，把本来打算购买信息的消费者拒之门外，由此产生社会损失；后者是指垄断租金的存在吸引更多的生产者进入该市场，尽管它们的资源可以在别处得到更好地利用，由此诱发低效率。

遏制未来的创造性是指版权机制的存在增加了作者从以前的作品借鉴的成本。

许可的交易费用是指使用作品需要获得权利人的许可，这个过程会产生交易费用，包括讨价还价的费用以及讨价还价失败而产生的费用。

管理费用和执行费用是版权制度带来的其他成本，前者取决于规则的密集度，以及版权审查请求的密集度；后者取决于侵权的频率以及针对侵权人强制行使权力带来的平均成本。

3. 版权收益和版权成本的平衡

版权的经济分析重点在于找到版权收益和版权成本的平衡。威廉·M. 兰德斯和理查德·A. 波斯纳（William M. Landes and Richard A. Posner）在《版权法的经济学分析》中提到："实现作品可得性和作者激励之间的正确平衡是版权法律的核心问题。版权法如果要促进经济效率的提高，他的主要法律规则必须至少是恰当地使创造额外作品收益最大化，限制公众获得作品以及实现作品保护成本最小化。"从成本收益的角度来解释，最好的版权保护强度就是提高版权保护程度，使边际收益等于边际成本，即版权带来的净收益（全部收益减去全部成本）达到最大化。

（二）版权保护范围

所有的财产权利都受到限制，其最佳限制受到产权制度成本和收益的影响。版权也不例外，版权存在保护对象的限制、期限的限制和排他性的限制。

1. 版权保护对象的限制

版权保护必须满足一定条件才能受到保护。第一，作品必须符合特定形式才能受到保护。一般来说，版权保护依附于物质载体的作品（文学、画作和音乐等）及其他形式（音像制品和新闻出版作品)。物质形式的要求降低了管理和执行成本。第二,版权保护作品的表达形式,而不是思想。这种限制可以促进思想传播,降低因版权保护带来的沉没损失,降低第二代作者的交易成本以及思想的管理成本和执行成本,进而降低社会成本。第三,作品必须具有一定的原创性,即满足最低程度的技能和劳动。较低的原创性标准可以保护增加社会福利的作品,减少交易成本。

2. 版权期限的限制

对期限的限制符合效率要求。版权保护的成本收益随着保护期限的长短而变化。首先,版权保护带来的边际收益随着版权保护期限的增加而减少。由于作者所获得的收益的边际效用递减,因此版权保护期的延长对于作者的激励影响逐渐减小。其次,版权保护的成本则随着时间的推移而增加,尤其是追踪版权所有者的管理成本和执行成本。最后,版权的期限和有形产品的期限不同,土地所有权进入公共领域后,需要再次评估谁享有独占权,以防止过度使用带来的成本,而版权不存在这个问题。因此,版权保护最佳期限一般是其增加的边际收益与增加的边际成本相等时。

3. 版权排他性的限制

完全排他的许可方式应为独占许可方式,而版权并不授予完全的排他权利。首先,版权排他权仅限法律规定的种类,其保护的焦点是复制权及作品的公开发行权,因为复制的成本远远小于创作,复制不受限制会拉低版权作品的价格。其次,在某些情况下,作品使用方式不属于法律规定的独占权范围。例如,不限制出借作品给他人观看。最后,版权法律一般规定了例外规则,未经许可可以使用作品,包括强制许可制度和合理使用规则。强制许可制度允许使用方不经许可直接使用,但要支付一定的报酬,例如教科书的编写;合理使用规则允许非自愿的交易行为,且不用向版权所有者支付报酬。该规则适用于不会对所有者激励构成实质性损害的情况。

(三) 版权范围对社会福利的影响

版权范围和社会福利之间的关系有三个不同阶段:

1. 简单模型

如图 8-1 所示,当版权范围较窄时,扩大版权范围必然增加社会福利(S_{qo} 到 S^*)。但是当版权范围进一步扩大时,竞争对手必须使自己的产品与原始作品相区别,最终会导致增加的成本(表达成本、管理成本和执行成本)大于激励带来的收益(S^* 到 S_{qp})。

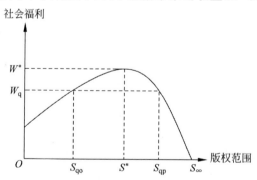

图 8-1 版权范围的社会福利函数

2. 私人秩序模型

私人秩序是指通过企业或市场来实现秩序的效率。在版权市场上,第二代作者可以通过市场获得许可或通过企业集体管理组织方式避免产权冲突,即高效的私人秩序能够减少因版权范围扩大带来的成本。因此,如图 8-2 所示,在版权市场充分有效的情况下,版权范围扩大带来的成本增加都可以通过增加预期收益来抵消(S_q)。

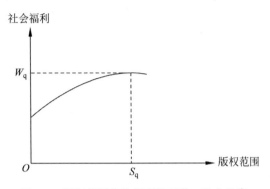

图 8-2　版权范围作为福利的函数:私人秩序

3. 整合简单模型和私人秩序

尽管私人秩序的存在可以提高社会福利最大化是所需的版权范围(从 S^* 到 S^{**}),但是没有改变版权范围和社会福利之间的关系。在私人秩序下,第二代作者可以获得许可,但是第一代作者会利用权力去收取更高的许可费用。此外,版权范围的扩大使得第一代作者手中握有较多决策权,内容生产多样性降低,社会福利减少。具体模型如图 8-3 所示。

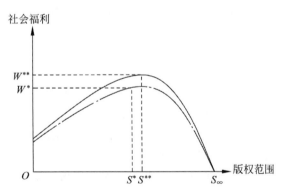

图 8-3　版权范围作为福利的函数:整合简单模型和私人秩序

第二节　版权保护强度及我国版权产业发展现状

一、版权保护强度及其测算

(一)版权保护强度

版权保护强度是一个国家或地区对版权保护的力度和程度,通常由一系列制度安排来实现。版权保护强度的核心在于利益平衡，通过各种制度设计来平衡创作者与使用者（包括制作传播者和最终使用者）、权利人和公共利益之间的利益。目前，绝大多数国家都已经建立起了版权保护制度，但不同国家的版权制度之间仍有一定的差异，也体现了不同的版权保护强度。版权制度主要包括版权登记制度、版权保护期限制度、版权权利限制制度、版权执法体制等方面。

我国版权执法体制是我国确立的司法保护与行政保护并行的版权双重保护制度。我国从中央到地方建有一整套完善的司法组织体系，承担着全部版权民事和刑事案件的审判工作，在处理版权侵权、盗版及民事纠纷过程中发挥着主要作用。我国也已初步形成了国家、省、中心城市三级版权行政管理体系。各级版权行政管理部门依据《著作权法》及相关法规、规章，不断加强执法力度，严厉打击各种侵权盗版活动，取得显著成效。版权行政执法是版权保护的行政途径，是我国版权保护制度的一个显著特点。版权行政执法的优势在于便捷、及时、程序相对简化、成本较低，而且见效极快。

（二）版权保护强度测算

版权保护强度的测算指标可从立法和执法两个方面进行考察。版权立法强度测算指标主要包括：权利保护客体范围、专有权范围、权利限制程度、权利保障机制、版权保护期限和适用的国际版权条约等。权利保护客体范围主要是指版权法律的保护对象的范围；专有权范围是指版权法律赋予著作者所拥有的基本权利，主要包括发表权、修改权等四项人身权利，发行权、出租权、改编权等财产权利，以及包括表演者权、录制者权和广播组织权等邻接权；权利限制程度，该项指标为反向指标，是为了平衡公共利益而对著作权人行使专有权利的限制程度，主要包括无强制许可制度、无法定许可制度和无合理使用制度等；权利保障机制是指版权法对侵权行为的处罚机制以及救济措施；版权保护期限是对著作权人所享有财产权利给予的保护期限。

版权执法强度方面的指标可从司法保护水平、行政保护水平和社会保护水平等方面设立。司法保护水平是指法院、检察院等司法机关对版权保护的执行情况，可用立法时间、律师人口比例等指标反映；行政保护水平是指公安机关、版权局等行政机关对版权保护的执行情况，可用行政机关查处案件比例、行政机关收缴盗版品比例等指标反映；社会保护水平是指版权行业协会、版权组织单位、国际版权组织等社会力量对版权保护的执行和监督制约情况，可用行业保护机制、组织保护机制、国际监督机制等指标反映。

诸多研究已经证明版权保护强度和社会福利两者之间并非呈现简单的线性关系，而是呈现倒"U"形关系，即存在一个最优保护强度，在达到这一强度拐点之前，提高版权保护强度有利于社会福利增加，而当超过这一最优保护强度时，提高版权保护强度将逐渐增加创新成本，进而对社会福利产生负面影响。

（三）我国版权保护强度

在实践中，我国版权保护与社会福利之间仍处于倒"U"形的上升阶段。近年来，我国在立法、执法层面不断加大了版权保护的力度，特别是数字版权保护方面成效显著，极大地促进了版权产业和数字内容产业的发展。立法层面，全国人民代表大会、国务院、国家版权局以及各级文化行政主管部门积极推动制定了一系列法律法规和政策制度，如《信息网络传播权保护条例》《计算机软件保护条例》《网络信息内容生态治理规定》,2020年修订《著作权法》等,构建了立体的版权保护法律法规体系,为我国媒体产业特别是数字媒体产业发展创造了良好的法制环境。执法层面,从2005年起,国家版权局联合相关部门连续16年开展"剑网行动",其主要以查办大案要案为抓手,根据网络环境的变化,每年都划分重点领域,成功查办多起网络全球盗版案件,成效显著。中国音像著作权集体管理协会(简称"音集协")、中国音乐著作权协会(简称"音著协")、中国文字著作权协会(简称"文著协")等集体版权管理组织积极发挥作用,努力解决网络环境下的"授权难"的问题,促进了数字版权交易,提高了作品的传播效益,促进了数字内容产业的发展。如2018年音著协发展新会员数增长25%,总数达9413人(含出版公司和自然人会员),其中包括多家大型网络音乐平台,例如腾讯音乐、网易云音乐、阿里音乐、苹果音乐等。音著协在2019年完成了对快手短视频的音乐著作权许可授权。至此,我国两大短视频平台抖音、快手,均与音著协达成合作。音著协多年来在互联网领域开拓推广的音乐作品付费使用合作业务,已经成为名副其实的"网络音乐正版化主渠道"。据其发布的数据来看,自2008年以来音著协的许可收入都是一路走高的,其中增长最快的则是2018年和2019年,分别增长10 060万元、8 828万元,增幅46.57%、27.88%。2020年,音著协的总许可收入40 879万元,基本同上年的40 488万元持平。从各项数据来看,信息网络传播权占比约54%,达22 160万元;表演权占比约29%,达11 722万元;广播权占比约11%,达4 542万元;复制权占比约3%,达1 296万元;海外协会转来约3%,达1 050万元①,如图8-4所示。文著协负责全国报刊转载和教科书"法定许可"使用费收转的法定机构,2020年为文字作品著作权人收取使用费2 236万元,首次突破2 000万元,比2019年的1 931万元增长15.79%,实现正增长②。

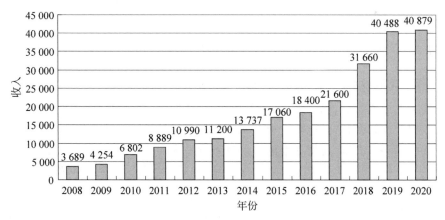

图8-4　2008—2020年中国音著协的许可收入图(单位:万元)

总体来说,随着我国版权保护力度的增强,特别是数字版权保护力度的加强,保护了创作者的积极性,促进了内容产业高速发展。根据国家版权局公布的数据显示,中国版权产业连续10多年保持高速增长的态势,成为推动我国版权产业振兴的核心支柱及数字经济发展

---

① 4.08亿!音著协2020年许可收入稳中有升[EB/OL].[2021-01-15][2021-02-02].http://www.mcsc.com.cn/publicity/trends_676.html.
② 2020年文著协收取版权费超2 230万元[N].中国知识产权报,2021.1-1.

的重要引擎,在全球网络版权产业格局中具有重要的地位。

二、我国版权产业发展现状

(一) 版权产业及其分类

版权直接关系新闻出版、广播影视、文学艺术、文化创意、广告设计、计算机软件、信息网络等众多产业的生存与发展,有效的版权保护为这些相关产业的良性发展提供了基础条件。

1. 版权产业

世界知识产权组织(World Intellectual Property Organization,WIPO)在《版权相关产业经济贡献调查指南》中指出,版权产业是指版权可发挥显著作用的产业,是国民经济中与版权相关的诸多产业部门的集合,这些产业部门的共同特点是以版权制度为基础,它们的发展与版权保护息息相关[①]。根据产业对版权的依赖程度,WIPO将其分为四大类,分别是:核心版权产业、相互依存的版权产业、部分版权产业、非专用支持产业[②]。核心版权产业是完全从事创作、制作和制造、表演、广播、传播、展览、销售和发行作品及其他受保护客体的产业,作品主要包括:新闻和文学作品;音乐、戏剧制作、歌剧;电影和影带;广播和电视;摄影;软件和数据库;视觉和绘画艺术;广告服务;版权集体管理与服务等。核心版权产业与其他类别的版权产业的重要区别是其直接依赖于版权保护。没有版权保护,核心版权产业将不会作为一个种类而存在;即便存在,其产业面貌也将大为不同。而其他门类的版权产业并不直接依赖版权保护。核心类版权产业是最重要的版权产业门类,是衡量整体版权产业对国民经济贡献的主要参照,各国有关调查均将其作为重中之重。

2. 网络版权产业

网络版权产业是以版权制度为基础,与版权保护息息相关的网络经济活动和产业部门的集合。

从世界经济发展历程来看,技术变迁一直是影响产业发展的重要因素。21世纪以来,随着数字经济的深入发展,以大数据、人工智能、物联网、区块链及5G为代表的现代信息技术与网络版权产业结合日益密切,使得版权产业的面貌发生了一些新的变化,网络版权产业的价值日益凸显,并成为产业变迁浪潮中最具发展潜力的业态。

目前,中国网络版权产业涉及网络文学、网络视频、网络动漫、网络游戏、网络音乐、网络新闻、网络直播及VR和AR内容等。2019年,中国网络版权产业市场规模达9 584.2亿元,同比增长29.1%。2013年至2019年,我国网络版权产业市场规模持续保持较快增长,2019年总规模相较2013年的2 157.8亿元增长超过3倍[③]。

从盈利模式来看,网络版权产业盈利模式主要包括用户付费、版权运营和广告收入三类。其中,用户付费规模达4 444亿元,占46.4%;版权运营收入规模达83.2亿元,占0.9%;广告及其他收入达5 057亿元,占52.7%。从市场结构来看,2019年中国网络版权

[①] 世界知识产权组织.版权产业的经济贡献调研指南[M].北京:法律出版社,2006.
[②] 世界知识产权组织.版权产业的经济贡献调研指南[M].北京:法律出版社,2006.
[③] 中国网络产业发展报告(2019)[EB/OL].(2021-3-11).http://www.ncac.gov.cn/chinacopyright/contents/12558/353539.shtml.

产业核心业态走向稳定,产业结构更加多元,盈利模式逐步成型,新业态展示出巨大潜力。

从细分产业结构来看,网络新闻媒体和网络游戏依然为中国网络版权产业的核心业态,二者市场规模合计占比 63.7%。网络视频类业态迎来了新一轮高速增长,网络视频(不含动画)和网络直播的整体产业份额占比已经接近 29%[①]。

(二)版权产业的经济贡献

版权产业的经济贡献研究是从法律概念出发,以产业的角度衡量版权制度对经济的影响,可从其对国民经济贡献度、社会就业贡献度、对外贸易贡献度等维度进行分析。

(1)国民经济贡献度。近年来,特别是党的十八大以来,我国深入推进供给侧结构性改革,新闻出版、广播影视、软件、广告与设计等业态加快数字化转型,版权产业规模不断扩大,其对国民经济的贡献逐年增大。调查显示,从 2016 年至 2019 年,中国版权产业的行业增加值已从 5.46 万亿元人民币增长至 7.32 万亿元人民币,产业规模增幅 34%;从对国民经济的贡献来看,中国版权产业占 GDP 的比重由 2016 年的 7.33%增长至 2019 年的 7.39%,提高了 0.06 个百分点,占比呈稳步提升的态势;从年均增速来看,2016 年至 2019 年间,中国版权产业行业增加值的年均增长率为 10.3%,高于同期 GDP(9.9%)0.4 个百分点。2019 年中国核心版权产业的行业增加值达到 4.59 万亿元人民币,同比增长 10%,占全部版权产业的比重达 63%,对版权产业发展的支撑引领更加明显[③]。作为创新驱动发展的新"引擎",版权产业对我国经济结构优化升级发挥了重要作用。

(2)社会就业贡献度。中国版权产业稳中向好,在贯彻落实"六稳""六保"任务中发挥了重要作用。据《2019 中国版权产业经济贡献》显示,2019 年、2018 年我国版权产业的城镇单位就业人数分别为 1 628.60 万人、1 645.53 万人,占全国城镇单位就业总人数中的比重分别为 9.49%、9.53%。其中,新闻出版、广播影视、软件、动漫游戏、广告与设计等依靠智力创造的行业成为我国版权产业就业增长的主渠道,核心版权产业对就业的承载能力不断加强,成为"惠民生"的重要力量。2013 年至 2018 年间,相互依存和部分版权城镇单位就业人数在全国城镇单位就业总人数中的比重分别从 2.34%、1.34%降至 2.06%、1.27%,非专用支持版权产业城镇单位就业人数从 149.46 万人降至 147.88 万人。但核心版权产业城镇单位就业人数从 2013 年的 827.36 万人增至 2018 年的 923.86 万人,增长 11.66%;在全国所占比重从 2013 年的 4.57%提升至 2018 年的 5.35%,提高了 0.78 个百分点。由此,版权产业的稳步前进带动了我国版权产业的城镇单位就业人数的整体增长。

(3)对外贸易贡献度。尽管 2013 年至 2018 年间,我国版权产业的商品出口额从 2 912.34 亿美元降至 2 797.50 亿美元,下降了 3.94%;在全国商品出口总额中的比重也从 13.18%降到 11.25%,下降了 1.93 个百分点[⑤]。其中,核心版权产业的商品出口额从 48.91 亿美元降至 40.24 亿美元,占全国商品出口总额的比重在约为 0.2%;相互依存的版权产业商品出口额从 2 648.23 亿美元下降至 2 494.67 亿美元,在全国商品出口总额中的比重也从

---

① 国家版权局网络版权产业研究基地发布《2019 年中国网络版权产业发展报告》[EB/OL]. (2020-09-17). http://www.ncac.gov.cn/chinacopyright/contents/11992/421692.htm.

②③ 2019 年中国版权产业增加值已占到 GDP 的 7.39%[EB/OL]. (2020-12-30). http://www.ncac.gov.cn/chinacopyright/contents/12558/353539.shtml.

④⑤ 范军,赵冰,杨昆. 十八大以来我国版权产业发展的三大贡献[J]. 出版参考,2020(2).

11.99%降至10.03%,下降了1.96个百分点;而部分版权产业的商品出口额却从215.20亿美元增至262.59亿美元,在全国商品出口总额中的比重约为1%[①]。2019年中国版权产业的商品出口额为3 653.30亿美元,占全国商品出口总额的比重为14.62%,连续多年在全国商品出口总额中的比重稳定在11%以上。其中,由于相互依存版权产业是我国版权产业商品出口的主体,其商品出口额占到全部版权产业的90%左右[②]。版权附加值较高的核心版权产业出口额在我国版权产业中的比重较低,仅占到2%左右,对我国版权产业出口的贡献十分有限。

总体来说,虽然近年来我国版权产业得到较大发展,但目前我国还不是版权产业的强国,与美国等发达国家相比,其在产业规模、经济贡献、生产效率等方面还存在不小的差距。

第三节 新兴技术与数字版权保护

一、数字版权保护

互联网环境下,数字技术创造了人类活动的新领域,不仅缩短了人们进行交流的距离和时间,也使人类获取和传播信息更加方便。数字技术的迅速发展极大地改变了模拟环境下作品的创作、使用和传播方式,并对传统的版权人利益和社会福利的平衡产生了巨大影响。数字版权和数字版权保护技术在此背景下应运而生。

(一)数字版权问题的由来

在数字化环境下,内容的创作和传播均发生了变化。表达的内容不再受到有形媒介的限制,凡是版权保护内容,都可以转变为数字化的内容;内容的复制不再依附于有形的载体,复制几乎不存在任何障碍;数字内容不存在稀缺性;内容的传播不再依赖把关人和中间媒介,作品传播更加通畅。我们可以看到,数字技术虽然促进了作品的传播,但也使非法复制发行成本趋近为零,侵权主体也从专业盗版团体扩展至每一位网络终端使用者。基于互联网的无边际性与高流动性,盗版网络作品一经上传即可在全球范围内广泛传播,对版权人造成难以估量的巨大损失。此外,数字技术也可以被用来限制数字内容的传播,但这可能导致原有的强制许可和合理使用规则彻底失效。如何平衡信息生产者、信息平台方和信息消费者三方之间的利益关系,推动数字内容创新和内容建设,是数字版权保护面临的新议题。

(二)数字版权的概念

数字版权是版权在网络时代的扩展和延伸,并不是一个严格的法律概念,而是在业界不

[①] 范军,赵冰,杨昆.十八大以来我国版权产业发展的三大贡献[J].出版参考,2020(2).
[②] 2019年中国版权产业增加值已占到GDP的7.39%[EB/OL].(2020-12-30). http://www.ncac.gov.cn/chinacopyright/contents/12558/353539.shtml.

断使用约定俗成的一个概括性称谓。但关于什么是数字版权,学者们并没有达成共识。李东认为,数字版权是各类出版物、信息资料的网络出版权,这些出版内容可以直接通过数字媒体进行内容的传输[1]。江莹等认为,数字版权是指作者及其他权利人对其文学、艺术、科学作品在数字化复制、传播方面依法享有的一系列专有性的精神权利和经济权利的总称[2]。施勇勤、张凤杰认为,数字版权是"作者及其他权利人对其文学、艺术、科学作品在数字化复制、传播方面依法所享有的一系列专有性的精神权利和经济权利的总称"[3]。李月红认为,数字版权是指作者及其他权利主体对其文学、艺术作品在数字化复制、传播等方面依法享有的一系列精神权利和经济权利的总称[4]。

总体来说,数字版权的内涵和外延尚处于谈论阶段,各国关于数字版权保护也都处于探索阶段。欧盟一直处在数字版权保护探索的前沿,2019 年 4 月发布的《数字单一市场中的版权指令》(*Directive on Copyright in the Digital Singles Market*,简称《版权指令》),成为了欧盟版权法改革中最重要也最受争议的一部立法。作为 1998 年美国《数字千年版权法案》(DMCA,*Digital Millennium Copyright Act*)之后国际上应对互联网技术发展对内容产业及版权保护之影响的首个重大成果,欧盟发布的《版权指令》尽管备受争议,但其最终通过表明欧盟将网络版权保护推向更高水平的决心。《版权指令》的出台具有里程碑意义,它对数据文本挖掘等信息技术进行了详细的规定,平衡了信息生产者、信息使用者和信息平台方这三方信息资源管理与服务的主体利益,标志着欧盟境内的信息管理与服务走向规范化、制度化。《版权指令》主要包括如下内容:第 3-6 条规定了四项新的版权例外(合理使用)情形,比如文本与数据挖掘的版权例外;第 8-11 条规定了非流通(out-of-commerce)作品的使用保护;第 12 条规定了延伸性集体管理制度,旨在解决交易成本问题,促进作品许可;第 13 条针对流媒体平台上的视听作品许可问题,提出通过中立机构或调解人来促进此类许可;第 14 条明确了公有领域的视觉艺术作品的使用问题,即除非衍生自公有领域的视觉艺术作品具有独创性,否则不能获得保护;第 15 条规定了新闻邻接;第 17 条规定了在线内容分享平台的特殊责任机制;第 18-23 条规定了作品、表演开发利用合同中对作者、表演者的保护,包括公平合理报酬、透明度义务、合同调整机制、作者、表演者的撤销权等机制。其中,第 17 条和第 15 条是欧盟此次版权法改革的核心,也是此次立法过程中引发巨大争议的条款。第 17 条提出新的责任机制,将在线内容分享平台定性为向公众传播行为而非宿主服务。按此,此类平台需要积极履行授权寻求义务和版权过滤义务,即尽最大努力与权利人达成许可协议,取得其授权、对于权利人事先提供了相关必要信息或发出充分实质通知的作品,尽最大努力阻止内容出现在平台上并阻止将来上传。这意味着平台不承担一般监控义务,仅以权利人提供的作品信息为前提。这一规定主要针对视听内容分享平台。第 15 条赋予新闻出版商新的邻接权,要求新闻聚合等在线平台为使用新闻出版物(包括其中的片段)的行为而向新闻出版商付费,但排除了对私人或非商业使用、超链接、非常简短摘录(包括个别字词)等情形的适用。然而,德国、西班牙的先例表明,这项邻接权缺乏理论和经验根据,可能显著影响新闻网站的流量和收入,在作为新闻生产者的新闻出版商和作为新闻传播者

---

[1] 李东.数字版权保护存在的问题及解决措施[J].中国报业,2018(3):90-91.
[2] 江莹,靳帆,张志强.国际数字版权研究进展[J].北京理工大学学报(社会科学版),2019(2):175-181.
[3] 施勇勤,张凤杰.数字版权概念探析[J].中国出版,2012(5):61-63.
[4] 李月红.数字版权的法律问题[J].出版广角,2016(8):40-42.

的互联网平台之间造成零和局面。

(三) 数字版权保护技术

1. 数字版权保护技术概况

在互联网时代,信息传播趋向零成本,为内容流通带来便利的同时,也为不法分子带来可乘之机。数字文化内容产业剽窃成本更低,数量更多,也更难维权。在当前数字内容产业发展的过程中,聚合盗链、网盘分享和盗版小网站等侵权盗版行为十分猖獗,据12426版权监测中心发布的《2019年中国网络版权监测报告》显示,2019年,该中心接受监管部门、版权方及平台方等委托,监测各类精品版权作品超过628万件,集中在短视频、游戏及图片等领域,监测到疑似盗版链接超过1 803万条,影视综作品(院线电影、电视剧、网络电影、综艺、动漫等)平均单部作品侵权量最高,达到3 736条[1]。盗版现象在很大程度上侵犯了产业贡献者的应得利益,打击了内容创作者的创作热情,阻碍了整个数字文化产业的良性发展。

面对日益猖獗的数字盗版,我国在2001年修订《著作权法》时,第一次将"信息网络传播权"这一权利正式纳入;2006年国务院出台《信息网络传播权保护条例》对信息网络传播权的内涵、保护、限制等进行系统规定。版权人在受到侵权时,可以通过提起诉讼或仲裁的方式寻求事后救济,这种救济手段虽可在一定程度上弥补版权所有人的损失,但无法从根本上限制网络侵权行为的发生。数量庞大的网络终端侵权用户使普通版权人难以负担沉重的诉讼与执行成本,传统司法救济路径难以有效应对大规模网络版权作品侵权乱象,版权人转而寻求以技术措施限制对网络作品版权的访问。

数字版权保护技术是基于密码学技术和相关法律法规来保障数字作品的合理使用及创作者权益的一项技术,它需要确保数字内容从出版到使用整个流通过程中的安全性,对数字内容的原创者、所有者和使用者都应该授予不同的使用权力及使用控制,确保内容的合理使用及权力转移的公开透明。数字版权保护技术主要有:多硬件环境相关技术、加密认证相关技术、数字水印相关技术、内容比对相关技术、内容访问控制相关技术等。2015年,爱奇艺发布自主研发的新版权检测技术音频水印,通过在音频中植入加密的版权信息,实现低成本、快速、高精度的视频版权识别。在音频水印发布前,音频指纹、视频指纹(视频基因)是业界普遍使用的较为先进的视频版权检测技术,该技术通过建立和检索海量音视频的指纹库实现监测,需要通过高性能且相对专业的计算设备完成。爱奇艺推出的音频水印技术通过加密,实现快速识别版权内容。该技术具有运算量小、耗时短、成本低廉及准确率高的优势,即使音视频内容经过处理,水印信息也不易丢失。版权的识别可以通过软件快速扫描自动完成,甚至可以通过手机应用软件实现检测,大大提升了可操作性。音频水印易操作和低成本的优势将极大地推动视频存储、播放等产业下游平台协助版权方开展版权保护的行动[2]。

2. 数字版权保护技术的局限性

数字版权保护技术是作者为了维护自己的利益而采用的技术,通过科技化手段限制内容的传播,增强自身版权保护能力。但与此同时,数字版权保护技术也直接缩小了公共领域

---

[1] 网络版权监测报告:盗版社交化、移动化趋势明显[N].中国知识产权报,2020-4-22.
[2] 综艺报.爱奇艺发布音频水印版权检测技术[EB/OL].[2015-09-29][2021-02-02]. http://www.ttacc.net/a/news/2015/0929/37747.html.

的范围，限制了社会公众的合理使用权。

公共领域中的作品是可以被社会公众享有的。但是，过度使用数字版权保护技术的永久性保护、阻止公众享有已落入公共领域中的作品可能会隔绝大众接触多样化数字作品的机会，导致垄断性版权问题，如数据库的永久性保护，阻止公众享有已进入公共领域的作品。合理使用是平衡私权和公共利益的桥梁。但是，过度的数字版权保护技术会限制公众享有作品的方式和使用作品的效率。因此，数字版权保护能否在维护作者利益的同时，避免版权垄断和"超版权"等行为的发生，是未来版权保护问题的重点和难点。

总体来说，传统的数字版权保护技术都存在一定的局限性，都无法从根源上解决数字版权保护面临的难题，甚至还可能导致了交易成本高和技术壁垒等次生问题。因此，随着区块链技术和人工智能技术的发展，一些数字版权保护机构尝试将区块链技术和人工智能技术应用到数字版权保护中，我们将在后文进行详细阐释。

二、区块链技术与版权保护

区块链之所以能够突破信息互联网不能实现的价值转移瓶颈，依赖于其独特的分布式记账、非对称加密、共识机制和智能合约技术。与以往的科学技术主要改变生产力不同，区块链是一种既改变生产力，又改变生产关系的技术。区块链技术在产权界定与保护、经济活动组织与商业模式构建的链条上产生了极大的创新与突破：存证优势、自动协同优势、价值转移优势。

人们对于区块链的认识从比特币开始，早期的区块链主要指的是以比特币为代表及其所衍生出的加密货币，具体应用包括去中心化的货币转账、汇款及数据支付系统等，这是区块链 1.0 时代。区块链 2.0 时代以在金融业的深入应用为特征。区块链 3.0 则是区块链技术真正融入各行各业，解决各行各业的互信问题与数据传递安全性的阶段，使得经济活动的价值转移真正通过网络实现。但区块链 3.0 时代还尚未全面到来，基于区块链技术的商业模式并不清晰，大规模商用还有较长的路要走。从数字媒体产业来看，区块链技术提升了数字内容的价值，加速数字内容的价值流通，保障创作者的收益。从整体来看，随着区块链在数字媒体产业的渗透，会逐渐促使一个全新的数字媒体产业价值网络的形成。在版权保护方面，区块链的应用可以大大降低从确权到维权所需的时间和精力成本。

（一）区块链技术的发展概况

从产业规模上来看，虽然全球不断有新增的区块链企业，但增长速度自 2018 年起逐年放缓。如图 8-5 所示，2011 年全球新增区块链企业 13 个，到 2018 年，全球新增区块链企业高达 709 个。此后，增长速度逐年放缓。截至 2020 年 12 月 31 日，全球共有区块链企业 2 375 家，其中数字文化创意类的区块链企业共有 346 家[①]。

从我国的情况来看，2018 年以前，区块链的新增企业数量呈明显上升趋势，2018 年后，新增企业数量逐渐下降。如表 8-1 所示，2011 年新增区块链企业 6 家，到 2018 年这一数

---

① 中商产业研究院.2018—2023 年中国区块链产业发展前景及投融资策略研究报告[R].(2021-5-14)[2018-6-20]. https://www.askci.com/news/chanye/20180112/175427115931_2.shtml.

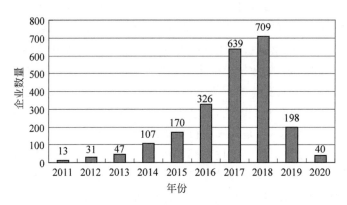

图 8-5 2011—2020 年全球区块链企业年增长情况（单位：家）

值为 586 家，而到 2020 年仅有 39 家。截至 2020 年 12 月 31 日，中国共有区块链企业 1 749 家，其中数字文化创意类的区块链企业共有 298 家。从历年新增区块链企业的行业分布来看，金融领域企业数量最多，数字创意产业紧随其后。表 8-1 的数据显示，新增文创类区块链企业在全部新增区块链企业中的占比从 2011 的 16.67％振荡上升为 2018 年的 20.31％。

表 8-1 2011—2020 年我国每年新增文化创意区块链企业数量

企业类型		2011	2012	2013	2014	2015	2016	2017	2018	2019	2020
全部区块链		6	24	26	62	118	254	459	586	131	39
数字创意类区块链	游戏类	1	1	0	0	1	8	9	16	2	0
	文娱类	0	5	1	5	15	23	62	76	7	2
	广告类	0	1	0	0	1	0	5	7	2	0
	社交网络类	0	0	1	1	6	2	11	20	1	0
	小计	1	7	2	6	23	33	87	119	12	2
数字创意类区块链企业占比		16.67％	29.17％	7.69％	9.68％	19.49％	12.99％	18.95％	20.31％	9.16％	5.13％

根据赛迪区块链研究院统计数据和测算，截至 2019 年 8 月，全国有投入产出的 672 家区块链企业中，有近 15％的区块链企业提供数字版权服务，主要可分为区块链初创型、大型互联网型、传统内容生产企业型三类，主要分布在北京、杭州、广州等地[②]。纸贵科技、数秦科技、原本亿书、广州科创等区块链初创企业以数字版权保护为主攻方向，积极推动区块链数字版权应用落地；大型互联网公司积极布局区块链数字版权领域，例如百度、阿里、蚂蚁金融、京东等企业 BaaS 平台均提供区块链存证服务；迅雷为中国版权保护中心 DCI 体系提供区块链技术解决方案；安妮股份推出"版权家"平台。2019 年 5 月，新华网版权链推进计划发布，计划打造新华网数字版权平台以解决数字内容版权保护和版权运营方面的难题。此外，新华网联合中国图片集团，推出中国影像版权服务平台产品。

---

①② 陈兴芜.互联网时代的数字版权保护研究[M].北京：人民交通出版社，2020.

（二）区块链技术在版权保护中的优劣势

1. 区块链技术在版权保护中的优势

在传统业态下，版权在确权、定价和交易方面存在着一些问题：传统的版权确权通常需要一个中心化的权威机构，确权过程比较耗时；传统的版权定价往往存在信息不对称；传统版权交易的链条长，交易成本高，对盗版行为的监督成本也很高。以数字创意产业为例，在区块链出现之前，其存在以下业务痛点：一由于版权及资金的确权、难以追踪运营情况、数据失真造假、监管困难等原因，涉及内容和创意的产权确权和保护均依赖于第三方权威机构，面对依托互联网的海量内容及创意服务，中心机构管理与服务存在确权周期长、版权流转后追溯难度大等问题，解决此类问题需要依靠区块链的存证功能；二是有关版权收入分配计量与公平问题，内容版权并非仅一种权利，在传播过程中会涉及不同主体的不同权利，如何完善契约的结构、提高其执行效率等问题与区块链的自动协同作用发挥密切相关；三是创意产品和内容产品的传统合同结构复杂，尽管在数字化的平台上出现了电子合同、电子签名、在线价值评估及维权等措施，但依托传统交易制度与逻辑的 IP 流转过程中，版权往往无法准确地针对原创人的贡献细化或及时得到验证，很难实现原创人与消费者直接的缔约与交易。

面对这类痛点，需要依靠区块链的价值转移优势。

首先，区块链通过分布式数据存储、P2P 传输、共识机制等应用，可以提高数字创意内容（相关产品）生产、传播、交易与消费过程的透明度和信任度。当经济活动发生时，相关数据（记录）通过有记账权的节点，由时间戳算法进行排序；与此同时，交易各方不存在关于交易标的物及相关活动的信息不对称和信息时间差，因此无须向对方证明自己的信用，这为数字创意产业中知识产权的确权、维权和溯源提供了坚实的基础，也为解决数字创意产业中第一类和第二类业务痛点提供了支持。

其次，区块数据具备密码学意义上的安全性和可信性，每个区块头都具有前一个区块的哈希值以保证数据不可被篡改，行为一旦发生则不可修改，不可抵赖，并且可追溯。去中心化的架构也令人为篡改记录无法实现，更加大了信息阻滞流通、破坏信任的难度。

最后，在传统的创意产业中，由于多层级的生产交换关系的存在，内容的创作者和创意、设计的原创人往往被中间商的利润和隐性利润置于不利地位，许多艺术家在追求创造力和艺术表现力的过程中，从来没有接受过商业、法律和金融的教育，也没有接触过这些错综复杂的管理事物。但借助区块链的智能合约为数字版权人提供定价和交易模型，通过代码为基础构建电子合约用来执行合约条款，以实现合约的自我保存、执行和监测，最大限度减少使用信任式中间媒介而产生的人为干预和信任危机。

总体来说，区块链技术在数字版权保护中优势可总结如下：

（1）在确权层面，有利于解决版权的权属认定问题。区块链技术支持的版权保护能够大大缩减流程和实践，降低成本，激发创作者的版权意识。传统模式下，创作者如果想要为自己的作品登记，需要经过提交登记材料、登记机构核查接收材料、申请人缴纳登记费用、登记机构受理审查、相关机构制作发放登记证书、进行网络公告等一系列流程。一般情况下，完成上述流程需要花费 6 周至半年不等，申请人需要多次准备材料，多次来往政府机关，耗时费心。区块链分布式记账、智能合约等技术实现了通证的数字化、永久保存、不可篡改及去中心化管理,实现了价值转移并在全网精准记录。一旦创作者在应用区块链技术的版权运营平台通过身份注册,其上传的作品经查重被认定为原创作品后,均以"时间戳＋作品信息"的形式存储进区块链中,"时间戳"是证明作品注册时间的电子凭证,能证明创作者对作品的所有权。区块链能够完整记录创作者从最初的灵感到最终作品的所有变化过程,无论是文字、视频、音频,还是其他形态的作品内容,"时间戳"和密码技术都能确保版权每一个详细信息的存在性、完整性。区块链技术能够极大简化向监管部门申请进行版权认证的流程,将登记认证时间缩短为 5～10 分钟。作品登记确权和作品创作完成几乎同步,登记费用也从数百元降低到数十元,甚至免费。目前,中国版权保护中心和新浪微博于 2019 年联合推出了中国数字版权唯一标识(DCI)标准联盟链,这是利用区块链技术为作者提供"发布即确权"的版权登记服务。DCI 标准联盟链以国家版权公共服务机构为超级节点,国内头部互联网平台、国家司法机关及先进技术支撑企业等通过竞选机制成为联盟成员节点,基于各节点对 DCI 体系标准与业务框架的共识机制,面向互联网平台提供版权确权、授权结算、维权举证等服务。首批加入 DCI 标准联盟链的成员有:中国版权保护中心、新浪微博、中益数联、京东、阿里巴巴口碑、广联达、迅雷、中国司法大数据研究院等。

(2) 在维权层面,有利于简化网络侵权的举证程序。产权清晰溯源,让侵权行为无所遁形。维权作为知识产权的另一个重要环节。随着数字时代发展,侵权行为界定模糊、产权溯源困难、维权效率低下等成为目前维权层面的严重问题。首先,侵权范围界定需要逐级查阅授权说明,因为在某个领域往往有多个主体对单一作品拥有权利主张。以音乐版权为例,词曲作者及演唱者拥有著作权,音乐发行公司拥有发行权,其他主体拥有复制权、播放权等。这些权利分割情况严重,并且出现交叉现象,给侵权界定和产权溯源带来了很大的困难。其次,鉴于我国法律具有"谁主张谁举证"的性质,被侵权人需要自己收集证据来对侵权行为进行举证,不仅耗时耗力,而且不一定能达到理想目标,被侵权人往往只能眼睁睁看着自己的作品被盗用,却难以向法律求助。引入区块链技术后,由于版权在确权阶段完成了版权上链,使链上安全保存了该版权的完整信息,配合无法篡改的时间戳,能够真实反映版权的历史存在证明,追溯版权所有者,从而快速明确知识产权的权利界定。只要系统捕捉到侵权行为,就会将其自动记录在链上,使侵权行为一旦发生,就无法抵赖。因此,区块链可以大大降低权利人的维权成本和增强维权人取证的便捷度,为法院判案提供极大便利,以实现有效遏制泛滥的网络侵权行为的目的。

(3) 在交易层面,有利于提升版权交易效率。区块链技术有利于建立全新的价值评估体系和商业模式。由于中介平台的存在,当今的内容交易市场存在收益分配不透明、不合理等问题。数字内容对渠道的依赖性较大,版权变现的价值往往被平台掌控,只能被迫接受平台的不公平利益分配协议。在这种形势下,内容创作者的创作热情会受到打击。区块链技术剔除了中间环节,也让版权客体与消费者之间的联系更为直接,实现了作者与消费者直接沟通的商业模式。基于链上的可信数据统计,可以精确地获取用户针对内容的浏览、互动评论、转发、引用等数据,从而形成基于内容本身质量的统一价值评价体系和评估活动,真正做到"贡献即交易、交易即清算、清算即权益"。首先,智能合约能够让供需双方实现快速匹配。任何用户都可以参与内容制作、分发、观看、评价等过程,对于内容创作者来说,他们可以根据反馈及时调整,创作出更优质的内容,对于内容消费者来说,参与感会在这一过程中大大提升。除此之外,对内容本身进行考核,可以从数据汇总统计、分析等角度展开,舆情分析师可以根据数据的数值、发生时间、修改时间、交易流程、出处证明等细节的记录,分析数据背后隐藏的信息。这样能让舆情分析更加精准,实时为内容选题提供准确依据,及时调整内容生产方向,从而提升内容活力和市场契合度。现阶段,我国已建立的区块链知识产权落地项目,大多以实现知识产权的一键授权为主要内容,对于内容经济变现、流转的探索尚处于初级阶段,针对不同人群、不同类型知识产权对授权、流转、变现的不同要求,暂时还不能实现个性化定制,智能合约的巨大潜力还有待挖掘,去中心化尚处于设想状态,巧用区块链技术来激活内容经济还任重道远。其次,智能合约大大提升了版权的变现效率。通过提前设定相应的智能合约,创作者将自己的版权诉求记下,并通过私钥完成签名。只要需求方满足创作者提前设定的要求,智能合约便会自动完成授权交易。这样一来,可以让原创内容和版权进行自主交易,内容创作者将最大限度地享受原创作品的多次、多维版权收益。比如,电子图书、影视内容产品、数字艺术品、音乐作品的版权人可以通过区块链版权交易平台选择出售、授权、转授某一权利或权利的组合。此外,版权人可以通过程序,设定每一类版权项的授权程度和交易规则,制定每一项"微版权"的价格。可按照合作者的创作贡献设置收益分配比例;通过存储在相同区块链中的智能合约,可在消费者使用达到智能合约设置条件时自动向各个版权所有人付费。

(4)在监管层面,有利于提高审查和监管效率。各平台对内容质量负有主体责任,有责任、有义务将混杂其中的违规内容剔除,海量信息质量良莠不齐,给平台带来了很大管理难度和技术难度。平台利用区块链去中心化、信息公开透明、信息不可篡改等特点,并结合人工智能技术,将审核结果入链、审核经验素材入链,实现各级媒体分布式协同审核,可解决信息共享问题,优化审核流程,提升效率,降低成本,达到不重复审核、审核标准有量化参考的目的。此外,作为内容消费者的广大公众也可以参与到监管体系中来。以消除谣言为例,媒体平台可以运用区块链的共识机制,让网络中的社会大众参与内容信息传播的核实与监督,大大提高监管的效率。此外,对于政府管理者来说,利用区块链进行社会舆情监测也使得监管成本大大降低。

2. 区块链技术下数字版权保护存在的主要问题

任何技术都存在局限性,区块链也不例外。

区块链技术下的数字版权保护主要存在以下几个问题:

(1)真实性问题。区块链可以保障区块链上的数据真实性,但无法保障链外数据和新增数据的真实性。区块链技术能为数字版权保护提供电子证据,但是其采用的哈希值、时间戳只能记录作品上传到区块链平台的时刻,并不能辨别作品是否符合著作权法上的版权作品。同时,区块链技术虽然能识别直接侵权,但对"洗稿"等方式的侵权难以识别。此外,区块链技术难以认定作品的创作者身份。

(2)技术与效率问题。智能合约可能存在漏洞。这是因为在智能合约编写过程中,编程语言本身可能存在缺陷。此外,区块链分布式账本存储和同步数据量过大的问题有待解决,目前的技术还不能满足过高的交易效率。

(3)隐私与安全性问题。虽然区块链技术采用密码学相关技术,具有很高的安全性,但是整个区块链网络在隐私和安全方面仍然存在薄弱环节。

(4)缺乏的统一认证标准。当前基于区块链技术构建的数字版权保护平台都是私有的。

各大平台各自为政,还尚没有建立统一的数字版权认证标准。

(5) 法院在进行版权案件审理时,基于区块链技术构建的数字版权平台提供的认证只作为初步证据,而最终的判定结果仍然需要其他证据加以佐证。

【延伸阅读】

杭州互联网法院区块链存证第一案

2017年,杭州华泰一媒文化传媒有限公司发现深圳市道同科技发展有限公司未经授权在其运营的网站中发布由华泰一媒公司享有著作权的文章《妈妈带4岁儿子进游泳馆女更衣室,被管理员阿姨骂得眼泪都掉下来》,自行将该侵权网页通过API接口传输至保全网,申请对侵权网页进行固定,并将道同公司诉至杭州互联网法院。原告通过第三方存证平台保全网进行了侵权网页的自动抓取及侵权页面的源码识别,并将该两项内容和调用日志等的压缩包计算成哈希值上传至Factom区块链和比特币区块链中。司法鉴定中心通过查询Factom区块链和比特币区块链,比对区块链中存放数据后认为案涉文章在保全后未被修改。法院再次根据司法鉴定中心鉴定步骤,对区块链保存电子数据进行了Factom区块链和比特币区块链查询,查询结果与司法鉴定中心鉴定结果一致。基于此,杭州互联网法院认为通过可信度较高的自动抓取程序进行网页截图、源码识别,能够保证电子数据来源真实;采用符合相关标准的区块链技术对上述电子数据进行了存证固定,确保了电子数据的可靠性;在确认哈希值验算一致且与其他证据能够相互印证的前提下,作出了该种电子数据可以作为该案侵权认定的依据。最终认定深圳市道同科技发展有限公司在本案中构成侵权。

本案针对区块链存证进行评价的民事判决法院对通过区块链存证的电子数据的证据效力予以了确认,并认定了侵权事实,这标志着区块链存证在司法领域获得承认,为区块链在数字版权领域的应用树立了标杆。案件中,原告权利人的取证过程能够明显体现出区块链在数字版权保护中的便捷和成本低廉,这也是区块链技术在司法应用中受到大力推崇的原因。

三、人工智能与版权保护

中国工程院院士李德毅认为,人工智能的内涵包括脑认知基础、机器感知与模式识别、自然语言处理与理解、知识工程四个方面,而人工智能的外延,则是机器人与智能系统——智能科学的应用技术。近年来,围绕着语音识别、计算机视觉识别和自然语言理解技术的突破,人工智能被广泛应用于经济社会发展各个领域,包括工业机器人、农业机器人、服务机器人等各类机器人,以及智能交通、智能制造、智慧医疗、智慧城市等①。但任何技术都是一把"双刃剑":一方面,人工智能技术与云计算和大数据技术结合应用于数字版权保护探索中;另一方面,借助人工智能技术,规模化、智能化、自动化、隐蔽性的侵权已经成为数字版权保

---

① 李德毅.中国工程院院士李德毅:人工智能的内涵与外延[EB/OL].(2017-09-05)[2021.1-29].https://www.sohu.com/a/169689880_505819.

护中的重要问题。此外,人工智能技术的发展也带来一些新的数字版权保护新问题,如数据权属、人工智能创作物是否有版权等问题。

(一) 人工智能技术在版权保护中的运用

人工智能技术可以为内容创作者提供版权保护服务。人工智能技术与云计算和大数据技术结合,在数字文本识别、分析、比对等方面具有较为显著的优势。人工智能技术和数字水印技术相结合,可以非常便捷地进行数字作品确权。人工智能和大数据技术可以在网络上对数字作品进行全网监测,在发现可疑侵权网站后,依托人工智能技术进行图片识别和快速比对,及时固定侵权网站并反馈给权利人。实践中,已有不少大数据公司开拓了数字版权保护服务。

与此同时,人工智能技术的发展带来了新的侵权方式,数字侵权呈现规模化、智能化和隐蔽化的特点。很多爬虫公司通过人工智能和爬虫技术搜索其他不同网站的信息,并通过排版、分类实现自动化侵权,成为互联网数字版权侵权的上游服务企业。很多新闻聚合类 App 都利用爬虫技术,未经授权抓取传统纸媒发布在网上的内容。尽管一些平台提供了原文链接,但经常被链接网站的标识和广告等内容屏蔽,几乎很少有读者会去点击原网站。此外,"洗稿"也经常出现。直接抄袭和侵权容易被发现,一些侵权者开始利用爬虫技术收集数据,并通过语法分析和语义分析等人工智能技术对原创内容进行调整,使其与原创内容在语言表述上有较大差别而不易被发现,即使在被发现后,也能逃脱侵权认定。

(二) 人工智能发展带来的新的版权相关问题

1. 数据权属问题

数据、算法和算力是人工智能的三大要素。海量的数据每时每刻都在生成,以前所未有的速度和方式被存储下来,对世界状态和社会现实形成数字化再现。算法经历了数十年的发展,在深度学习和加速计算出现之后,得到了迅速发展和优化,算力成为承载和推动人工智能走向实际应用的基础平台和决定性力量。数据时代,数据已成为社会基础资源、经济活动的重要要素之一,成为比土地、资本、劳动等更为核心的要素,经常被比作"石油"。党的十九届四中全会强调,要"加强数据有序共享""健全数据要素由市场评价贡献、按贡献决定报酬的机制"。2020 年 3 月中共中央、国务院发布《关于构建更加完善的要素市场化配置体制机制的意见》,明确提出"加快培育数据要素市场"。数据作为市场的要素之一,与劳动、资本、土地、知识、技术、管理等生产要素并列,健全其按贡献参与分配的机制,顺应了当前中国数字化经济发展的大趋势。在数据财产化与资源化的背景下,纠纷和矛盾逐渐增加。一方面,用户与经营者之间的矛盾:用户对于个人信息有保护的需要,用户有权在充分表达自由意志的情况下向他人提供自己的信息或不提供信息,也有权充分了解他人使用自己信息的方式、范围;经营者需要通过对用户个人信息的收集和加工来形成某种数据资产,从而形成数据化利用的需要。另一方面,数据经营者之间的矛盾:对用户数据的收集与争夺越来越激烈,用户信息是互联网经营者的重要生产资源,是其竞争能力和商业利益的体现,拥有越多用户信息,也意味着拥有更大的用户规模,是其分析用户需求、开发特色产品和服务的重要依据。因此,如何在企业中合理规范地使用亦是难点。由此也提出了一个新的基本问题:

数据既然作为生产要素参与分配,可以认为是财产吗?能构成民法意义上的财产权吗?换言之,数据能构成民事权利的客体吗?

2. 人工智能创作物的版权问题

人工智能不仅在语音识别、机器学习、数据挖掘等领域实现重大的技术突破,更是大举进入人类艺术创作的世界,如谷歌人工智能软件可以自动生成音乐唱片,百度、腾讯等公司纷纷启用人工智能参与新闻创作,微软"小冰"独立创作的诗歌集《阳光失了玻璃窗》更是引发轩然大波,人工智能创作的画作 *Portrait of Edmond De Belamy* 以高达 43.25 万美元的价格出售。当人工智能的创作内容具有一定的经济价值和发展潜力后,客体方面,人工智能作品是否属于作品;主体方面,人工智能创作物的版权归属应该归属于谁?以上两个层面的问题成为理论界及司法实践的争论的热点。目前主要存在两种观点。第一种观点否认人工智能创作物是作品,认为人工智能的生成内容不具有可版权性。持此论者主张,人工智能离不开研发者在制造人工智能时所预先确立的相关算法与程序,在此意义上,人工智能的"创作"本质上是一种"计算",因此人工智能所生成的内容不应成为作品①;也有学者认为,人工智能创作物在表面上具备著作权法要求的独创性作品的外在条件,但并不符合《与贸易有关的知识产权协议》、《伯尔尼公约》规定的有关作品要体现创作者的自主选择乃至表达创作者思想感情的内在要求,从而不能受到著作权法保护,但考虑到该创作物属于人工智能投资者的利益,因此可以采取其他知识产权特别法予以保护②。第二种观点则认为人工智能创作物是否构成作品,应当回归到著作权法中有关作品独创性的规定上来③,尽管在现阶段人工智能创作的空间有限,但是只要其创作的内容具有足够的独创性,就应当将其视为作品,不论其作何用途、受何评价④。与以往的人将机器作为创作工具的情况不同,人工智能使得机器在算法、编程与深度学习的基础上,具备了对信息、素材进行抓取并"自主"地归纳相关信息素材,从而实现了类人的创造性表达。如果否认人工智能创作物的可版权性,不仅对认定作品的独创性理论构成冲击,同时也不利于人工智能产业与著作权法的发展⑤。此外,也有持肯定观点的论者认为,人工智能创作物具备"可版权性",但是基于政策之选择,应将其作为广义版权法上邻接权的保护客体,主张应考虑世界各国均对人工智能产业所持有的支持态度,进而选择邻接权客体的认定方式来保护人工智能投资者的利益⑥。

【延伸阅读】

全国首例 AI 机器人作品著作权案

2019 年 12 月,深圳市南山区人民法院审结"深圳市腾讯计算机系统有限公司与上海盈讯科技有限公司著作权权属、侵权纠纷、商业贿赂不正当竞争纠纷案"(简称"腾讯机器人 Dreamwriter 案"),此案件是中国"人工智能著作权第一案"。Dreamwriter 是腾讯自主研发的一套 AI 智能写作助手,可自动生成新闻作品。2018 年 8 月 20 日,Dreamwriter 完成并发

---

① 王迁.论人工智能生成的内容在著作权法中的定性[J].法律科学(西北政法大学学报),2017(5):148-155.
② 宋红松.纯粹"人工智能创作"的知识产权法定位[J].苏州大学学报(哲学社会科学版),2018(6):50-56+199.
③ 李扬,李晓宇.康德哲学视点下人工智能生成物的著作权问题探讨[J].法学杂志,2018(9):43-54.
④ 李伟民.人工智能智力成果在著作权法的正确定性——与王迁教授商榷[J].社会科学文摘,2018(7):34-36.
⑤ 吴汉东.人工智能时代的制度安排与法律规制[J].法律科学(西北政法大学学报),2017(5):128-136.
⑥ 易继明.人工智能创作物是作品吗?[J].法律科学(西北政法大学学报),2017(5):137-147.

表了一篇标题为《午评：沪指小幅上涨0.11%报2671.93点通信运营、石油开采等板块领涨》的财经报道文章，文章末尾注明"本文由腾讯机器人Dreamwriter自动撰写"，此文在腾讯证券网站上首次发表后，"网贷之家"网站复制并传播了此文。对此，腾讯一纸诉状告上法庭，认为这侵犯了腾讯及Dreamwriter的著作权。该案的一个重点就是AI生成作品是否构成作品？法院认为"涉案文章由原告主创团队人员运用Dreamwriter软件生成，其外在表现符合文字作品的形式要求，其表现的内容体现出对当日上午相关股市信息、数据的选择、分析、判断，文章结构合理、表达逻辑清晰，具有一定的独创性"。法院最终判定，网贷之家抄袭腾讯机器人Dreamwriter撰写的文章《午评：沪指小幅上涨0.11%报2671.93点通信运营、石油开采等板块领涨》，判定被告赔偿腾讯经济损失及合理维权费用人民币1500元。

当然，也有专家认为，该案的宣判属于错误示范。首先，人工智能机器人本身没有"思想"，无法独立创作和表达"知识"，之所以能够写出东西，本身就是模仿和借鉴了大量别人的内容。其次，著作权法本身保护的是人类创作的作品。法律判决不考虑适用主体和对象，对人工智能的作品进行著作权保护，这是对法律的"玩弄"。欧洲很多国家认为这些AI创造的专利不属于人类，所以拒绝了由人工智能创作专利的申请。

【本章小结】

版权是保护文学、艺术和科学作品的创作者对其作品享有的包括人身权和财产权的总称，是知识产权的重要组成部分。版权保护的对象即是作品，其具有公共物品的非排他性和非竞争性，这些特性会导致市场失灵，而版权可以解决市场失灵问题。但是，所有产权制度都涉及制度的成本和收益问题，因而版权保护有一定的范围，存在保护对象的限制、期限的限制和版权排他性的限制。可用简单模型、私人秩序模型及两者的整合模型来分析版权范围对社会福利的影响。

版权保护强度是一个国家或地区对版权保护的力度和程度，通常一系列制度安排来实现。在实践中，我国版权保护与社会福利之间仍处于倒"U"形的上升阶段。近年来，我国在立法、执法层面不断加大了版权保护的力度，特别是数字版权保护方面成效显著，极大地促进了版权产业和数字内容产业的发展。以产业的角度衡量版权制度对经济的影响，可从其对国民经济贡献度、社会就业贡献度、对外贸易贡献度等维度进行分析。

数字技术给版权保护带了新的挑战，但其也可被运用于数字版权保护中。区块链技术在数字版权保护中存在一些优势，如有利于解决版权的权属认定问题、有利于简化网络侵权的举证程序、有利于提升版权交易效率、有利于提高审查和监管效率。人工智能技术在数字文本识别、分析、比对等方面具有较为显著的优势，但其也给版权保护提出了一些新的问题，如数据权属及人工智能创作物的版权认定等问题。

【思考题】

1. 什么是版权？版权的内涵和外延是什么？
2. 版权保护的范围有哪些？试分析版权范围对社会福利的影响。
3. 分析版权保护强度及其测算方法，分析我国版权保护现状及版权产业发展状况。
4. 试分析区块链和人工智能在版权保护中的运用。

参 考 文 献

[1] Aguiar L,Martens B. Digital music consumption on the internet: evidence from clickstream data[J]. Information Economics and Policy,2016(34): 27-43.

[2] Akerlof G A. The market for "lemons": quality uncertainty and the market mechanism [M]. Uncertainty in economics. Academic Press,1978: 235-251.

[3] Anselin L,Varga A,Acs Z. Geographical spillovers and university research: A spatial econometric perspective[J]. Growth and Change,2000,31(4): 501-515.

[4] Anselin L, Varga A, Acs Z. Local geographic spillovers between university research and high technology innovations. Journal of Urban Economics[J]. 1997(42): 422-448.

[5] Bain J S. Barriers to new competition[M]. Harvard University Press,2013.

[6] Bourreau,M. Mimicking vs counter-programming strategies for television programs [J]. Information Economics and Policy,2003,15(1): 35-53.

[7] Carroni E,Paolini D. Business models for streaming platforms: Content acquisition, advertising and users [J]. Information Economics and Policy,Volume 52,2020.

[8] Chan-Olmsted S M,Chang B H. Audience knowledge, perceptions and factors affecting the adoption intent of terrestrial digital television [J]. New Media & Society,2006,8(5): 773-800.

[9] Cooper A. The inmates are running the asylum: Why high-tech products drive us crazy and how to restore the sanity[M]. Indianapolis: Sams,2004.

[10] Crampes C,Haritchabalet C,Jullien B. Advertising, competition and entry in media industries [J]. The Journal of Industrial Economics,2009,57(1): 7-31.

[11] Crémer J,de Montjoye Y A,Schweitzer H. Competition policy for the digital era[J]. Report for the European Commission,2019.

[12] Furman J,Coyle D,Fletcher A,et al. Unlocking digital competition: Report of the digital competition expert panel[J]. UK government publication,HM Treasury,2019.

[13] Gans J S. "Selling Out" and the impact of music piracy on artist entry[J]. Information Economics and Policy,2015(32): 58-64.

[14] George L M,Peukert C. Social networks and the demand for news [J]. Information Economics and Policy,2019(49).

[15] Ginarte J C,Park W G. Determinants of patent rights: A cross-national study[J]. Research Policy, 1997(26).

[16] Greunz,L. Geographically and technologically mediated knowledge spillovers between European regions[J]. Annals of Regional Science,2003: 657-680.

[17] Griliches Z. 4. Productivity,R&D,and basic research at the firm Level in the 1970s[M]. University of Chicago Press,2007.

[18] Hong S. Online news on Twitter: Newspapers' social media adoption and their online readership [J]. Information Economics and Policy,2012,24(1): 69-74.

[19] Landes W M,Posner R A. The economic structure of intellectual property law [M]. Harvard University Press,2003.

[20] Liebowitz S J,Stephen E,Margolis S E. Network externality: An uncommon tragedy[J]. The Journal of Economic Perspectives,1994,8(2): 133-150.

[21] Lisa M. George,Christian Peukert. Social networks and the demand for news [J]. Information Economics and Policy,2019,49(c).

[22] Luis Aguiar, Bertin Martens. Digital music consumption on the Internet: Evidence from clickstream data[J]. Information Economics and Policy, 2016(34): 27-43.

[23] Mangáni, A. Profit and audience maximization in broadcasting markets[J]. Information Economics and Policy, 2003, 15(3): 305-315.

[24] Dietrich M. Transaction cost economics and beyond: Toward a new economics of the firm[M]. Routledge, 2008.

[25] Peitz M, Valletti T M. Content and advertising in the media: Pay-tv versus free-to-air[J]. international Journal of industrial organization, 2008, 26(4): 949-965.

[26] Reisinger M. Platform competition for advertisers and users in media markets[J]. International Journal of Industrial Organization, 2012, 30(2): 243-252.

[27] Rochet J C, Tirole J. Two-sided markets: a progress report[J]. The RAND journal of economics, 2006, 37(3): 645-667.

[28] Ruben Savelkoul, Superstars vs the long tail: How does music piracy affect digital song sales for different segments of the industry?[J]. Information Economics and Policy, Volume 50, 2020.

[29] Savelkoul R. Superstars vs the long tail: How does music piracy affect digital song sales for different segments of the industry?[J]. Information Economics and Policy, Volume 50, 2020.

[30] Schweitzer H, Welker R. Competition policy for the digital era[J]. The Antitrust Chronicle, 2019, 3(2): 16-24.

[31] Scott A J. Flexible production systems and regional development: The rise of new industrial space in North America and Western Europe[J]. International Journal of Urban and Regional Research, 2010, 12(2): 171-186.

[32] Scott, C. Analyzing Regulatory Space: Fragmented Resources and Institutional Design[J]. Public Law(Summer), 2001: 329-350.

[33] Shy O, Oz S. The economics of network industries[M]. Cambridge University Press, 2001.

[34] Sounman Hong, Online news on Twitter: Newspapers' social media adoption and their online readership[J]. Information Economics and Policy, Volume 24, Issue 1, 2012, Pages 69-74.

[35] Sunstein C R. Infotopia: How many minds produce knowledge[M]. Oxford University Press, 2006.

[36] Zennyo Y. Freemium competition among ad-sponsored platforms[J]. Information Economics and Policy, Volume 50, 2020.

[37] 阿尔弗雷德·马歇尔. 经济学原理(上、下)[M]. 北京: 华夏出版社, 2017.

[38] 罗伯特·H. 弗兰克. 微观经济学原理[M]. 北京: 清华大学出版社, 2010.

[39] 胡春. 网络经济学[M]. 北京: 清华大学出版社、北京交通大学出版社, 2010.

[40] 萨缪尔森, 诺德豪斯. 宏观经济学(第十七版)[M]. 萧琛, 译. 北京: 人民邮电出版社, 2004.

[41] 斯蒂格利茨. 经济学[M]. 北京: 中国人民大学出版社, 1997.

[42] 高鸿业. 西方经济学[M]. 4版. 北京: 中国人民大学出版社, 2007.

[43] 罗伯特·G. 皮卡德. 媒介经济学: 概念与问题[M]. 北京: 中国人民大学出版社, 2005.

[44] 布赖恩·卡欣, 哈尔·瓦里安. 传媒经济学: 数字信息经济学与知识产权[M]. 北京: 中信出版社, 2003.

[45] 王晔, 张铭洪. 网络经济学[M]. 3版. 北京: 高等教育出版社, 2019.

[46] 曼昆. 经济学原理[M]. 梁小民, 梁砾, 译. 北京: 北京大学出版社, 2015.

[47] 苏东水. 产业经济学[M]. 4版. 北京: 高等教育出版社, 2015.

[48] 泰勒尔. 产业组织理论[M]. 马捷, 译. 北京: 中国人民大学出版社, 1997.

[49] 肖兴志. 产业经济学[M]. 2版. 北京: 中国人民大学出版社, 2016.

[50] 喻国明, 丁汉青, 支庭荣, 等. 传媒经济学[M]. 北京: 中国人民大学出版社, 2019.

[51] 彭兰. 中国网络媒体的第一个十年[M]. 北京: 清华大学出版社, 2005.

[52] G.J.施蒂格勒.产业组织和政府管制[M].上海：上海人民出版社,1996.
[53] 熊彼特.经济发展理论[M].北京：中国社会科学出版社,2009.
[54] 植草益.微观管制经济学[M].北京：发展出版社,1992.
[55] 让·梯若尔.产业组织理论[M].北京：中国人民大学出版社,2015.
[56] 郭晓科.大数据[M].北京：清华大学出版社,2013.
[57] 卡尔·夏皮罗,哈尔·瓦里安.信息规则：网络经济的策略指导[M].张帆,译.北京：中国人民大学出版社,2000.
[58] 迈克·波特.竞争战略[M].陈小悦,译.北京：华夏出版社,1997.
[59] 陈兴芜.互联网时代的数字版权保护研究[M].北京：人民交通出版社,2020.
[60] 魏永征.新闻传播法教程[M].6版.北京：中国人民大学出版社,2019.
[61] 张立,张凤杰,王瑶.全球数字版权保护技术跨世纪追踪与分析(1994—2017)[M].北京：社科文献出版社,2019.
[62] 世界知识产权组织.版权产业的经济贡献调研指南[M].北京：法律出版社,2006.
[63] 杜传忠.网络型寡占市场结构与企业技术创新——兼论实现中国企业自主技术创新的市场结构条件[J].中国工业经济,2006(11)：14-21.
[64] 任志安,王立平.知识生产函数研究的演进与发展[J].经济理论与经济管理,2006(6)：23-27.
[65] 解学芳,胡晨楠.全球城市数字媒体产业集聚机理与中国路径——基于全球数据的实证研究[J].社会科学研究,2020(2)：57-65.
[66] 金雪涛.基于产业融合的中国传媒产业市场结构特征研究[J].现代传播(中华传媒大学学报),2011(3)：106-110.
[67] 宋雪雁,张梦笛.晋江文学城原创文学网站用户画像研究[J].图书馆情报工作,2020(12)：63-74.
[68] 王宪朋.基于视频大数据的用户画像构建[J].电视技术,2017(6)：20-23.
[69] 王胜利,樊悦.论数据生产要素对经济增长的贡献[J].上海经济研究,2020(7)：32-39.
[70] 王建冬,童楠楠.数字经济背景下数据与其他生产要素的协同联动机制研究[J].电子政务,2020(3)：22-31.
[71] 喻国明,耿晓梦.未来传播视野下内容范式的三个价值维度——对于传播学一个元概念的探析[J].新闻大学,2020(3)：61-70+119.
[72] 李东.数字版权保护存在的问题及解决措施[J].中国报业,2018(3)：90-91.
[73] 江莹,靳帆,张志强.国际数字版权研究进展[J].北京理工大学学报(社会科学版),2019(2)：175-181.
[74] 施勇勤,张凤杰.数字版权概念探析[J].中国出版,2012(5)：61-63.
[75] 李月红.数字版权法律问题研究[J].出版广角,2016(8)：40-42.
[76] 范军,赵冰,杨昆.十八大以来我国版权产业发展的三大贡献[J].出版参考,2020(2)：28-31.
[77] 王迁.论人工智能生成的内容在著作权法中的定性[J].法律科学(西北政法大学学报),2017(5)：148-155.
[78] 宋红松.纯粹"人工智能创作"的知识产权法定位[J].苏州大学学报(哲学社会科学版),2018(6)：50-56+199.
[79] 李扬,李晓宇.康德哲学视点下人工智能生成物的著作权问题探讨[J].法学杂志,2018(9)：43-54.
[80] 李伟民.人工智能智力成果在著作权法的正确定性——与王迁教授商榷[J].社会科学文摘,2018(7)：34-36.
[81] 王欢芳,李密,宾厚.产业空间集聚水平测度的模型运用与比较[J].统计与决策,2018(11)：37-42.
[82] 吴汉东.人工智能时代的制度安排与法律规制[J].法律科学(西北政法大学学报),2017(5)：128-136.
[83] 易继明.人工智能创作物是作品吗?[J].法律科学(西北政法大学学报),2017(5)：137-147.
[84] 滕乐.竞争性复制与差异化竞争——从传媒经济学的视角分析中国电视节目同质化的体制性成因

与突破途径[J].新闻界,2010(5):9-11.
[85] 闫伟华.网络文学发展的赢利模式及增长空间——以盛大文学为例[J].中国出版,2010(24):52-55.
[86] 夏义堃.数据要素市场化配置与深化政府数据治理方式变革[J].图书与情报,2020(3):14-16.
[87] 张小蒂,赵榄."干中学"、企业家人力资本和我国动态比较优势增进[J].浙江大学学报(人文社会科学版),2009(7):73-81.

教师服务

感谢您选用清华大学出版社的教材！为了更好地服务教学，我们为授课教师提供本书的教学辅助资源，以及本学科重点教材信息。请您扫码获取。

》 教辅获取

本书教辅资源，授课教师扫码获取

》 样书赠送

经济学类重点教材，教师扫码获取样书

 清华大学出版社

E-mail: tupfuwu@163.com
电话：010-83470332 / 83470142
地址：北京市海淀区双清路学研大厦 B 座 509

网址：http://www.tup.com.cn/
传真：8610-83470107
邮编：100084